知 竞 文 库

总主编 宁立志

药品试验数据
专有保护法律问题研究

邱福恩 著

WUHAN UNIVERSITY PRESS
武汉大学出版社

图书在版编目(CIP)数据

药品试验数据专有保护法律问题研究／邱福恩著 . -- 武
汉：武汉大学出版社，2024. 11. -- 知竞文库／宁立志总主编 .
ISBN 978-7-307-24610-2

Ⅰ. D923.404
中国国家版本馆 CIP 数据核字第 2024KY4230 号

责任编辑:张　欣　　　责任校对:杨　欢　　　版式设计:韩闻锦

出版发行:**武汉大学出版社** 　(430072　武昌　珞珈山)
(电子邮箱：cbs22@whu.edu.cn　网址：www.wdp.com.cn)
印刷:武汉邮科印务有限公司
开本:720×1000　　1/16　　印张:20.25　　字数:289 千字　　插页:1
版次:2024 年 11 月第 1 版　　　2024 年 11 月第 1 次印刷
ISBN 978-7-307-24610-2　　　定价:88. 00 元

总　序

　　日新月异的科学技术进步和商业模式创新，正推动知识经济从网络时代、数字时代迈向智能时代，知识产权已然成为最重要的生产要素和竞争工具，知识产权保护与竞争自由的关系日益深刻而复杂，如何正确处理二者的关系，既是时代性大命题，也是世界性大难题。知识产权作为法定垄断权不能僭越反垄断法的底线，但二者的界限并不清晰；知识产权作为市场竞争的工具不能被用来实施不正当竞争，但正当的标准常常模糊不清。实践中，标准必要专利的正当行使与滥用规制、游戏直播产业链上的法益厘分、数字化作品的保护与传播、商业标识符号资源的独占与共享、数据的控制与流通、算法秘密的保守与公开等这些问题，都蕴含知识产权问题和竞争法问题的复杂纠缠，它们是知识产权法和竞争法必须共同面对的课题，它们要求知识产权法和竞争法既从各自的角度也从交叉的角度，进行深邃研究。《知竞文库》的推出，正是为了呈现这些研究的成果，促进这些研究的持续深化，推动这些研究成果的应用。

　　近年来，武汉大学法学院在经济法学科和知识产权法学科分别培养竞争法方向和知识产权法方向的博士生，他们的博士学位论文，或者专于一域，深耕知识产权法或竞争法的某一专题，或者彼此勾连，得陇望蜀地致力于二者的贯通，形成了一批有分量的学术成果；同时，武汉大学还成立了专门的知识产权与竞争法研究所，机制化地促进二者的交叉与融合，并以研究所为平台和支点，整合民商法、经济法、环境法、国际法等学科的相关研究力量，进一步拓展和加深知识产权法与竞争法两个领域的研究和它们的交叉研究，对知识产权作为民事权利、作为竞争手段、作为国际贸易规则也作为遗传资源和生物多样性等环境要素的法律调整工具，作出科学普适的理论构建和细致务实的实践回应，其思想成果正待聚集；再者，武汉大学知识产权与竞争法研究所举办了一系列旨在推动研究不断深化的活动，如知竞讲坛、知竞博士论坛、中国知竞论坛等，吸引有志于该两个领域的年轻学者加入研究队伍，他们以新生代的眼量和学术担当带来更多新锐的思想，相关学术成果亦颇值期待。《知竞文库》将首先从这些已经或正在形成的研究成果中挑选佳作。

《知竞文库》的选题范围以知识产权法、竞争法以及二者的交叉研究为主，也将视野延展到与这两个学科相关的学术领域；所选作品性质以学术专著为主，也兼收部分文集、译著、释法、史料乃至应用性质的作品；作者团队以武汉大学竞争法学科和知识产权法学科的师生为主，也竭诚欢迎学术界的国内外同行惠赐佳作；出版周期为不定期出版，成熟一部，出版一部，宁缺毋滥。

《知竞文库》的出版得到了武汉大学法学院、武汉大学出版社和部分关心学术的中介机构的大力支持和慷慨赞助，在此一并表示诚挚谢意。我们的出发点是想借文库的出版为知识产权法与竞争法的学术研究做点微薄贡献，为知识产权保护与自由竞争关系难题的解答作出我们的回应。但由于水平和各种条件的限制，《知竞文库》的不足之处也定不在少数，恳请学界同仁和广大读者不吝赐教，多多批评指正。

是为序。

武汉大学知识产权与竞争法研究所　宁立志

2020 年 2 月 2 日于武汉

目　　录

导　　论

一、选题背景和研究意义

(一) 选题背景

新冠疫情为全球公共卫生安全再次敲响警钟，提醒人们公共卫生安全问题仍然是全球面临的共同挑战。面对这一全球性挑战，习近平总书记强调要开展抗疫国际合作，发出了携手打造人类卫生健康共同体的倡议，并呼吁"确保疫苗在发展中国家的可及性和可负担性，让疫苗成为全球公共产品"①，得到国际社会高度肯定和积极响应。

知识产权制度与全球公共健康问题密切相关，其一方面通过激励创新，促进新药研发，增加药品种类的供给；但另一方面，不合理的知识产权制度又会阻碍患者对可负担药品的及时获得，影响公共健康问题的及时解决。药品知识产权保护，也成为了原研药企业与患者之间、原研药企业与仿制药企业之间、发达国家与发展中国家之间存在冲突的一个主要原因。在 WTO 框架下，为平衡 TRIPS 协定知识产权保护与公共健康维护，在广大发展中成员的共同努力下，成员方通过了《TRIPS 协定与公共健康多哈宣言》(简称多哈宣言) 系列文件。面对新冠疫苗可及性等问题，南非、印度等国在 WTO 提出了新冠药品相关技术知识产权豁免提案，得到了广大发

① 《习近平在亚太经合组织领导人非正式会议上的讲话》，http：//www.xinhuanet.com/politics/leaders/2021-07/16/c_1127663536.htm，2022 年 1 月 20 日访问。

1

展中成员的支持。中国积极表态支持疫苗相关的知识产权豁免文本谈判。但是，当前包括知识产权豁免在内的知识产权与公共健康议题讨论主要集中于 TRIPS 协定所规定的专利等知识产权保护义务，而没有涵盖药品试验数据专有保护等"超 TRIPS 协定"（TRIPS-PLUS）要求，这可能会导致多哈宣言、新冠药品相关 TRIPS 协定义务豁免决定以及将来的相关文件难以实现其目标。

药品试验数据专有制度 20 世纪 80 年代起源于美国和欧洲。在美欧的推动下，达成于 20 世纪 90 年代的 TRIPS 协定规定了保护未披露药品试验数据的义务。在印度、巴西等发展中成员的坚持下，TRIPS 协定规定的药品试验数据保护义务较为原则且具有灵活性，仅要求成员通过反不正当竞争和商业秘密保护的方式对未披露试验数据提供保护，并规定了公共健康等例外情形以平衡不同主体之间的利益。但是，TRIPS 协定生效之后，美国和欧盟等国家和地区又通过自由贸易协定（FTA）等双多边协定方式，将药品试验数据专有制度"推广"到其他国家和地区。据统计，目前已有近 50 个国家或地区建立了药品试验数据专有制度。① 与专利等其他传统知识产权制度不同，当前药品试验数据专有制度并未形成有效的利益平衡机制。这不仅使得原研药企业、仿制药企业和患者之间利益的失衡，而且进一步加剧了"南北差距"，为实现药品全球可及性、解决全球公共卫生问题、构建人类卫生健康共同体带来了障碍。

中国加入 WTO 后，根据 TRIPS 协定和"入世"承诺建立了药品试验数据保护制度，并规定了专有保护模式，但这一制度在实践中运行并不顺畅，也受到了美国等国家的指责。② 近年来，在中美经贸协议、区域全面经济伙伴关系协定（RCEP）、中日韩 FTA 等国际谈判中，中国面临着美日欧等国家和地区要求建立更有效的药品试

---

① 参见 Owais H. Shaikh, *Access to Medicine Versus Test Data Exclusivity: Safeguarding Flexibilities Under International Law*, Springer, 2016, p. 231。

② 参见 Ambassador Ronald Kirk, USTR, 2012 Special 301 Report, https://ustr.gov/sites/default/files/2012% 20Special% 20301% 20Report _ 1. pdf, visited on 20 January 2022。

验数据专有制度的压力。尽管 2020 年 1 月签署的中美第一阶段经贸协议没有明确规定药品试验数据专有制度，但双方同意在将来的谈判中就这一议题继续展开磋商，并且美国将该制度的建立与实施视为中国 WTO 合规的一部分。① 2021 年 9 月 16 日，中国正式申请加入全面与进步跨太平洋伙伴关系协定（CPTPP）。虽然 CPTPP 暂时"冻结"了药品试验数据专有保护条款，但仍然可能在后续恢复跨太平洋伙伴关系协定（TPP）原文。② 中国将面临发达国家和地区在这一议题上施加的更大压力。

从国内情况来看，近年来随着中国医药创新产业的发展，国内创新主体也提出了加强药品知识产权保护的需求。2020 年新修改的《专利法》引入了强化药品专利保护的专利链接制度和专利期限补偿制度，对药品专利的保护达到了与美国、欧洲等发达国家和地区相当的水平。一方面，对于药品试验数据专有制度，虽然党中央和国务院在多个文件中提出要加强药品试验数据保护，但至今没有出台完善的制度。另一方面，作为仍然面临一系列公共健康问题的发展中国家，药品可及性也是中国在构建和完善药品试验数据专有保护等制度时的重要考量因素。

疫情之后全球公共卫生治理面临深刻的变革，如何更好地在国际上协调和完善包括药品试验数据专有保护在内的药品知识产权制度，无论从国际谈判应对还是国内制度完善角度，都是当前亟须研究的一个课题。立足国内医药产业发展和公共健康问题的解决需求，完善中国药品试验数据专有制度并为制度的国际协调贡献中国智慧和力量，具有重要的现实意义。

---

① 参见 USTR, 2021 Report to Congress on China's WTO Compliance, https：//ustr. gov/sites/default/files/files/Press/Reports/2021 USTR％20 Report CongressChinaWTO. pdf, visited on 20 January 2022。

② 参见 Zeleke T. Boru, The Comprehensive and Progressive Agreement for the Trans-Pacific Partnership: Data Exclusivity and Access to Biologics, https：//www. econstor. eu/bitstream/10419/232226/1/south-centre-rp-106. pdf, visited on 18 February 2022。

(二)研究意义

具体而言,本研究在理论和实践中有以下几个方面的意义:

1. 理论意义

自美国率先建立药品试验数据专有制度起,该制度已有近 40 年历史,但与专利、商标、著作权等"传统"知识产权制度相比,其仍属于一项"年轻"的制度。尽管在欧美推动下,许多国家建立了药品试验数据专有制度,但有关这一制度的理论研究仍然不够,许多基础问题未得到解决,并直接影响到制度的发展与完善。这些问题包括:药品试验数据专有的法律性质是什么,其属于一项具有财产权、排他权属性的知识产权"权利",还是仅属于通过反不正当竞争保护的一种"利益"或"法益"?如果属于知识产权,其保护客体是什么?这一制度与专利、商业秘密等制度存在哪些联系与区别,发挥着什么样的作用?这一制度与 TRIPS 协定第 39 条第 3 款未披露药品试验数据保护义务之间的关系到底如何?等等。上述这些问题均直接影响到药品试验数据专有制度的国际协调,也影响到相关国家和地区是否应当建立这一制度以及具体制度的构建与完善。对于这些问题的研究和明确也有助于进一步丰富知识产权制度及理论。

药品试验数据专有保护直接涉及全球公共健康问题。与专利等药品知识产权制度一样,药品试验数据专有保护也是一把"双刃剑",其一方面具有激励创新、促进药品研发的作用,另一方面又会阻碍仿制药及时上市、影响药品可及性和公共健康问题的解决。如何构建更加合理和平衡的药品试验数据专有制度,如何确立制度完善和国际协调的基本原则指引,是尤其重要的一个理论话题。以药品试验数据专有制度为切入点的研究成果,不仅能够指导药品试验数据专有制度的国际协调和国内制度的构建,而且对于专利等其他药品相关知识产权制度的国际协调和完善也同样具有理论意义。

2. 实践意义

药品试验数据专有保护是近年来 FTA 等双多边协定中知识产权谈判的一个热门和重点话题。在面临美国、欧洲等发达国家和地区建立药品试验数据专有制度这一要价时如何有效应对，是包括中国在内的广大发展中国家和地区需要回答的一个问题。尤其是在疫情之后，如何完善包括药品试验数据专有保护在内的药品知识产权制度，将是国际制度协调中的一个重要话题，也是全球公共卫生治理的一个重大课题。本书正是基于这一背景而进行研究，目的就在于提供药品试验数据专有制度完善及国际协调建议，从而为中国等发展中国家和地区在进行国际谈判和国内制度构建或完善时提供参考。

从国内来看，近年来中国政府发布了一系列文件（包括征求意见稿），推动完善药品试验数据专有保护，但当前仍未建立完整、可操作的制度。中国近年来社会经济和技术发展迅速，知识产权制度调整步伐不断加大，药品试验数据专有制度的建立与完善方案也需要根据最新经济和药品创新发展、其他知识产权制度情况等进行调整。为此，本书在理论研究基础上，从国内现有法律制度、产业发展现状和承担的国际义务出发，前瞻性地考虑产业发展趋势和将来加入相关国际条约的需要，系统、详细地提出完善药品试验数据专有制度的可行性建议，以建立更加平衡、有利的国内制度，促进国内医药产业的发展和公共健康问题的解决。

中国作为一个新兴的发展中大国，在全球公共卫生治理、知识产权制度国际协调中发挥着越来越重要的作用。同时，中国也面临来自美国等发达国家和地区建立更高水平药品试验数据专有制度的压力。在此背景下，中国在药品试验数据专有制度国际协调中采取何种立场、发挥何种作用、如何发挥作用，也是当前需要重点研究的一个问题。本书着眼国际视野、立足国内立场，提出疫情之后中国参与国际谈判的立场和对策建议，为药品试验数据专有制度的完善贡献中国智慧和力量。

二、研究范围及术语界定

（一）药品试验数据专有保护

一般认为，药品试验数据专有是指对提交给药品上市审批机关以证明新药安全性和有效性的药品试验数据提供的一种保护方式，即在一定的保护期间内，禁止他人未经许可在药品上市申请中依赖受保护的药品试验数据。[①] 药品试验数据专有保护的各国实践中，禁止他人未经许可依赖受保护药品试验数据获得上市许可的方式包括两种：一是"不受理"，即药品上市审批机关不受理相关仿制药上市许可申请；二是"不批准"，即药品上市审批机关不批准相关仿制药上市许可(但会受理相关申请)。有些国家和地区采取"分阶段"保护模式，即前若干年采取"不受理"模式，后若干年则采取"不批准"模式。在部分国外立法和文献中，将上述两种不同模式的保护分别称为"数据专有"和"市场专有"，但也有文献未对此进行区分而统称为"数据专有"。由于无论是"不受理"还是"不批准"，均是不批准仿制药上市的方式，就本书研究而言不存在实质区别，为简便以及统一表述，本书不对不同保护模式进行区分，无论采取"不受理"还是"不批准"模式，均属于本书所称的"药品试验数据专有保护"。

对于药品试验数据专有是否属于一种知识产权"权利"，当前仍存在一定争议。也正因为如此，无论是在立法还是在学术研究中，多采取"药品试验数据专有"(data exclusivity)而较少使用"药品试验数据专有权"(data exclusive right 或 data exclusivity right)这一概念。尽管本书重点论证了这一制度属于一类自成一体的知识产权，完全可以称为"药品试验数据专有权"，但为了与当前其他研究成果所使用的术语保持一致，同时为了更加清晰地体现研究现状，本书仍主要使用"药品试验数据专有"或"药品试验数据专有保护"的表述。

此外，还需要与药品试验数据专有这一概念相区分的是药品上市审批机构通过药品上市行政审批程序给予的"管制性市场专有"。

---

① 参见 Gail E. Evans, *Strategic Patent Licensing for Public Research Organizations: Deploying Restriction and Reservation Clauses to Promote Medical R&D in Developing Countries*, 34 American Journal of Law & Medicine 184 (2008)。

管制性市场专有的一个实例是药品专利链接制度下首仿药市场专有期。例如，在美国专利链接制度中，对于首个提出第 IV 段专利声明的 ANDA 仿制药上市申请，可以获得长达 180 天的市场专有期，在此期间 FDA 不会批准其他仿制药产品上市。① 中国药品专利链接制度（药品专利早期纠纷解决制度）也有类似规定。② 与药品试验数据专有制度相比，首仿药市场专有期并非基于仿制药企业所提供的数据。事实上，首仿药与其他仿制药一样，仅需通过生物等效性试验数据即可，而无需提交其他安全性、有效性试验数据。这一制度的目的不在于鼓励或补偿首仿药获得"生物等效性试验数据"，而在于鼓励仿制药企业对原研药的专利提起挑战、补偿仿制药企业在专利挑战中所付出的努力和成本。

管制性市场专有的另一个实例是孤儿药市场专有。根据美国《孤儿药法案》，在 FDA 给予指定为孤儿药的药品上市许可后的 7 年内，不得批准该被许可人之外的人就相同的药品、同样的适应证提出药品上市许可申请。③ 与药品试验数据专有不同，对于受到孤儿药市场专有期保护的药品，他人即便是自行获得安全性、有效性临床试验数据，也不能就相同的药品、同样的适应证获得上市许可。④ 因此，孤儿药市场专有的保护方式不是禁止其他药品上市申请人对受保护试验数据的依赖，而是给予新上市孤儿药近乎绝对的市场独占。

（二）药品及其分类

本书所称的药品是指人用药品。如无特别说明或以其他方式表示，本书所称药品是指预防、治疗或诊断人类疾病的化学药和生物制品，包括疫苗、治疗用药品和诊断试剂。

---

① 参见 21 U.S.Code § 355(j)(5)(B)(iv)。

② 参见药品专利纠纷早期解决机制实施办法（试行）第 11 条。

③ 参见 21 U.S.Code § 360cc(a)。

④ 参见 Robin Feldman, *Regulatory Property: The New IP*, 40 The Columbia Journal of Law & the Arts 53 (2016)。

本书中使用的药品分类术语包括新药、创新型新药、改良型新药、原研药和仿制药。

新药与仿制药是药品注册中的分类方式，各国对新药的定义各有不同。本书所称新药是指首次被药品监管部门批准上市的药品，包括新活性成分药品和新复方制剂、新剂型、新适应证、已知活性成分的盐或酯等药品。新活性成分药品也称为创新型新药；新复方制剂、新剂型、新适应证、已知活性成分的盐或酯等药品则称为改良型新药。

原研药是指首次被药品监管部门批准上市且受到知识产权保护的药品。虽然一般原研药是指受专利权保护的新药①，但本书中的原研药也包括受到药品试验数据专有保护的新药。

一般认为，仿制药是指在活性成分、剂型、规格、给药途径、质量、性能和预定用途等方面与作为参比制剂的原研药相同的药品，其与参比制剂具有药品等效性和生物等效性。② 从药品试验数据专有保护研究目的出发，为简便起见，本书在采取这一普遍接受的仿制药定义的同时，将其扩展至包括所有通过依赖或部分依赖参比制剂试验数据而获得上市的药品。具体而言，如无特别说明或上下文有相反表述，本书所称仿制药除了通常意义上的仿制药以外，还包括部分地依赖参比制剂试验数据且同时提供部分自行取得试验数据的改良型新药（例如美国根据 FDCA 第 505(b)(2) 条申请上市的药品）。

也就是说，在本书中改良型新药可能具有新药（原研药）、仿制药的双重属性。从其依赖其他作为参比制剂的原研药（例如新活性成分药品）获得上市许可这一角度，其属于仿制药，需要受到其他原研药试验数据专有保护的限制；在符合其他条件的情况下，改良型新药的相关试验数据也可受到药品试验数据专有保护，此时其

① 参见杨莉：《TRIPS 框架下的中国药品试验数据保护》，知识产权出版社 2021 年版，第 6~7 页。

② 参见杨莉：《TRIPS 框架下的中国药品试验数据保护》，知识产权出版社 2021 年版，第 8 页。

又属于原研药。

(三)限制与例外制度

限制与例外是知识产权的重要制度,但对于"限制与例外"并没有明确的定义和范围。从词义上理解,知识产权的限制是指对于权利有效性、范围、权利用尽、持续时间和地域范围所确立的标准,例如可专利客体标准即是对可获得专利保护的客体的限制;知识产权例外则是指针对侵权的特权或抗辩,例如非商业使用例外、先用权、专利的波拉例外等。[①]

但是在很多语境下对限制和例外并不作严格区分,这两个术语往往指代相同或类似的内容,范围上存在交叉重叠。例如,吴汉东将知识产权限制定义为"专指权能效力的限制,即是对知识产权的行使进行限制,对'专有权利'内容的限制"。[②] 对于专利而言,为科学研究和实验使用专利、临时过境使用专利、专利权权利用尽、在先使用权、专利强制许可等均属于专利权的限制。[③] 而在 TRIPS 协定中,上述这些权利的"限制"包含在第 30 条"授予权利的例外"当中。[④] 张乃根等则认为,专利权例外体现在以下几个方面:一是时间和地域上的限制;二是权利行使方面的限制,包括权利用尽、先用权、临时过境、为科学研究目的使用、强制许可等;三是国家推广或政府征用许可。[⑤] 世界知识产权组织(WIPO)则采取"专利

---

① 参见 Nari Lee, Adding Fuel to Fire: A Complex Case of Unifying Patent Limitations and Exceptions Through the EU Patent Package, https://papers.ssrn.com/sol3/papers.cfm? abstract_id=2619113, visited on 20 January 2022。

② 参见吴汉东:《知识产权总论》(第三版),中国人民大学出版社 2013 年版,第 65 页。

③ 参见吴汉东:《知识产权总论》(第三版),中国人民大学出版社 2013 年版,第 72~76 页。

④ 参见 UNCTAD-ICTSD, *Resource Book on TRIPS and Development*, Cambridge University Press, 2005, pp. 430-439。

⑤ 参见张乃根主编:《与贸易有关的知识产权协定》,北京大学出版社 2018 年版,第 197 页。

权的限制与例外"来表述上述提及的各项相关制度。①

基于上述认识，本书中不对"限制"和"例外"这两个术语进行严格区分，并将"限制与例外"作为一个整体进行讨论，其既包括在权利授予和保护阶段对保护客体、保护范围、地域范围、时间等方面的限制，也包括针对侵权的豁免、抗辩等。

三、国内外研究现状

药品试验数据专有制度最早起源于美国1984年的《药品价格竞争与专利期恢复法案》(Drug Price Competition and Patent Term Restoration Act，又称 Hatch-Waxman 法案)，制度发展历史距今不足40年。国内外学者在该领域进行了许多探索和研究，主要进展情况如下：

(一) 国内研究情况

1. 主要研究情况概述

国内对药品试验数据保护的研究起步相对比较晚，在中国加入WTO之前对该制度鲜有研究。在加入 WTO 之后，陈福利 (2005年) 对中国落实 TRIPS 协定和"入世"承诺情况进行了介绍，认为中国通过法律制度建设和药物审评审批实践，落实了相关义务和承诺。② 这是中国较早涉及药品试验数据保护制度的文章。

此后，学者围绕 TRIPS 协定相关规定的介绍、解读以及国内制度评价和建议开展了较多研究，并形成了数本专著。其中，中国台湾地区学者洪唯真 (2013 年) 的专著《TRIPS 协定下两岸药品试验资料保护制度》在对我国大陆与台湾地区制度现状、美国和欧盟相关 FTA 规定进行分析的基础上，对我国大陆与台湾地区构建药品

---

① 参见 WIPO，Exceptions and Limitations to Patent Rights，https：//www. wipo. int/patents/en/topics/exceptions_limitations. html，visited on 20 January 2022。

② 参见陈福利：《中国药品数据保护的实践之路》，载《WTO 经济导刊》2005 年第 4 期，第 51 页。

试验数据专有制度提出了建议。① 中国药学会医药知识产权研究专业委员会(2013 年)组织编写的《药品试验数据保护制度比较研究》以分报告的形式分别对美国、欧盟、日本药品试验数据保护制度进行了介绍，并建议中国加强药品试验数据保护制度建设，包括明确保护方式、程序和相关定义等。② 复旦大学褚童博士学位论文(2014 年)《TRIPS 协定下药品试验数据保护研究》③及专著(2015 年)《TRIPS 协定下药品试验数据保护研究》④对 TRIPS 协定下的药品试验数据保护义务进行了较为全面系统的分析，比较了美国和欧洲等国家和地区落实 TRIPS 协定义务的情况，并提出了完善中国制度的建议，包括明确保护范围、保护内容以及构建信息公示制度等。杨莉(2021 年)出版的专著《TRIPS 框架下的中国药品试验数据保护》详细分析了 TRIPS 协定下的药品试验数据保护方式，并在实证分析试验数据专有制度对药品可及性、投资和创新激励等影响的基础上，提出了完善中国药品试验数据保护制度的建议，包括提高立法层次、细化保护条件、合理界定保护范围、建立限制与例外制度等。⑤ 此外，冯洁菡(2012 年)出版的专著《公共健康与知识产权国际保护问题研究》对知识产权国际保护与公共健康之间的关系进行了较为全面的研究，其中以 TRIPS 协定规定为基础专章讨论了药品试验数据保护问题，介绍了美国和欧盟的相关实践，对双多边 FTA 以及美国通过单边措施扩大药品试验数据专有保护国际化及其对公共健康的影响进行了分析，并建议中国增加强制许可制度、缩

①　参见洪唯真：《TRIPS 协定下两岸药品试验资料保护制度》，台湾元照出版社 2013 年版。

②　参见中国药学会医药知识产权研究专业委员会组织编写：《药品试验数据保护制度比较研究》，中国医药出版社 2013 年版。

③　参见褚童：《TRIPS 协定下药品试验数据保护研究》，复旦大学 2014 年博士学位论文。

④　参见褚童：《TRIPS 协定下药品试验数据保护研究》，知识产权出版社 2015 年版。

⑤　参见杨莉：《TRIPS 框架下的中国药品试验数据保护》，知识产权出版社 2021 年版。

小给予保护的药品范围等。①

在 TPP 谈判期间及协定达成后，国内学者又以 TPP 为基础对药品试验数据专有制度进行研究，形成了较多成果。

2. 关于药品试验数据专有保护与 TRIPS 协定的关系

国内研究多以 TRIPS 协定为基础，在 TRIPS 协定框架下讨论药品试验数据专有保护。虽然许多研究指出 TRIPS 协定第 39 条第3 款规定含义模糊、存在争议，但对其与药品试验数据专有保护之间的关系探讨不多或者不够深入，且较多观点认为协定第 39 条第3 款包含了药品试验数据专有保护义务。例如，白婷等（2009 年）对协定第 39 条第 3 款各项义务进行分析和解读后，认为该项义务"广泛适用于政府在内的任何机构或个人为使自己或他人获得商业利益的一切直接或间接使用数据的行为，包括根据研发企业的试验数据来评估仿制药上市许可的行为"。② 刘金洁和杨悦（2012 年）认为，在药品数据保护期间，药品管理机构不得"直接或间接地依据在审查原研药品企业的数据资料过程中所获知的信息，允许通用名药品企业仅仅进行生物等效性试验就予以批准"。③ 褚童（2014 年）认为药品试验数据专有保护是落实 TRIPS 协定义务的要求，"'不公平商业使用'应当被理解为，成员政府药品监管机构依赖原创药企业提交的药品试验数据审查后续仿制药品的安全有效性并据此授予仿制药品上市许可的行为"。④ 陈庆（2014 年）认为"TRIPS 协议赋予新药申请人对其引据申请上市的试验资料一定期限的专有

①　参见冯洁菡：《公共健康与知识产权国际保护问题研究》，中国社会科学出版社 2012 年版，第 158~181 页。

②　白婷、陈敬、史录文：《TRIPS 协议中药品数据保护制度分析》，载《中国新药杂志》2009 年第 19 期，第 1824~1825 页。

③　刘金洁、杨悦：《完善中国药品数据保护的研究》，载《中国新药杂志》2012 年第 1 期，第 7 页。

④　褚童：《TRIPS 协定下药品试验数据保护研究》，复旦大学 2014 年博士学位论文，第 61 页。

权"①。徐智华和黄丽娜(2017 年)认为，"《TRIPS 协定》第 39 条第 3 款首次将新药试验数据纳入知识产权国际保护范围，承认……新药试验数据专有权是自成一体的知识产权形式"。② 也有学者例如梁志文(2014 年)③、孙莉(2016 年)④、杨莉(2021 年)⑤等认为，虽然药品试验数据专有保护不是 TRIPS 协定规定的强制性义务，但其为落实 TRIPS 协定义务的方式之一。

也正因如此，国内学者在对药品试验数据专有保护进行法律性质等方面分析时，往往置其于 TRIPS 协定框架之下，且在很多情况下未明确区分不同的保护方式，更没有将药品试验数据专有制度作为一项单独的制度进行研究。

3. 关于药品试验数据专有保护的法律性质

总体上国内研究主要聚焦于制度本身，药品试验数据专有保护的法律性质研究未受重视，有关法律性质的研究不够深入，更未形成共识。中国国内立法没有明确药品试验数据专有保护的法律性质，《中华人民共和国民法典》中关于知识产权概念⑥的第 123 条未将药品试验数据列入知识产权保护客体。知名学者编著的知识产权教科书和专著中没有将药品试验数据专有保护作为知识产

---

① 陈庆：《TRIPS 协议药品试验数据专有权的国际考证及制度启示》，载《甘肃政法学院学报》2014 年第 6 期，第 97 页。

② 徐智华、黄丽娜：《我国新药试验数据专有权保护制度优化研究》，载《科技进步与对策》2017 年第 10 期，第 140 页。

③ 参见梁志文：《药品数据保护的比较分析与立法选择》，载《政法论丛》2014 年第 5 期，第 81~82 页；梁志文：《论 TRIPS 协议第 39.3 条之数据保护》，载《法治研究》2014 年第 2 期，第 119 页。

④ 参见孙莉：《TRIPS 协定下发展中国家药品试验数据独占保护制度的构建》，载《未来与发展》2016 年第 12 期，第 69 页。

⑤ 参见杨莉：《TRIPS 框架下的中国药品试验数据保护》，知识产权出版社 2021 年版，第 83~85 页。

⑥ 参见中国审判理论研究会民商事专业委员会编著：《〈民法总则〉条文理解与司法适用》，法律出版社 2017 年版，第 219~221 页。

权的一种①；中国知识产权法学研究会民法典知识产权编课题组(2018 年)《〈中华人民共和国民法典知识产权编〉学者建议稿》中也没有规定药品试验数据专有保护条款。②

　　国内学者对于药品试验数据专有制度的理论研究较少，部分学者将药品试验数据保护作为一项制度进行整体研究，而没有特别针对专有保护这一模式。其中，褚童(2014 年)对药品试验数据保护的知识产权属性进行了分析，其对药品试验数据"财产性"的论述主要是基于 TRIPS 协定中"商业秘密"保护模式。③ 杨莉(2021 年)认为药品试验数据是"无形的智慧财产"，具有知识产品属性、财产属性和无形性，但其没有专门就药品试验数据专有保护这一制度的法律性质进行分析。④ 其他虽然还有研究对药品试验数据专有保护的知识产权属性进行了论断性表述，但没有对此进行进一步分析和论证。其中陈庆(2014 年)认为"试验资料专有权制度不同于传统的知识产权，实为一种准知识产权"⑤；梁志文(2016 年)将药品数据专有权、市场排他权统称为"管制性排他权"，认为其属于新型知识产权⑥；徐智华和黄丽娜(2017 年)认为新药试验数据专有权是"自成一体的知识产权形式"，但其"本质上是一种来源于行政

　　① 参见吴汉东等：《知识产权基本问题研究(分论)》(第二版)，中国人民大学出版社 2009 年版；刘春田主编：《知识产权法》(第四版)，中国人民大学出版社 2009 年版。

　　② 参见中国知识产权法学研究会民法典知识产权编课题组：《〈中华人民共和国民法典知识产权编〉学者建议稿》，https：//www.sohu.com/a/192000170_221481，2022 年 1 月 18 日访问。

　　③ 参见褚童：《TRIPS 协定下药品试验数据保护研究》，复旦大学 2014 年博士学位论文，第 18~19 页。

　　④ 参见杨莉：《TRIPS 框架下的中国药品试验数据保护》，知识产权出版社 2021 年版，第 60~62 页。

　　⑤ 参见陈庆：《TRIPS 协议药品试验数据专有权的国际考证及制度启示》，载《甘肃政法学院学报》2014 年第 6 期，第 98 页。

　　⑥ 参见梁志文：《管制性排他权：超越专利法的新发展》，载《法商研究》2016 年第 2 期，第 183 页。

许可的生产权"。①

4. 关于药品试验数据专有保护对公共健康的影响及制度完善

药品试验数据保护与公共健康、药品可及性的关系，以及以此为基础的制度完善是国内学者的研究重点。例如，吴锁薇等（2012年）通过数据模型研究，显示药品试验数据保护的实施将增加45.55%药品费用，并使药品可及性降低27.14%，对中国药品产业有较大的负面影响。② 丁锦希等（2015年）以美国拉莫三嗪作为案例进行实证分析，发现药品试验数据专有行政保护方式使得仿制药无法快速上市，降低了患者用药的可获得性，并且提高了药品价格，降低了药品的可负担性。③

为平衡药品试验数据保护与药品可及性之间的关系，国内学者对限制与例外制度也进行了研究，并提出了制度建议。冯洁菡（2012年）认为药品试验数据排他权将导致发展中国家无法利用强制许可生产仿制药，妨碍多哈宣言及其第六段机制的实施，建议中国在立法中规定对药品试验数据保护的强制许可制度。④ 褚童（2017年）建议中国制度一方面应当适应国内药品创新激励的需要，另一方面还要考虑在保护公共利益和保证药品获取方面细化规则，明确药品试验数据专有保护的例外和限制。⑤ 其他学者也对限制与例外制度提出了建议，包括波拉例外制度、确保专利强制许可不受数据保护限制、建立药品试验数据保护强制许可或政府使用制度、

---

① 徐智华、黄丽娜：《我国新药试验数据专有权保护制度优化研究》，载《科技进步与对策》2017 年第 10 期，第 141 页。

② 参见吴锁薇、韩晟等：《药品数据保护对我国药品费用及可及性的影响》，载《中国新药杂志》2012 年第 20 期，第 2353 页。

③ 参见丁锦希、刘阳阳、颜建周：《药品数据保护制度对药品可及性负效应研究——基于美国拉莫三嗪案例的实证分析》，载《中国药科大学学报》2015 年第 4 期，第 495~497 页。

④ 参见冯洁菡：《公共健康与知识产权国际保护问题研究》，中国社会科学出版社 2012 年版，第 176~181 页。

⑤ 参见褚童：《药品试验数据保护义务国内实施的制度困境与解决——以药品获取为视角》，载《河北法学》2017 年第 9 期，第 104 页。

建立药品试验数据披露制度等。① 这些研究多是提出原则性的制度
建议,对具体制度构建方案研究相对较少。

　　学者从保障药品可及性、维护公共健康出发,以欧美制度及
TPP 等国际条约为研究基础,对中国加强药品试验数据专有保护持
谨慎态度。例如,杨莉等(2011、2015 年)建议,通过设立较短时
间的保护期、严格限定"使用新化学成分的药品"概念、设置"等待
期"("强制注册期")等措施,在借鉴欧美制度建立药品试验数据专
有保护的同时降低其负面效应。② 刘宇(2013 年)③和周唯璇(2016
年)④对 TPP 谈判文本中的药品试验数据专有保护条款和 TRIPS 协
定 39 条第 3 款进行比较分析后,认为 TPP 是超出 TRIPS 协定标准
的扩张,建议中国坚持在 TRIPS 协定基础上进行国内法调整。也
有少数研究建议为应对国际挑战,以及从激励国内医药创新角度出

---

　　① 参见陈敬、陈昌雄、史录文:《我国药物创新战略背景下数据保护制
度的政策选择》,载《中国新药杂志》2012 年第 20 期,第 2351～2352 页;孙
莉:《TRIPS 协定下发展中国家药品试验数据独占保护制度的构建》,载《未来
与发展》2016 年第 12 期,第 71～72 页;周婧:《药品数据的保护与限制》,载
《知识产权》2017 年第 3 期,第 92 页;褚童:《全球公共卫生危机背景下药品
试验数据披露的可能与路径》,载《知识产权》2020 年第 9 期,第 94～96 页;
蒋能倬:《后 TRIPS 时代我国药品试验数据保护制度的思考》,载《法制与社
会》2020 年第 21 期,第 5～6 页;梁志文:《药品数据保护的比较分析与立法
选择》,载《政法论丛》2014 年第 5 期,第 85～86 页;杨莉、宋华琳、赵婕:
《药品试验数据保护与专利保护之平行并存性研究》,载《中国新药杂志》2013
年第 22 期,第 2605～2606 页;张丽英、段佳葆:《TRIPS 协定下药品试验数
据保护的例外与我国的立法选择》,载《中国食品药品监管》2021 年第 1 期,
第 41 页。

　　② 参见杨莉、陈玉文等:《药品数据保护在世界各国的发展研究》,载
《中国新药杂志》2011 年第 9 期,第 769 页;杨莉、张大为等:《TRIPS 框架下
药品试验数据保护的适用范围与我国的立法选择》,载《中国新药杂志》2015
年第 20 期,第 2306～2307 页。

　　③ 参见刘宇:《药品试验数据保护:从〈TIRPS 协定〉到〈TPP 协议〉》,
载《国际经济法学刊》2013 年第 3 期,第 188～194 页。

　　④ 参见周唯璇:《药品试验数据保护的发展趋势及我国的应对之策——
从 TRIPS 到 TPP》,载《经济》2016 年第 2 期,第 58～60 页。

发，应当强化药品试验数据保护。例如，徐智华和黄丽娜（2017年）建议中国借鉴国际协议精神以及国外制度，完善药品试验数据专有制度，包括将新药界定为在我国未批准上市的药品、在深度和广度上进一步扩展专有保护对象等。①

生物制品试验数据专有制度也是近年来针对国内制度完善的研究重点，但对于是否应当建立这一制度也存在不同观点。例如，张磊和夏玮（2016年）对 TPP 规定的生物制品试验数据保护条款进行研究，认为其超出了 TRIPS 协定数据保护义务，而且排除了生物制品领域专利强制许可制度的适用，将对公共健康造成更大影响，建议"及早进行制度完善与产业调整"。② 姚雪芳、丁锦希等（2016、2017 年）建议，鉴于中国医药领域创新水平和医疗支付能力均低于发达国家，甚至不及"中保护"国家，与大部分"零保护"国家相当，因此现阶段不宜建立生物制品试验数据保护制度。③但杨建红等（2019 年）在对从事生物类似药监管、研发、注册等领域工作的业界人士调研后，建议中国建立生物制品试验数据专有制度，期限为 10 年。④ 李文江和白娅楠（2021 年）也建议，"给予生物医药试验数据的保护期限不少于 10 年"。⑤

5. 关于药品试验数据专有制度的国际协调

国内学者围绕国内制度完善进行了较大量的研究，但对于制度

---

① 参见徐智华、黄丽娜：《我国新药试验数据专有权保护制度优化研究》，载《科技进步与对策》2017 年第 10 期，第 142 页。

② 张磊、夏玮：《TPP 生物药品数据保护条款研究》，载《知识产权》2016 年第 5 期，第 116~120 页。

③ 参见姚雪芳、丁锦希：《生物制品数据保护制度剖析与战略选择》，载《知识产权》2017 年第 2 期，第 98 页；丁锦希、任宏业、姚雪芳：《TPP 生物制品数据保护条款与中国政策定位研究》，载《上海医药》2016 年第 17 期，第 59~60 页。

④ 参见杨建红、王晓东等：《各国生物制品数据保护制度对比研究及完善我国生物制品数据保护制度的建议》，载《现代药物与临床》2019 年第 4 期，第 924 页。

⑤ 李文江、白娅楠：《我国药品试验数据保护的法律路径选择》，载《黄河科技学院学报》2021 年第 1 期，第 95 页。

的国际协调，尤其是中国参与国际协调方面的研究相对较少。其中，程文婷（2018 年）对 TRIPS 协定以来美国通过 FTA 推行药品试验数据专有制度国际化的历史脉络进行了梳理，勾勒出了美国从国内法到双边条约再到多边条约，不断加强知识产权保护的路线图。① 陈瑶（2014 年）在对 TPP 谈判期间美国建议的药品知识产权文本进行分析后，认为美方建议打破了 TRIPS 协定下的平衡，建议"在可能的情况下仍应推进多边之下药品知识产权与公共健康问题的协调"，"维护多边之下来之不易极为珍贵的'平衡'"。② 这些研究提出了方向性和原则性建议，但没有提出中国参与国际谈判的具体对策方案等。

6. 关于全球公共产品与药品试验数据专有保护

针对全球公共产品、公共健康及相关知识产权政策的分析，国内研究很少。宋阳和左海聪（2013 年）认为，药品专利作为私权的垄断性特点与知识和发明作为公共物品的属性存在冲突，需要协调药品专利保护与国际公共健康权这两类社会活动中完全不同的行动逻辑，化解经济理性规范与卫生语境规范之间的矛盾。③ 张丽英（2021 年）以新冠疫苗的全球公共产品属性为基础，分析了知识产权保护对疫苗在全球公平分配的影响，提出要在"人类卫生健康共同体"理念引领下化解健康权与相关权利的冲突。④ 宋效峰（2020年）以构建"人类卫生健康共同体"为视角，认为主权国家、国际组织等多元主体应共同承担提供全球卫生公共产品的责任，并指出应当"把那些卫生能力脆弱的发展中国家作为全球卫生公共产品供给

---

① 参见程文婷：《试验数据知识产权保护的国际规则演进》，载《知识产权》2018 年第 8 期，第 82~96 页。

② 陈瑶：《论美国 TPP 药品知识产权建议条款对公共健康之反作用——与 TRIPS 之比较》，载《国际经济法学刊》2014 年第 1 期，第 242 页。

③ 参见宋阳、左海聪：《药物专利 VS 公共健康：从冲突到共存》，载《知识产权》2013 年第 7 期，第 63 页。

④ 参见张丽英：《人类卫生健康共同体视域下健康权法律问题的化解——以疫苗研发为切入点》，载《中国软科学》2021 年第 10 期，第 65、71 页。

的重点对象"。① 具体到药品试验数据专有保护，俞汉玲（2018年）②和王林（2020年）③的硕士学位论文分别分析了药品试验数据的"准公共产品"属性，但没有以此为基础进一步提出制度完善建议。

（二）国外研究情况

1. TRIPS 协定以前的研究情况

TRIPS 协定达成以前，国外有关药品试验数据专有或者数据保护的研究非常少，仅在少数文献中有所提及，而没有专门的研究，更没有将药品试验数据专有保护作为一项专门制度进行研究。例如，惠顿（Wheaton）（1986 年）对美国《Hatch-Waxman 法案》相关制度进行了全面的介绍和分析，并从激励创新和阻碍仿制药两个方面分析了市场独占期（药品试验数据专有保护）的影响。④ 费舍尔（Fisher）（1986 年）讨论了《Hatch-Waxman 法案》下药品安全性和有效性试验数据的商业秘密属性，以及由此产生的数据公开时机问题，但没有分析该法案所规定的药品试验数据专有制度。⑤ 米勒（Miller）（1989 年）在讨论商业秘密保护主题时，提及药品试验数据可以通过商业秘密保护，尽管其不满足专利保护的新颖性、创造性

---

① 宋效峰：《全球卫生公共产品供给问题论析——以人类卫生健康共同体构建为视角》，载《黑龙江工业学院学报（综合版）》2020 年第 11 期，第 43 页。

② 参见俞汉玲：《药品试验数据的知识产权保护研究》，浙江工商大学 2018 年硕士学位论文，第 10～11 页。

③ 参见王林：《论药品试验数据的法律保护》，辽宁大学 2020 年硕士学位论文，第 2～3 页。

④ 参见 James J. Wheaton, *Generic Competition and Pharmaceutical Innovation: The Drug Price Competition and Patent Term Restoration Act of* 1984, 35 Catholic University Law Review, 1986：433-488。

⑤ 参见 Jane A. Fisher, *Disclosure of Safety and Effectiveness Data under the Drug Price Competition and Patent Term Restoration Act*, Food, Drug, Cosmetic Law Journal, 1986(41)：268-286。

等要求。①

2. 关于药品试验数据专有保护与 TRIPS 协定的关系

1994 年正式签署的 TRIPS 协定第 39 条第 3 款规定了药品试验数据保护义务，此后药品试验数据的保护进入了国外学术界的视野，成为了专门的研究对象。国外学者针对该款内容进行了较为大量的研究，成果主要集中于对 TRIPS 协定第 39 条第 3 款的谈判历史、保护方式、保护期限的介绍以及条款中"提交""新化学实体""相当努力""披露""不正当商业使用"等关键规定和术语的分析、解读。② 其中介绍得较为详细、全面的出版物包括科雷亚（Correa）（2002 年）的专著"Protection of Data Submitted for the Registration of Pharmaceuticals: Implementing the Standards of the TRIPS Agreement"（《为药品注册目的所提交数据的保护：TRIPS 协定标准的实施》）③，以及卡瓦略（Carvalho）（2008 年）的专著"The TRIPS regime

① 参见 Elizabeth Miller, *Antitrust Restrictions on Trade Secret Licensing: A Legal Review and Economic Analysis*, 52 Law and Contemporary Problems 185 (1989)。

② 参见 Nuno Pires de Carvalho, *The TRIPS Regime of Antitrust and Undisclosed Information*, Kluwer Law International, 2008, pp. 240-315; G. Lee Skillington & Eric M. Solovy, *The Protection of Test and Other Data Required by Article 39. 3 of the TRIPS Agreement*, 24 Northwestern Journal of International Law & Business 1-52 (2003); Lucas R. Arrivillaga, *An International Standard of Protection for Test Data Submitted to Authorities to Obtain Marketing Authorization for Drugs: TRIPS Article 39. 3*, 6 Journal of World Intellectual Property 139-154 (2003); Carlos M. Correa, *Unfair Competition Under the TRIPS Agreement: Protection of Data Submitted for the Registration of Pharmaceuticals*, 3 Chicago Journal of International Law 69-85 (2002); Jerome H. Reichman, *Rethinking the Role of Clinical Trial Data in International Intellectual Property Law: The Case for a Public Goods Approach*, 13 Marquette Intellectual Property Law Review 17-22 (2009); Srividhya Ragavan, *The (Re) Newed Barrier to Access to Medication: Data Exclusivity*, 51 Akron Law Review 1163-1196 (2017); Peter K. Yu, TRIPS in the Field of Test Data Protection, https://papers. ssrn. com/sol3/Papers. cfm? abstract_id=3716105, visited on 20 January 2022。

③ 参见 Carlos M. Correa, *Protection of Data Submitted for the Registration of Pharmaceuticals: Implementing the Standards of the TRIPS Agreement*, South Centre, 2002。

of Antitrust and Undisclosed Information"(《TRIPS 制度下的反垄断与
未披露信息保护》)。① 但不同学者针对 TRIPS 协定第 39 条第 3 款
的研究结论和观点并不完全相同,其中最主要的争议焦点之一是该
款规定与药品试验数据专有保护之间的关系。

关于 TRIPS 协定第 39 条第 3 款与药品试验数据专有保护之间
关系的争议主要集中于对协定中有关"免于不正当商业使用"的义
务是否包含建立药品试验数据专有制度的要求,这也与 WTO 发达
成员和发展中成员间对该规定理解的分歧有关。美国②和欧盟③认
为,TRIPS 协定规定的"免于不正当商业使用"要求成员建立药品
试验数据专有制度。支持美欧立场的学者如斯基林顿(Skillington)
和索洛维(Solovy)(2003 年)④、费尔麦斯(Fellmeth)(2004 年)⑤、

①　Nuno Pires de Carvalho, *The TRIPS Regime of Antitrust and Undisclosed Information*, Kluwer Law International, 2008.

②　参见 Office of the General Counsel, U. S. Trade Representative, The Protection of Undisclosed Test Data in Accordance with TRIPs Article 39. 3, 1995 (Unattributed Paper for Submission in Bilateral Discussions with Australia in May 1995). 转引自: G. Lee Skillington & Eric M. Solovy, *The Protection of Test and Other Data Required by Article 39. 3 of the TRIPS Agreement*, 24 Northwestern Journal of International Law & Business 33 (2003)。

③　参见 WTO, The Communication from the EU and Its Member States on the Relationship Between the Provisions of the TRIPS Agreement and Access to Medicines (IP/C/W/280), 12 June 2001, para. 15; European Commission, Compulsory Licensing and Data Protection: Questions on TRIPs and Data Exclusivity, https: // www. concurrences. com/IMG/pdf/eu_compulsory_licensing. pdf? 39810/b1edc6f4e4e 32aff8c6f72eb553b3fcac28be6c1, visited on 20 January 2022。

④　参见 G. Lee Skillington & Eric M. Solovy, *The Protection of Test and Other Data Required by Article 39. 3 of the TRIPS Agreement*, 24 Northwestern Journal of International Law & Business 30 (2003)。

⑤　参见 Aaron X. Fellmeth, *Secrecy, Monopoly, and Access to Pharmaceuticals in International Trade Law: Protection of Marketing Approval Data Under the TRIPS Agreement*, 45 Harvard International Law Journal 463 (2004)。

奥沃耶（Owoeye）（2014 年）①以及尼扎穆丁（Nizamuddin）（2020
年）②等认为，TRIPS 协定实质上规定了各成员建立药品试验数据
专有制度的义务，如果允许他人利用原研药企业受保护的试验数据
获得仿制药上市许可，将损害原研药企业的合法利益，并且给予仿
制药企业更大的竞争优势。印度和巴西等发展中成员持相反观点，
指出禁止"不正当商业使用"是指禁止第三方以不诚信的方式获取
其他原研药企业提交的药品试验数据并将其用于申请药品上市，并
不禁止成员依赖原研药企业提交的试验数据来评估和审批在后的药
品上市申请。③ 以阿根廷科雷亚（Correa）（2002、2004 年）为代表
的学者支持这一观点，认为 TRIPS 协定第 39 条第 3 款仅要求成
员通过反不正当竞争模式保护药品试验数据，而不禁止成员利用
"生物等效性"证据批准仿制药上市，即不包含提供药品试验数据
专有保护的义务。④ 持类似观点的学者还包括赖希曼（Reichman）
（2009 年）⑤、余家明（Peter K. Yu）（2020 年）⑥、霍恩（Hoen）（2022

---

①　参见 Olasupo A Owoeye，*Data Exclusivity and Public Health Under the
TRIPS Agreement*，23 Journal of Law，Information and Science 113-115（2014）。

②　参见 Rahamatthunnisa M. Nizamuddin，*TRIPS Agreement and Malaysian
Intellectual Property Laws：Data Exclusivity v Patent*，28 IIUM Law Journal 219（2020）。

③　参见 WTO，TRIPS and Public Health（Submission by the Africa Group，
Barbados，Bolivia，Brazil，Dominican Republic，Ecuador，Honduras，India，
Indonesia，Jamaica，Pakistan，Paraguay，Philippines，Peru，Sri Lanka，
Thailand and Venezuela）（IP/C/W/296），19 June 2001，para. 40。

④　参见 Carlos M. Correa，*Unfair Competition Under the TRIPS Agreement：
Protection of Data Submitted for the Registration of Pharmaceuticals*，3 Chicago
Journal of International Law 84-85（2002）；Carlos M. Correa，*Bilateralism in
Intellectual Property：Defeating the WTO System for Access to Medicines*，36 Case
Western Reserve Journal of International Law 82-83（2004）。

⑤　参见 Jerome H. Reichman，*Rethinking the Role of Clinical Trial Data in
International Intellectual Property Law：The Case for a Public Goods Approach*，13
Marquette Intellectual Property Law Review 21-22（2009）。

⑥　参见 Peter K. Yu，TRIPS in the Field of Test Data Protection，https：//
papers. ssrn. com/sol3/Papers. cfm? abstract_id=3716105，visited on 20 January 2022。

年)①，以及辛格(Singh)和达斯古普塔(DasGupta)(2019 年)②等。在这两种观点之间还存在"中间"观点，例如陶布曼(Taubman)(2008 年)③、阿穆蒂(Armouti)和纳苏尔(Nsour)(2016 年)④、拉格万(Ragavan)(2017 年)⑤等认为，WTO 成员有权灵活解释何为"不正当商业使用"，药品试验数据专有保护是落实 TRIPS 协定义务的方式之一，但不是强制性义务。卡瓦略(Carralho)(2008 年)也认为药品试验数据专有保护属于落实 TRIPS 协定义务的方式之一，其他的落实方式还包括给予试验数据权利人补偿等。⑥

3. 关于 FTA 中的药品试验数据专有制度

由于 TRIPS 协定第 39 条第 3 款规定存在的模糊性和争议，美国和欧盟等在此后的 FTA 中对药品试验数据专有保护作出了明确规定，越来越多的国家和地区建立了这一制度。在此背景下，包括科雷亚等在内的学者针对不同国家和地区制度以及相关 FTA 中的

① 参见 Ellen 't Hoen, *Protection of Clinical Test Data and Public Health*: *A Proposal to End the Stronghold of Data Exclusivity*, in Carlos M. Correa & Reto M. Hilty eds., Access to Medicines and Vaccines: Implementing Flexibilities Under Intellectual Property Law, Springer, 2022, pp.187-188。

② 参见 Amit Singh & Paramita DasGupta, *Pharmaceutical Test Data Protection and Demands for Data-Exclusivity*: *Issues and Concerns of Developing Countries and India's Position*, 24 Journal of Intellectual Property Rights 73, 78 (2019)。

③ 参见 Antony Taubman, *Unfair Competition and the Financing of Public-knowledge Goods*: *The Problem of Test Data Protection*, 3 Journal of Intellectual Property Law & Practice 595 (2008)。

④ 参见 Wael Armouti & Mohammad F. A. Nsour, *Test Data Protection*: *Different Approaches and Implementation in Pharmaceuticals*, 20 Marquette Intellectual Property Law Review 296-297 (2016)。

⑤ 参见 Srividhya Ragavan, *The Significance of the Data Exclusivity and Its Impact on Generic Drugs*, 1 Journal of Intellectual Property Studies 134 (2017); Srividhya Ragavan, *Data Exclusivity*: *A Tool to Sustain Market Monopoly*, 8 Jindal Global Law Review 251-252 (2017)。

⑥ 参见 Nuno Pires de Carvalho, *The TRIPS Regime of Antitrust and Undisclosed Information*, Kluwer Law International, 2008, pp.272-284。

药品试验数据专有保护条款进行了比较分析研究。① 其中谢赫
（Shaikh）（2016 年）出版的专著"Access to Medicine Versus Test Data
Exclusivity： Safeguarding Flexibilities Under International Law"（药品
可及性与试验数据专有：确保国际法中的灵活度）对美国、欧盟药
品试验数据专有保护进行了全面介绍，并对美国、欧盟和欧洲自由
贸易联盟（EFTA）签订的 FTA 中的药品试验数据保护条款进行了分
类分析和 IDEAS（Index of Test Data Exclusivity and Access，药品试
验数据专有和获取指数）保护强度打分。② 此后，随着 TPP、
CPTPP、美墨加协定和 RCEP 等协定的相继达成，国外学者针对这
几个最新协定以及谈判草案中的相关规定进行了较大量的比较分析
研究，发现药品试验数据专有保护是这些协定谈判中最具争议的议
题之一，谈判各方对这一制度的分歧仍然巨大。③

随着生物技术的发展，生物制品在医药领域占据越来越重要的

---

① 参见 Carlos M. Correa, *Protecting Test Data for Pharmaceutical and Agrochemical Products Under Free Trade Agreements*, in Pedro Roffe, *et al.* eds. , Negotiating Health： Intellectual Property and Access to Medicines, Earthscan, 2006, pp. 85-91； Wael Armouti, Evolution of Data Exclusivity for Pharmaceuticals in Free Trade Agreements, https：//www. southcentre. int/wp-content/uploads/ 2020/04/PB-76. pdf, visited on 18 February 2022； Susan Scafidi, *The Good Old Days of TRIPS： The US Trade Agenda and the Extension of Pharmaceutical Test Data Protection*, 4 Yale Journal of Health Policy, Law, and Ethics 341-351 （2004）。

② 参见 Owais H. Shaikh, *Access to Medicine Versus Test Data Exclusivity*： *Safeguarding Flexibilities Under International Law*, Springer, 2016。

③ 参见 Alexander Stimac, *The Trans-Pacific Partnership： The Death-Knell of Generic Pharmaceuticals*, 49 Vanderbilt Journal of Transnational Law 853-884 （2016）； Peter K. Yu, *Data Exclusivities and the Limits to TRIPS Harmonization*, 46 Florida State University Law Review 674-678, 680-683 （2019）； Ronald Labonté, *et al.* , *USMCA （NAFTA 2. 0）： Tightening the Constraints on the Right to Regulate for Public Health*, 15 Globalization and Health 2-3 （2019）； Zeleke T Boru, *The Test Data Provision of USMCA： A Potential to Promote or Negate the Timely Access to Genetically Engineered Biologics?*, 16 Journal of Generic Medicines 5-18 （2020）； Zeleke T. Boru, The Comprehensive and Progressive Agreement for the Trans-Pacific Partnership： Data Exclusivity and Access to Biologics, （转下页）

地位，美国在化学药试验数据专有保护的基础上建立了生物制品试验数据专有制度，并极力推动在 TPP 中作出了相关规定，生物制品试验数据专有制度也因此成为了近 10 年来的研究热点。国外针对美国制度、TPP 相关条款进行了较大量研究，发展中国家是否应当提供此类保护、与化学药试验数据专有保护及专利制度的关系、保护期限时长（例如是否应当保护 12 年）是研究和争论的主要焦点。①

4. 关于药品试验数据专有保护的法律性质

尽管药品试验数据专有制度已有近 40 年历史，但对于药品试验数据专有保护的法律性质，尤其是其是否属于知识产权，各国立法和学界并没有明确共识。在美国 FDA 网站"常见问答"栏目中，仅描述药品试验数据专有保护的特征，而未明确其属于具有财产权属性的知识产权，与对专利权的解释形成了鲜明对比。② 学者对此研究也不多。许多学者虽然认为药品试验数据专有是知识产权的一种，但并未对此进行更深入的论述。赫尔德（Heled）（2012 年）认

（接上页）https：//www. econstor. eu/bitstream/10419/232226/1/south-centre-rp-106. pdf，visited on 18 February 2022；Burcu Kilic，Data Exclusivity in the Regional Comprehensive Economic Partnership（RCEP），https：//www. citizen. org/wp-content/uploads/migration/case _ documents/rcep-data-exclusivity _ 0. pdf，visited on 20 January 2022。

①　参见 Tina Cheung，Data Exclusivity for Biologic Drugs：the TPP's Potential Poison Pill?，http：//bciptf. org/wp-content/uploads/2016/02/Spring-2016. -Tina-Cheung. -Short-Article-2. pdf，visited on 5 January 2022；Jenny Wong，Data Protection for Biologics – Should the Data Exclusivity Period Be Increased to 12 Years?，https：//papers. ssrn. com/sol3/papers. cfm? abstract _ id = 2831262，visited on 19 January 2022；Kristina M. Lybecker，*Essay：When Patents Aren't Enough：Why Biologics Necessitate Date Exclusivity Protection*，40 William Mitchell Law Review 1439-1441（2014）。

②　参见 FDA，Frequently Asked Questions on Patents and Exclusivity，https：//www. fda. gov/drugs/development-approval-process-drugs/frequently-asked-questions-patents-and-exclusivity#notification，visited on 20 January 2022。

为，药品试验数据专有并未赋予权利本身。① 辛格和达斯古普塔
（2019 年）一方面认为药品试验数据专有保护是一类独立于专利权
的知识产权，但另一方面又认为其并未产生新的财产权，而仅是用
于防止不正当竞争。②费尔德曼（Feldman）（2016 年）将与药品审批
程序相关排他性权利称为"管制性财产"（Regulatory Property），并
认为其中市场权利是"准专利权"，数据权利是"准商业秘密"，可
交易的权利则为"准财产"。③赖希曼（2009 年）则认为药品试验数据
专有赋予原研药企业对其试验数据"事实上的排他性财产权"。④

5. 关于药品试验数据专有保护对公共健康的影响及制度完善

药品知识产权制度与公共健康密切相关，TRIPS 协定生效之
后，国外学者对知识产权保护与公共健康问题进行了深入的研究和
分析，主要包括专利、药品试验数据保护对药品创新的激励以及药
品可及性的影响，以及多哈宣言及其实施等问题。⑤ 随着药品试验
数据专有制度在全球范围内的扩张，越来越多的发展中国家和地区
开始建立这一制度，该制度对公共健康，尤其是对发展中国家和地
区药品可及性的影响也成为了学者研究的重点。

与其他知识产权保护对公共健康的影响一样，从不同角度研究
得到的结论并不完全相同。列赞（Lietzan）（2016 年）对化学药和生

---

①　参见 Yaniv Heled, *Patents v. Statutory Exclusivities in Biological Pharmaceuticals-Do We Really Need Both*, 18 Michigan Telecommunications and Technology Law Review 431（2012）。

②　参见 Amit Singh & Paramita DasGupta, *Pharmaceutical Test Data Protection and Demands for Data-Exclusivity：Issues and Concerns of Developing Countries and India's Position*, 24 Journal of Intellectual Property Rights 71-72（2019）。

③　Robin Feldman, *Regulatory Property：The New IP*, 40 The Columbia Journal of Law & the Arts 57-65（2016）。

④　Jerome H. Reichman, *Rethinking the Role of Clinical Trial Data in International Intellectual Property Law：The Case for a Public Goods Approach*, 13 Marquette Intellectual Property Law Review 5, 65（2009）。

⑤　参见 Josef Drexl & Nari Lee eds., *Pharmaceutical Innovation, Competition and Patent Law*, Edward Elgar, 2013；Pedro Roffe, *et al.* eds., *Negotiating Health：Intellectual Property and Access to Medicines*, Earthscan, 2006。

物制品试验数据专有制度的社会福祉进行了分析，认为允许仿制药
过早上市会导致市场失灵，影响市场主体的创新积极性，需要通过
药品试验数据专有制度等强化药品知识产权保护。① 而另一方面，
阿穆蒂和纳苏尔（2016 年）比较了药品试验数据保护的几种模式，
包括反不正当竞争、成本分担、专有保护等，认为专有模式不利于
发展中国家药品可及性问题的解决②；帕尔梅多（Palmedo）（2013
年）对药品试验数据专有保护与医药领域投资之间的关系进行分
析，也发现引入药品试验数据专有制度并未能够吸引更多的投
资。③ 帕尔梅多（2021 年）对美国和欧盟等相关 FTA 中药品试验数
据专有制度对药品可及性的影响进行了实证分析，发现实施了这一
制度的国家药品进口价格比未实施这一制度的国家高 2.4% ~
4.5%④；谢弗（Shaffer）等（2009 年）⑤和马尔帕尼（Malpani）（2009
年）⑥分别开展的国别研究也发现，药品试验数据专有制度影响了
危地马拉、约旦等国家的药品可及性。克利夫特（Clift）等（2007
年）关注到药品试验数据专有保护与专利制度不同，没有规定强制

① 参见 Erika Lietzan，*The Myths of Data Exclusivity*，20 Lewis & Clark Law Review 123-125（2016）。

② 参见 Wael Armouti & Mohammad F. A. Nsour，*Test Data Protection：Different Approaches and Implementation in Pharmaceuticals*，20 Marquette Intellectual Property Law Review 269-277（2016）。

③ 参见 Mike Palmedo，*Do Pharmaceutical Firms Invest More Heavily in Countries with Data Exclusivity*，21 Currents International Trade Law Journal 44（2013）。

④ 参见 Michael Palmedo，Evaluating the Impact of Data Exclusivity on the Price per Kilogram of Pharmaceutical Imports，https：//www. bu. edu/gdp/files/2021/04/GEGI_WP_048_Palmedo_FIN. pdf，visited on 20 January 2022。

⑤ 参见 Ellen R. Shaffer & Joseph E. Brenner，*A Trade Agreement's Impact on Access to Generic Drugs：The Central America Free Trade Agreement Has Kept some Generic Drugs from Guatemala even Though They're Available in the United States*，28 Health Affairs w961-w965（2009）。

⑥ 参见 Rohit Malpani，*All Costs，No Benefits：How the US-Jordan Free Trade Agreement Affects Access to Medicines*，6 Journal of Generic Medicines 206-217（2009）。

许可等限制与例外制度①；芬克（Fink）和赖兴米勒（Reichenmiller）（2006年）②、奥沃耶（2014年）③等也认为缺乏限制与例外制度的药品试验数据专有保护会对专利强制许可制度的实施造成障碍，从而影响药品可及性。

为平衡药品试验数据专有保护与公共健康之间的关系，包括奥沃耶在内的一些学者从建立限制与例外制度这一角度提出了制度完善建议，例如包括充分利用TRIPS协定给予的灵活度、限缩保护范围、缩短保护期限、专利期限届满的同时终止数据专有保护、建立强制许可或豁免制度、建立撤销和异议制度等。④ 但这些制度设

---

① 参见 Charles Clift, *Data Protection and Data Exclusivity in Pharmaceuticals and Agrochemicals*, in Anatole Krattiger, *et al.* eds., Intellectual Property Management in Health and Agricultural Innovation：A Handbook of Best Practices, MIHR, PIPRA, Oswaldo Cruz Foundation and bioDevelopments-International Institute, 2007, pp. 431-435。

② 参见 Carsten Fink & Patrick Reichenmiller, *Tightening TRIPS：Intellectual Property Provisions of US Free Trade Agreements*, in Richard Newfarmer ed., Trade, Doha, and Development：A Window into The Issues, World Bank, 2006, p. 290。

③ 参见 Olasupo A Owoeye, *Data Exclusivity and Public Health Under the TRIPS Agreement*, 23 Journal of Law, Information and Science 121-124（2014）。

④ 参见 Olasupo A Owoeye, *Data Exclusivity and Public Health Under the TRIPS Agreement*, 23 Journal of Law, Information and Science 130-132（2014）; Amit Singh & Paramita DasGupta, *Pharmaceutical Test Data Protection and Demands for Data-Exclusivity：Issues and Concerns of Developing Countries and India's Position*, 24 Journal of Intellectual Property Rights 85-86（2019）; Owais H. Shaikh, *Access to Medicine Versus Test Data Exclusivity：Safeguarding Flexibilities Under International Law*, Springer, 2016, pp. 226-228; Ellen F. M. 't Hoen, *et al.*, *Data Exclusivity Exceptions and Compulsory Licensing to Promote Generic Medicines in The European Union：A Proposal for Greater Coherence in European Pharmaceutical Legislation*, 10 Journal of Pharmaceutical Policy and Practice 1-9（2017）; Robert Weissman, *Public Health-friendly Options for Protecting Pharmaceutical Registration Data*, 1 International Journal of Intellectual Property Management 113-130（2006）; Robert Weissman, *Data Protection：Options for Implementation*, in Pedro Roffe, *et al.* eds., Negotiating Health：Intellectual Property and Access to Medicines, Earthscan, 2006, pp. 165-177。

想没有形成体系，也鲜有研究对相关制度的立法和实施提出具体方案。

面对新冠疫情，国外学者围绕提高药品可及性问题，对包括药品试验数据专有制度在内的药品知识产权制度进行了研究，为制度完善提出了相关建议。杜尔金（Durkin）（2021 年）①、赛姆（Syam）（2021 年）②、佩雷霍夫（Perehudoff）等（2021 年）③、麦克马洪（McMahon）（2021 年）④、欧塞尔（Oser）（2021 年）⑤关注到专利、商业秘密和药品试验数据专有保护会影响到用于治疗、预防疫情的仿制药、生物类似物的可及性，并且指出即便在给予药品专利强制许可的情况下，药品试验数据专有制度仍然会成为药品生产或进口的重要障碍，为此需要为药品试验数据专有制度规定强制许可、豁免等限制与例外制度。与此前研究情况类似，这些研究也没有提出详细的制度方案。

为解决疫苗短缺等问题，南非和印度于 2020 年向 TRIPS 理事会提出提案，建议为预防、遏制、治疗新冠疫情目的，豁免成员有

---

①　参见 Allison Durkin, *et al.*, *Addressing the Risks that Trade Secret Protections Pose for Health and Rights*, 23 Health and Human Rights 138（2021）。

②　参见 Nirmalya Syam, EU Proposals Regarding Article 31bis of the TRIPS Agreement in the Context of the COVID-19 Pandemic, https：//www. southcentre. int/wp-content/uploads/2021/08/PB100 _ EU-Proposals-regarding-Article-31bis-of-the-TRIPS-Agreement-in-the-Context-of-the-COVID-19-Pandemic _ EN. pdf, visited on 18 February 2022。

③　参见 Katrina Perehudoff, *et al.*, *Overriding Drug and Medical Technology Patents for Pandemic Recovery：A Legitimate Move for High-income Countries, too*, 6 BMJ Global Health e005518（2021）。

④　参见 Aisling McMahon, *Global Equitable Access to Vaccines, Medicines and Diagnostics for COVID-19：The Role of Patents as Private Governance*, 47 Journal of Medical Ethics 142-148（2021）。

⑤　参见 Andreas Oser, *The COVID-19 Pandemic：Stress Test for Intellectual Property and Pharmaceutical Laws*, 70 GRUR International 846-854（2021）。

关版权及相关权、工业设计、专利和未披露信息的保护和实施义务。① 这是知识产权国际保护协调中的一个重大举措。但也有研究对此提出不同意见。例如，希尔蒂（Hilty）等（2021 年）②、默丘里奥（Mercurio）（2021 年）③认为药品知识产权保护豁免不仅不能起到提高疫苗供给、降低疫苗价格的效果，而且还会影响市场主体开发疫苗的积极性。辛哈（Sinha）等（2021 年）则指出，由于药品试验数据专有保护仅部分地被 TRIPS 协定所涵盖，所以并不能完全落入该提案的豁免范围。④

6. 关于全球公共产品与药品试验数据专有保护

国外研究已将全球公共产品理论应用于全球公共卫生治理当中。20 世纪末以来联合国开发计划署和世界银行支持开展全球公共产品相关研究，极大地推动了这一理论在国际治理和国际合作中的应用。其中，联合国开发计划署 1995 年至 2005 年支持由考尔（Kaul）牵头的"国际开发合作和全球公共产品"（International Development Cooperation and Global Public Goods）研究项目对全球公共产品问题进行了系统性研究，并出版了三本著作。第一本著作"Global Public Goods：International Cooperation in the 21st century"⑤

---

① 参见 WTO, Waiver from Certain Provisions of the TRIPS Agreement for the Prevention, Containment and Treatment of Covid-19：Communication from India and South Africa (IP/C/W/669), 2 October 2020。

② 参见 Reto Hilty, *et al.*, Covid-19 and the Role of Intellectual Property：Position Statement of the Max Planck Institute for Innovation and Competition of 7 May 2021, https：//papers. ssrn. com/sol3/papers. cfm? abstract _ id = 3841549, visited on 19 January 2022。

③ 参见 Bryan Mercurio, *The IP Waiver for COVID-19：Bad Policy, Bad Precedent*, 52 IIC-International Review of Intellectual Property and Competition Law 983-988 (2021)。

④ 参见 Michael S. Sinha, *et al.*, Addressing Exclusivity Issues During the COVID-19 Pandemic and Beyond, https：//ssrn. com/abstract = 3889894, visited on 20 January 2022。

⑤ Inge Kaul, *et al.*, eds., *Global Public Goods：International Cooperation in the 21st Century*, Oxford University Press, 1999.

出版于 1999 年。该著作将公共产品理论从国家层面上升至国际层面，并提出了公共健康属于全球公共产品的理念。① 第二本著作"Providing global public goods：managing globalization"②出版于 2003 年，对全球公共产品理念进行了进一步发展，强调产品是否属于全球公共产品在很多情况下取决于公共政策的选择，因此需要将公共性纳入公共政策的制定当中。出版于 2006 年的第三本著作"The New Public Finance：Responding to Global Challenges"③则主要探讨了克服全球公共产品供给所面临问题的政策和金融工具。在联合国开发计划署支持下由法国、瑞典及其他欧盟国家成立的"全球公共产品国际工作小组"（International Task Force on Global Public Goods）于 2006 年发布的最终研究报告中，将预防传染性疾病的发生和传播作为六大"优先全球公共产品"之一。④ 新冠疫情发生后，也有学者分析了新冠疫苗及相关治疗、诊断方法的全球公共产品属性，并提出公共政策建议。例如，博斯基耶罗（Boschiero）（2021 年）认为通过疫苗进行疫苗接种属于全球公共产品，呼吁国际社会制定新的抗击流行病的方案，确保关键药品和治疗技术的可获得性并将其作为全球公共产品。⑤ 布朗（Brown）和苏斯金德（Susskind）（2020 年）指出新冠等传染性疾病的控制属于全球公共产品，呼吁各国政

---

① 参见 Lincoln C. Chen, *et al.*, *Health as a Global Public Good*, in Inge Kaul, *et al.* eds., Global Public Goods：International Cooperation in the 21st Century, Oxford University Press, 1999, pp. 284-304。

② Inge Kaul, *et al.* eds., *Providing Global Public Goods*：*Managing Globalization*, Oxford University Press, 2003.

③ Inge Kaul & Pedro Conceição eds., *The New Public Finance*：*Responding to Global Challenges*, Oxford University Press, 2006.

④ 参见 International Task Force on Global Public Goods, Meeting Global Challenges：International Cooperation in the National Interest, https：//ycsg. yale. edu/sites/default/files/files/meeting_global_challenges_global_public_goods. pdf, visited on 18 February 2022。

⑤ 参见 Nerina Boschiero, *COVID*-19 *Vaccines as Global Common Goods*：*An Integrated Approach of Ethical, Economic Policy and Intellectual Property Management*, Global Jurist 16-17（2021）。

府通过谈判建立稳定且可靠的融资机制以确保这一全球公共产品的
供给。①

    但国外直接将全球公共产品理念用于分析和完善药品知识产权
制度的研究也较少。其中，G. 谢弗（Gregory Shaffer）（2004 年）认
为，TRIPS 协定药品专利保护条款涉及三类全球公共产品：新知识
的产生、公共健康的供给以及开放贸易及竞争政策的维持，因此相
关政策需要在这三者之间保持平衡。② 科雷亚（2003 年）从药品知
识的公共产品属性出发，以专利权为重点分析了知识产权的静态效
率和动态效率效应，提出可以通过严格专利申请标准、限制专利权
范围以及在特定情况下实施强制许可等来同时提高动态和静态效
率。③ 具体到药品试验数据专有保护，赖希曼（2006 年和 2009 年）
认为，应当将药品临床试验数据当作公共产品对待，由所有参与方
共同分摊成本并确保这些数据的开放性。④ 这种保护方式实际上与
成本分摊模式类似。在赖希曼与刘易斯（Lewis）等（2006 年）合作的
另一篇文章中提出了类似的观点，并建议可通过政府公共基金等方
式降低医药公司成本、增加公共产品供给。⑤ 这些研究主要以临床

---

    ① 参见 Gordon Brown & Daniel Susskind, *International Cooperation During the COVID*-19 *Pandemic*, 36 Oxford Review of Economic Policy S64-S76（2020）。

    ② 参见 Gregory Shaffer, *Recognizing Public Goods in WTO Dispute Settlement: Who Participates? Who Decides? The Case of TRIPS and Pharmaceutical Patent Protection*, 7 Journal of International Economic Law 459, 462-463（2004）。

    ③ 参见 Carlos M. Correa, *Managing the Provision of Knowledge: The Design of Intellectual Property Laws*, in Inge Kaul, *et al.* eds., Providing Global Public Goods: Managing Globalization, Oxford University Press, 2003, pp. 416-423。

    ④ 参见 Jerome H. Reichman, *The International Legal Status of Undisclosed Clinical Trial Data: From Private to Public Goods?*, in Pedro Roffe, *et al.* eds., Negotiating Health: Intellectual Property and Access to Medicines, Earthscan, 2006, p. 134; Jerome H. Reichman, *Rethinking the Role of Clinical Trial Data in International Intellectual Property Law: The Case for a Public Goods Approach*, 13 Marquette Intellectual Property Law Review 67-68（2009）。

    ⑤ 参见 Tracy R. Lewis, *et al.*, Treating Clinical Trials as a Public Good: The Most Logical Reform, https://escholarship.org/content/qt3cn7258n/qt3cn7258n.pdf, visited on 20 January 2022。

试验数据的公共产品属性为基础，建议通过政府资助、成本分摊等方式来增加公共产品的供给，以替代药品试验数据专有保护等制度。

四、研究方法与主要内容

（一）研究方法

本书在研究和写作过程中，综合采取了法解释学、比较研究、历史研究、法理学、法经济学和实证分析等研究方法。

首先，本书采取法解释学方法进行研究。对于 TRIPS 协定和 FTA 等相关知识产权条约以及国内外相关立法中的制度目的、制度内容、适用范围和法律效果等进行解释，并通过文义解释、目的解释、案例解释等方法对所存在的争议进行解释说明，确定相关含义。

其次，本书采取比较研究和历史研究方法开展研究。通过梳理药品试验数据专有保护的历史起源和国际化发展脉络，比较美国、欧盟以及相关发展中国家的立法实践情况，分析不同国家以及同一国家在不同历史时期签订的 FTA 中有关制度情况，以及将药品试验数据专有保护与其他知识产权制度进行比较，就相关存在的争议问题进行梳理分析，得出结论，并在此基础上提出制度建议。

再次，本书采取法理学方法进行研究。法理学是法学研究的基础，虽然本书属于制度型选题，但对药品试验数据专有的法理学分析是必不可少的。对这一制度的法律性质进行全面的法理学分析，从而对制度本质进行全面认知，是提出制度完善建议的基础。

复次，本书采取了法经济学的分析研究方法。药品试验数据专有保护涉及药品创新和药品可及性问题，通过经济学方法对其效率、价值等进行分析。本书采取了经济学中的全球公共产品理论对药品试验数据专有保护进行评价，并围绕保障全球公共产品供给这一目标对制度完善提出建议。

最后，本书还采取了实证分析方法。药品试验数据专有保护在国外已实施一定的时间，这一制度在不同发展阶段国家的实施状况对我国制度完善以及制度国际协调具有重要意义。同时，无论是完善国内制度，还是调整对于该制度的国际立场，均需要从中国医药产业发展现状和趋势出发。本书为此对制度的国外实施情况以及中国医药产业发展现状和趋势进行了实证分析。

（二）研究内容与文章结构

本书属于问题导向型选题，以提出问题—分析问题—解决问题为基本研究思路，从药品试验数据专有制度国家发展现状和趋势出发，提出这一制度所存在的问题，并针对这些问题进行理论和实证分析，在此基础上提出制度完善建议，并基于中国医药产业现状和发展趋势提出完善国内立法以及国际谈判对策的建议。本书总体写作思路如下图所示。

本书除导论外，采取五章结构，第一章提出问题，第二章和第三章分析问题，第四章和第五章则提出制度完善建议等解决问题。

第一章在分析药品试验数据专有制度发展和趋势的基础上提出问题。本章从美欧国内法实践、TRIPS 协定、美欧相关自由贸易协定三个层面对该制度进行了分析，预测其国际保护发展趋势。在此基础上，提出这一制度国际化过程中存在权利扩张与限制失衡的问题。

第二章分析了药品试验数据专有保护的全球公共健康政策考量，并以全球公共产品供给为视角提出制度完善原则建议。该章结合相关实证数据，分析了药品试验数据专有保护对药品研发、药品全球可及性这两种不同类型全球公共产品供给的影响，认为制度完善的关键在于平衡这两种全球公共产品所需的国际合作。

第三章是对药品试验数据专有保护法律性质的审视。制度法律性质的明确，既是一个法律问题，也是进一步完善制度的基础。该章从药品试验数据专有保护客体、权利性质等方面出发，并通过与商业秘密、反不正当竞争、专利、"大数据保护"等制度和理论比较，论证了药品试验数据专有保护属于"自成一体的知识产权"，并分析了其正当性解释基础与不足。

第四章在前三章的基础上，提出矫正药品试验数据专有制度的建议，主要是在欧美当前制度基础上，通过构建限制与例外制度，形成更加平衡的药品试验数据专有制度。本章所分析的限制与例外制度包括"等待期"制度、权利撤销和强制许可制度。

第五章是中国制度完善及参加国际谈判的对策建议。在前述四章的基础上，结合对中国医药产业现状和发展趋势的实证分析以及中国承担的国际义务情况，对国内药品试验数据专有制度的完善提出了具体建议；同时针对疫情之后国际格局的变迁，提出中国面对药品试验数据专有制度这一议题时的国际立场和谈判对策建议。

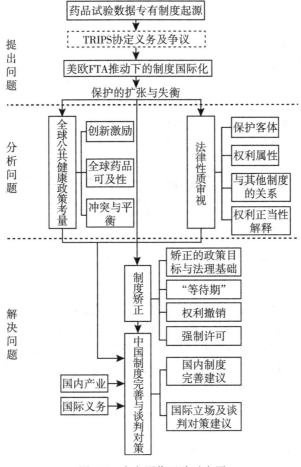

图 0-1　本书写作思路示意图

第一章　药品试验数据专有保护的国际发展

药品试验数据是指药品在研发过程当中通过一系列测试和试验所获得的数据，用于在药品上市许可申请中证明药品的安全性、有效性和质量可控性。这些试验数据主要包括临床前试验数据、临床试验数据以及生产流程等数据。为获得所需药品试验数据，原研药企业需要投入大量资金和时间。起源于美国和欧洲国家的药品试验数据专有制度为原研药提供一定的市场独占期，以保障原研药企业的利益并激励更多的药品研发创新。在美国和欧盟等的推动下，这一制度不断国际化，并由此产生了一系列的相关问题。

第一节　美国与欧盟药品试验数据专有制度的起源与发展

一、美国药品试验数据专有制度

（一）Hatch-Waxman 法案与化学药试验数据专有制度

药品试验数据专有制度最早起源于美国 1984 年 Hatch-Waxman 法案。Hatch-Waxman 法案对化学药审批制度进行了改革，并建立了药品专利期限补偿、波拉例外和药品试验数据专有保护等制度。[①]

[①]　参见 Ellen J. Flannery & Peter B. Hutt, *Balancing Competition and Patent Protection in the Drug Industry*: *The Drug Price Competition and Patent Term Restoration Act of* 1984, 40 Food, Drug, Cosmetic Law Journal 269-309（1985）; Henry Grabowski & John Vernon, *Longer Patents for Increased Generic Competition in the US*, 10 Pharmaco Economics 110-123（1996）。

法案规定的药品试验数据专有保护主要包括三种类型：新化学实体药品试验数据专有、新临床试验数据专有和补充新药申请试验数据专有。

1. 新化学实体药品试验数据专有制度

如果一项新药申请未包含任何此前已由 FDA 批准上市的活性成分（包括活性成分的盐或酯），则该新药申请的试验数据可以获得自批准上市之日起为期五年的专有保护。[①] 此前未被 FDA 批准上市的活性成分也称为新化学实体（New Chemical Entity，NCE），因此该类药品试验数据专有保护通常被称为新化学实体（NCE）药品试验数据专有。美国对新化学实体药品试验数据专有的保护模式是"不受理"，即在五年专有保护期限内，FDA 不得受理依赖受保护的药品试验数据提出的简略新药（ANDA 申请，即仿制药申请）或依据 FDCA 第 505(b)(2) 条提出的改良型新药申请，除非申请人获得了使用授权。

如果他人要在药品试验数据专有保护期限内提出仿制药或改良型新药申请，除了获得原研药上市许可持有人的授权外，理论上还可自行获得新药审批所需的全部试验数据，从而通过完整新药申请（NDA）途径获得上市许可。但由于开展相关临床试验需要耗费大量的时间和金钱成本，且还涉及重复开展临床试验的伦理问题，因此实践中鲜有仿制药或改良型新药上市许可申请人通过自行获得试验数据的方式取得上市许可。[②] 这也就使得新化学实体药品可以在药品试验数据专有保护期内获得事实上的市场独占。

新化学实体药品试验数据五年专有保护期的一个例外是，在仿制药或改良型新药申请人依据专利链接制度规定，针对该新药橙皮书中所列专利提出专利挑战（提出第 IV 段声明）的情况下，则其可

---

① 参见 21 U. S. C. 355(j)(5)(F)(ii)；21 U. S. C. 355(c)(3)(E)(ii)。

② 参见 Ellen 't Hoen, *Protection of Clinical Test Data and Public Health：A Proposal to End the Stronghold of Data Exclusivity*, in Carlos M. Correa & Reto M. Hilty eds. , Access to Medicines and Vaccines：Implementing Flexibilities Under Intellectual Property Law, Springer, 2022, p. 184.

以在试验数据专有保护期最后 1 年提交申请。但在此种情况下，新化学实体药品依据专利链接制度所享有的 30 个月"等待期"将从试验数据专有期届满日起算。也就是说，在这种情况下，新化学实体药品自获得上市许可之日起 7.5 年(5 年药品试验数据专有保护期加 30 个月等待期)内，除非一审法院判决认为不存在专利侵权，否则 FDA 不会批准相应的仿制药或 505(b)(2)改良型新药上市。①

2. 新临床研究试验数据专有制度

如果一项新药申请包含了已被 FDA 批准上市的活性成分(包括活性成分的任何酯或盐)，但该申请包含了对于药品获得审批上市具有关键性作用的新临床研究数据(非生物可利用度研究)，则该新临床研究数据也可以获得为期三年的专有保护。② 新临床研究试验数据专有的保护方式是"不批准"，即在保护期限内，FDA 不会批准依赖受保护试验数据所提出的仿制药或改良型新药上市。从保护范围来说，新临床研究试验数据专有保护限制他人依赖受保护药品试验数据就相同的改进所提出的仿制药或改良型新药获得审批。只要仿制药或改良型新药申请不包含这些改进，就不会受到此类药品试验数据专有保护的限制。

3. 补充新药申请试验数据专有制度

新药申请人获得上市审批后，还可对其药品进行进一步研究和改进，包括开发新的适应证、新剂型、新用法、新用量以及组合两种或多种活性成分制成复方制剂等。针对这些新的改进，上市许可持有人可以通过补充申请的方式获得上市许可，但其仍然需要在补充申请中提供有关安全性、有效性的证据。

如果补充申请包含了对于药品获得审批上市具有关键性作用的新临床研究数据(非生物可利用度研究)，则该补充申请中的试验数据可以获得为期 3 年的专有保护。补充申请试验数据专有制度与前述新临床研究试验数据专有制度在保护期限、保护模式和效力方

---

① 参见 Donald O. Beers & Kurt R. Karst, *Generic and Innovator Drugs: A Guide to FDA Approval Requirements*, Wolters Kluwer, 2013, pp. (4-23)-(4-24)。

② 参见 21 U.S.C. § 355(j)(5)(F)(iii); 21 U.S.C. § 355(c)(3)(E)(iii)。

面均相同。①

(二) BPCIA 与生物制品试验数据专有制度

美国 1984 年 Hatch-Waxman 法案建立的药品试验数据专有制度仅适用于小分子化学药，但不适用于大分子生物制品。为促进生物制品市场竞争，美国国会于 2009 年通过了《生物制品价格竞争和创新法案》(Biologics Price Competition and Innovation Act，BPCIA)，建立了与化学仿制药上市途径相似的生物类似物上市简略审批途径，并针对生物制品规定了试验数据专有制度。

BPCIA 为新生物制品提供自批准上市之日起 12 年的试验数据专有保护。② 这一保护期分为两个阶段：前 4 年 FDA 不得受理依赖于受保护数据提出的生物类似物上市申请③，与新化学实体药品试验数据专有制度的"不受理"保护模式相同；第 5 年至第 12 年的保护模式则变为"不批准"④，即在此期间内 FDA 可以受理生物类似物申请，也可以对其进行审查，但不得批准生物类似物上市，这与化学药新临床研究数据专有保护模式相同。

除了上述保护期限和模式上的区别外，与前述 Hatch-Waxman 法案规定的化学药试验数据专有制度相比，BPCIA 建立的生物制品试验数据专有制度还具有以下特点：一是生物制品试验数据专有保护不以"新活性成分"为前提。不仅首个获得上市许可的生物制品可以获得 12 年的试验数据专有保护，而且在此之后通过新生物制品上市审批程序获得上市许可的包含相同活性成分的生物制品也同样可以获得 12 年的试验数据专有保护。⑤ 二是没有对生物制品后续改进相关试验数据提供保护。只有在生物分子结构发生改变且

---

① 参见 21 U.S.C. § 355(j)(5)(F)(iv); 21 U.S.C. § 355(c)(3)(E)(iv)。

② 参见 42 U.S.C. § 262(k)(7)(A)。

③ 参见 42 U.S.C. § 262(k)(7)(B)。

④ 参见 42 U.S.C. § 262(k)(7)(A)。

⑤ 参见 Owais H. Shaikh, *Access to Medicine Versus Test Data Exclusivity: Safeguarding Flexibilities Under International Law*, Springer, 2016, pp. 107-108。

需要提交新的临床试验数据以证明其安全性、纯度和效力的情况下，相关试验数据才能获得保护。①

二、欧盟药品试验数据专有制度

欧盟前身欧洲共同体 1986 年通过的 87/21/EEC 号指令②首次建立了药品试验数据专有制度。此后欧盟对该制度进行了完善，形成了现行以 2001/83/EC③ 和 2004/27/EC④ 号指令为基础的药品试验数据专有制度。

（一）现行药品审批程序概述

欧盟药品审批程序相较于单一制国家具有一定的特殊性。欧盟药品上市审批程序可概括为"两层机构、三种程序"。两层机构即欧盟和各成员国的药品管理局。三种程序包括集中程序（centralised procedure），即直接向欧洲药品管理局（EMA）提出申请，获得审批后在整个欧盟境内有效；互认程序（mutual recognition procedure），即在一个国家获得上市许可的药品在其他国家也得到承认并获得批准；以及国家程序（National Procedure），即成员国本国内的审批程序。⑤

根据欧盟 2001/83/EC 和 2004/27/EC 号指令的规定，仿制药是指与参比药品具有同等性质和同等数量组成的活性成分，具有相

---

① 参见 Owais H. Shaikh, *Access to Medicine Versus Test Data Exclusivity*: *Safeguarding Flexibilities Under International Law*, Springer, 2016, pp. 108-109。

② 参见 Directive C. 87/21/EEC of 22 December 1986 Amending Directive 65/65/EEC on the Approximation of Provisions Laid Down by Law, Regulation, or Administrative Action Relating to Proprietary Medicinal Products。

③ 参见 Directive 2001/83/EC of the European Parliament and of the Council of 6 November 2001 on the Community Code Relating to Medicinal Products for Human Use。

④ 参见 Directive 2004/27/EC of the European Parliament and of the Council of 31 March 2004 amending Directive 2001/83/EC on the Community Code Relating to Medicinal Products for Human Use。

⑤ 参见杨莉：《TRIPS 框架下的中国药品试验数据保护》，知识产权出版社 2021 年版，第 111~112 页。

同的制剂形式，并证明与参比药品具有生物等效性的药品。① 欧盟仿制药品注册申请属于简略申请，不必提供药理毒理试验结果或临床试验结果。仿制药的参比药品必须按欧盟现行规定具有完整的申报资料，因此仿制药不能作为参比药品。

(二) 新药试验数据专有制度

2004/27/EC 号指令对"参比药品"规定了"8+2+1"的新药试验数据专有保护。具体而言，在新药获得上市审批后的 8 年内，他人未经许可不得以该新药作为参比药品提交仿制药上市许可申请；第 8 年以后，可以申请仿制药上市，但只有在第 10 年之后才能获得上市许可。②

如果在参比药品获得上市许可后 8 年内，上市许可持有人就一种或多种与现有疗效相比具有显著治疗益处的新适应证获得上市审批，则前述总共 10 年的试验数据专有保护将延长 1 年至 11 年。③

根据 2004/27/EC 号指令，"参比药品"是指根据修改后的 2001/83/EC 号指令第 8 条的规定在第 6 条之下获得上市许可的药品。④ 从该定义及相关规定来看，指令没有区分参比制剂是化学药还是生物制品。也就是说，2004/27/EC 号指令对化学药和生物制品提供相同的试验数据专有保护。

参比药品可以是通过集中程序、互认程序或国家程序获得上市许可的药品。但是，无论通过哪种途径获得上市许可，新药试验数据专有保护效力均及于所有成员国。⑤ 也就是说，如果一个新药在

---

① 参见 Directive 2001/83/EC, as amended by Directive 2004/27/EC, Article 10. 2(b)。

② 参见 Directive 2001/83/EC, as amended by Directive 2004/27/EC, Article 10. 1。

③ 参见 Directive 2001/83/EC, as amended by Directive 2004/27/EC, Article 10. 1。

④ 参见 Directive 2001/83/EC, as amended by Directive 2004/27/EC, Article 10. 2(a)。

⑤ 参见 Directive 2001/83/EC, as amended by Directive 2004/27/EC, Article 10. 1。

一个或多个成员国获得上市许可,那么即便对于那些该新药尚未获得上市许可的成员国,也仍然不能在保护期内受理或批准仿制药上市。在通过互认程序或国家程序获得上市许可的新药往往会面临此种情况。这一规定从协调欧盟药品试验数据专有保护角度,能够为原研药提供更有效的保护。但这可能带来的另一个问题是,对于某些成员国而言,如果其他成员国批准上市的新药不在该国申请新药上市,则该国在至少10年药品试验数据专有保护期限内既没有新药上市,也没有仿制药上市。

(三)新适应证试验数据专有制度

如果针对一项具有确切疗效的药品,通过临床前和临床试验证明了新的适应证,并就该新适应证获得药品上市许可,可以获得为期一年的新适应证试验数据专有保护。[①] 与前述通过新适应证试验数据延长新药试验数据专有保护期制度不同,此处的新适应证试验数据专有制度对新适应证获得上市许可的期限没有限定,而且其效力仅及于获得保护的新适应证,而不及于药品本身。[②]

第二节 与贸易有关的知识产权协定下的药品试验数据保护义务

一、协定第39条下的药品试验数据保护义务解读

(一)协定规定

美国和欧盟(包括其前身欧共体)建立药品试验数据专有制度后,又通过国际条约推动其他国家和地区也建立相同的制度。在

[①] 参见 Directive 2001/83/EC, as amended by Directive 2004/27/EC, Article 10.5。

[②] 参见褚童:《TRIPS 协定下药品试验数据保护研究》,复旦大学 2014年博士学位论文,第 105 页。

欧美的推动下，1994 年签署的《与贸易有关的知识产权协定》（TRIPS 协定）第 39 条第 3 款规定了未披露药品试验数据保护制度，为 WTO 成员确立了保护药品试验数据的最低标准。该款规定：“如果成员作为批准使用了新化学实体的药品或农业化学品上市许可的条件，要求提交未披露试验或其他数据，并且这些数据的产生付出了相当的努力，则应当保护此类数据免于不正当商业使用。此外，成员还应当保护此类数据不被披露，除非为了保护公众所必需，或者除非已采取措施确保这些数据不被不正当商业使用。”①

从该规定的上下文来看，第 39 条单独构成 TRIPS 协定第七节“对未披露信息的保护”内容。该条第 1 款原则性地规定成员在针对《巴黎公约》（1967）第 10 条之二规定的不公平竞争而采取有效保护的过程中，对相关未披露信息依据第 2 款和第 3 款提供保护；第 2 款则规定了 WTO 成员提供商业秘密保护的义务。

（二）获得保护的条件

根据 TRIPS 协定第 39 条第 3 款规定，成员对药品试验数据提供保护的前提是“作为批准使用了新化学实体的药品……上市许可的条件，要求提交未披露试验或其他数据”。据此，只有在成员要求药品上市申请人提交相关数据，并基于这些数据作出批准药品上市的情况下，才需要对这些数据提供保护。如果成员在批准药品上市时，并不要求申请人提供相关数据，则不需要履行该款规定的数据保护义务。例如，基于其他国家药品注册情况作出批准药品上市决定的，则无须依照该款规定对相关数据提供保护。

TRIPS 协定要求成员保护的是新化学实体药品的、未披露的、付出了相当努力取得的试验或其他数据。

“新化学实体药品”对药品范围进行了限定，排除了对已批准上市药品新适应证、剂型、用法、用量等方面进行改进后申请上市的改良型新药相关试验数据的强制保护义务。但是，协定没有对

---

① 本书所引用的 TRIPS 协定条文均以英文文本为基础翻译。

"新化学实体"进行解释或定义，这导致了不同的理解。首先，此处的"新"可以理解为现有技术中没有公开的化学实体，也可以理解为此前没有人就该化学实体申请或获得药品上市许可。其次，从"新"的地域范围来看，存在所谓的"全球新"和"本国新"之争。具体而言，"全球新"要求在全球范围内来看都是新的，而"本国新"则仅考察在本国范围内是否是新的。最后，在技术上对于"新"的判断标准也存在不同理解，例如化合物的酸、酯或异构体等形式已公开或作为药品获得上市许可时，该化合物是否仍然属于新化学实体。而这种模糊性也为各成员留下了充分的灵活度。

TRIPS 协定要求成员保护的是"未披露"数据，而不包括已对外披露的数据。对于已经披露的数据，即便药品上市许可申请人根据审批机关的要求提供以证明安全性、有效性等，成员也可以不给予保护。

能够获得保护的药品试验数据还应当是付出了相当的努力取得的。与专利保护客体不同，用于申请获得上市许可的药品试验数据是根据一定的规程和标准通过试验获得的，创造性要求相对较低。"付出了相当的努力"的判断也不仅仅以智力或技术投入为标准，而是要综合考虑获取数据所付出的时间和经济成本，而且更多的是以所付出的投资为衡量基础。[1] 在此种情况下，相比于专利授权的新颖性、创造性和实用性标准，"相当的努力"的判断标准非常模糊。

(三)"免于不正当商业使用"义务

"免于不正当商业使用"是 TRIPS 协定第 39 条第 3 款中极具争议且关键的规定[2]，其原因在于 TRIPS 协定并没有规定哪些行为构

---

[1]　参见 Carlos M. Correa, *Trade Related Aspects of Intellectual Property Rights: A Commentary on the TRIPS Agreement*, Oxford University Press, 2007, pp. 379-380。

[2]　参见 Carlos M. Correa, *Unfair Competition Under the TRIPS Agreement: Protection of Data Submitted for the Registration of Pharmaceuticals*, 3 Chicago Journal of International Law 81 (2002)。

成"不正当商业使用"，从而留下了很大的模糊空间。其中最具争议的一个问题是，仿制药企业"依赖"受保护试验数据申请仿制药上市，以及药品上市审批机关"依赖"受保护试验数据批准仿制药上市，是否构成"不正当商业使用"。易言之，"免于不正当商业使用"的义务是否要求 WTO 成员建立药品试验数据专有制度。这为发达成员和发展中成员之间关于如何落实 TRIPS 协定义务的争议留下了伏笔。

(四)"不披露"义务

相比于"免于不正当商业使用"，对"不披露"义务的争议较少。不披露义务要求药品上市审批机关将原研药企业申请上市许可时提交的药品试验数据作为保密信息加以保护，只有在两种例外情形下才可披露。这两种例外情况包括：一是为了保护公众所必需，二是已采取措施确保这些数据不会被不正当商业使用。保护公众所必需的情形例如为了维护公共健康目的而给予专利实施强制许可时适当披露相关试验数据给被许可人。① 而"采取措施确保这些数据不被不正当商业使用"则与前述的"免于不正当商业使用"保护义务的理解相关，存在较大争议。

(五) 保护期限

TRIPS 协定没有规定药品试验数据保护的期限，这也就意味着"不披露"和"免于不正当商业使用"的保护义务不受确定期限的限制。"不披露"义务实质上将药品试验数据作为商业秘密进行保护，因此这一义务的保护期限至药品试验数据已为公众所知悉，即不再具有"秘密性"为止。而"免于不正当商业使用"则属于反不正当竞争保护，不受保护期限的限制。

---

① 参见 UNCTAD-ICTSD, *Resource Book on TRIPS and Development*, Cambridge University Press, 2005, p. 532。

二、协定第 39 条义务范围及实施方式的争议

(一) 争议焦点

如前文所述，关于 TRIPS 协定第 39 条第 3 款的主要争议在于"免于不正当商业使用"保护义务的范围及实施方式。其核心问题是，这一义务是否包含甚至等同于提供药品试验数据专有保护，也即是否要求 WTO 成员禁止他人未经许可依赖原研药企业提交的药品试验数据申请及获得仿制药上市许可。

对此持肯定态度的观点认为，允许他人依赖原研药企业受保护的试验数据获得仿制药上市许可，将损害原研药企业的合法利益，并且给予仿制药企业更大的竞争优势，因为仿制药企业无须付出获得安全性、有效性试验数据的相关成本。① 欧美等发达国家和地区持此种立场。欧盟认为，落实"免于不正当商业使用"保护义务最有效的方式是在合理期限内不依赖此类数据批准药品上市，且事实上不存在其他符合 TRIPS 要求的替代实施方式。② 美国也认为，TRIPS 协定第 39 条第 3 款意味着受保护的试验数据不得用于支持、审查其他申请人药品的上市，除非获得试验数据原提交人的授权。③ 也有不少学者持类似观点，例如认为该款中的"不正当商业

---

① 参见 G. Lee Skillington & Eric M. Solovy, *The Protection of Test and Other Data Required by Article 39. 3 of the TRIPS Agreement*, 24 Northwestern Journal of International Law & Business 30 (2003)。

② 参见 European Commission, Compulsory Licensing and Data Protection: Questions on TRIPs and Data Exclusivity, https: //www. concurrences. com/IMG/pdf/eu_-_compulsory_licensing. pdf? 39810/b1edc6f4e4e32aff8c6f72eb553b3fcac 28be6c1, visited on 20 January 2022。

③ 参见 Office of the General Counsel, U. S. Trade Representative, The Protection of Undisclosed Test Data in Accordance with TRIPs Article 39. 3, 1995 (unattributed paper for submission in bilateral discussions with Australia in May 1995). 转引自: G. Lee Skillington & Eric M. Solovy, *The Protection of Test and Other Data Required by Article 39. 3 of the TRIPS Agreement*, 24 Northwestern Journal of International Law & Business 33 (2003)。

使用"应被理解为，"成员政府药品监管机构依赖原创药企业提交的药品试验数据审查后续仿制药品的安全有效性并据此授予仿制药上市许可的行为"。①

否定观点则认为，TRIPS 协定第 39 条第 3 款并没有要求 WTO 成员通过专有制度来对药品试验数据提供保护。印度等发展中成员指出，TRIPS 协定第 39 条第 3 款规定成员通过反不正当竞争方式为"未披露信息"提供保护，其清楚地表明没有将未披露信息作为财产，也不要求给予数据所有者以专有权。② 以阿根廷科雷亚为代表的学者认为，上市审批机关批准仿制药上市的行为属于履行国家相关职权的行为，既不构成商业行为，也并无"不正当"；而且，如果审批机关仅仅是利用其已经掌握的药品安全性、有效性信息或者是相关药品已被批准上市的信息，而没有直接依赖相关数据，则也不构成对数据的"使用"。③

还有观点则认为，TRIPS 协定没有将药品试验数据专有保护作为最低数据保护要求，但药品试验数据专有保护是落实 TRIPS 协定第 39 条第 3 款"免于不正当商业使用"保护要求的选项之一；WTO 成员可以通过对"不正当商业使用"进行灵活解释，采取不同保护方式和路径。④

(二) 成员实施方式现状

美国、欧盟以及瑞士等 WTO 成员建立了药品试验数据专有制

---

① 褚童：《TRIPS 协定下药品试验数据保护研究》，复旦大学 2014 年博士学位论文，第 61 页。

② 参见 WTO, TRIPS and Public Health（Submission by the Africa Group, Barbados, Bolivia, Brazil, Dominican Republic, Ecuador, Honduras, India, Indonesia, Jamaica, Pakistan, Paraguay, Philippines, Peru, Sri Lanka, Thailand and Venezuela）（IP/C/W/296），19 June 2001, para. 39。

③ 参见 Carlos M. Correa, *Protection of Data Submitted for the Registration of Pharmaceuticals*：*Implementing the Standards of the TRIPS Agreement*, South Centre, 2002, pp. 25-33。

④ 参见 Srividhya Ragavan, *The Significance of the Data Exclusivity and Its Impact on Generic Drugs*, 1 Journal of Intellectual Property Studies 134（2017）。

度，并主张这一制度属于落实 TRIPS 协定的方式。中国、俄罗斯
等国则在入世承诺中同意通过建立专有制度的方式来落实 TRIPS
协定的药品试验数据保护义务。①

其他大多数 WTO 发展中成员则并未将药品试验数据专有保护
作为协定第 39 条第 3 款的义务。TRIPS 协定生效后，包括印度、
巴西、泰国、南非、阿根廷等在内的许多发展中成员并未建立药品
试验数据专有制度，而仅通过反不正当竞争模式提供保护。尽管美
国对阿根廷、泰国等 WTO 成员施加过压力，要求这些成员建立药
品试验数据专有制度，但是这些成员至今仍未建立这一制度。② 尤
其是，美国还曾因认为阿根廷未履行 TRIPS 协定有关药品试验数
据保护的义务，而向 WTO 提出磋商请求。③ 最终双方达成和解，
阿根廷并未因此建立药品试验数据专有制度，但各方对 TRIPS 协
定第 39 条第 3 款所存在的争议也未消除。④

除了药品试验数据专有保护和反不正当竞争这两种模式外，也
有学者提出可以通过"成本分摊"模式来实施 TRIPS 协定第 39 条
第 3 款义务，即以各国所占全球市场份额为依据来分摊原研药企业获
得药品注册所需临床试验等数据所付出的成本。⑤ 虽然美国 1972

① 参见 Owais H. Shaikh, *Access to Medicine Versus Test Data Exclusivity*:
Safeguarding Flexibilities Under International Law, Springer, 2016, p. 62。

② 参见 Aaron X. Fellmeth, *Secrecy, Monopoly, and Access to Pharmaceuticals
in International Trade Law*: *Protection of Marketing Approval Data Under the TRIPS
Agreement*, 45 Harvard International Law Journal 457（2004）。

③ 参见 Argentina-Patent Protection for Pharmaceuticals and Test Data
Protection for Agricultural Chemicals: Request for Consultations by the United
States, WTO Doc. WT/DS 171/1, 1999；Argentina-Certain Measures on the
Protection of Patents and Test Data: Request for Consultations by the United States,
WTO Doc. WT/DS196/1, 2000。

④ 参见 Peter K. Yu, *Data Exclusivities and the Limits to TRIPS Harmonization*,
46 Florida State University Law Review 668-672（2019）。

⑤ 参见 Robert Weissman, *Data Protection*: *Options for Implementation*, in
Pedro Roffe, *et al.* eds., Negotiating Health: Intellectual Property and Access to
Medicines, Earthscan, 2006, p. 155。

年修改后的《联邦杀虫剂、杀菌剂及灭鼠剂法案》中就农用化学品试验数据规定了成本分摊保护模式，但目前尚未有 WTO 成员就药品试验数据采取此种保护模式。①

三、协定第 39 条与药品试验数据专有保护的关系

有关 TRIPS 协定第 39 条第 3 款规定的"免于不正当商业使用"保护义务是否包含甚至等同于药品试验数据专有制度，可从以下几个方面来进行考察。

首先，从对协定规定的文义解释来看，第 39 条第 3 款没有包含给予药品试验数据专有保护的要求。药品试验数据保护规定在协定第 39 条第 3 款，但对该款的解释需要放在整个 39 条中来看。协定第 39 条第 1 款规定，"在保证针对《巴黎公约》(1967) 第 10 条之二规定的不公平竞争而采取有效保护的过程中，各成员应对依照第 2 款的未披露信息和依照第 3 款向政府或政府机构提交的数据进行保护"。而《巴黎公约》②第 10 条之二第 1 款规定，"本联盟国家有义务对各该国国民保证给予制止不正当竞争的有效保护"。前述规定清晰地表明，TRIPS 协定要求的药品试验数据保护的依据是《巴黎公约》反不正当竞争保护，"协定第 39 条的义务没有超出《巴黎公约》已经包含的义务"。③ 也就是说，TRIPS 协定第 39 条第 3 款是在反不正当竞争框架下对药品试验数据提供保护，其中的"不正当商业使用"应当理解为竞争者"违反诚实的习惯做法"④的行为。只有在作为竞争者的仿制药企业以不诚实的商业行为获得或使用受保护药品试验数据的情况下，成员才有义务采取措施予以制止。而药品上市监管机关利用或依赖已上市药品信息批准仿制药的上市行

---

① 参见杨莉：《TRIPS 框架下的中国药品试验数据保护》，知识产权出版社 2021 年版，第 57~59 页。

② 如无特别说明，本书引用的是《保护工业产权巴黎公约》(1979 年 9 月 28 日修正的 1967 年斯德哥尔摩文本) 的中文正式翻译文本。

③ Carlos M. Correa, *Trade Related Aspects of Intellectual Property Rights: A Commentary on the TRIPS Agreement*, Oxford University Press, 2007, p. 368.

④ 《保护工业产权巴黎公约》(1979 年 9 月 28 日修正) 第 10 条之二第 2 款。

为不构成"违反诚实的习惯做法"，因此并不受到 TRIPS 协定第 39 条第 3 款的限制。

其次，从协定规定的内在逻辑来看，"免于不正当商业使用"不等于给予药品试验数据专有保护。在欧美等国家和地区的实践中，药品试验数据专有保护均有一定的保护期限。但 TRIPS 协定规定的"免于不正当商业使用"并没有期限限制，这也与《巴黎公约》第 10 条之二规定以及各国反不正当竞争立法与实践相一致。如果将 TRIPS 协定第 39 条第 3 款规定的"免于不正当商业使用"等同于药品试验数据专有制度，则必然要求不得对这一专有保护设定期限，否则与 TRIPS 协定规定不一致。有观点认为，TRIPS 协定没有规定"免于不正当商业使用"期限，应当理解为可以由各成员确定专有保护的期限，至少应当保证试验数据提交者能够在该期限内就其获取试验数据所付出的努力得到足够的补偿。① 然而，此种解释与 TRIPS 协定体系不相符。TRIPS 协定中包括商标、专利、著作权等在内的专有权条款均规定了明确的保护期限，而对于商业秘密保护则没有规定保护期限，在协定中没有明确规定的情况下，将"免于不正当商业使用"的保护期限解释为可由成员根据具体情况自行确定，没有充分的依据。而且，如果允许成员针对"免于不正当商业使用"确定保护期限，则针对同一款规定的"不披露"保护方式也同样应当设置保护期限，但这又显然与"不披露"保护义务不符。

最后，从 TRIPS 协定的谈判历史来看，第 39 条第 3 款排除了给予药品试验数据专有保护的义务。TRIPS 协定谈判过程中的布鲁塞尔文本将保护此类数据免于不正当商业使用、未经提交人同意"在合理期限内不得依赖该数据批准竞争产品"和保护此类信息不被披露三种方式并列规定②，表明起草者并不认为给予试验数据专

---

① 参见 G. Lee Skillington & Eric M. Solovy, *The Protection of Test and Other Data Required by Article* 39.3 *of the TRIPS Agreement*, 24 Northwestern Journal of International Law & Business 33-34 (2003)。

② 参见 UNCTAD-ICTSD, *Resource Book on TRIPS and Development*, Cambridge University Press, 2005, p. 525。

有保护被包含在"免于不正当商业使用"之内，更未将两者等同。在最终达成的协定文本中，保留了"免于不正当商业使用"和"不披露"两种保护方式，但删除了给予试验数据专有保护的表述。因此，将药品试验数据专有保护解释为包括在 TRIPS 协定第 39 条第3 款之内，显然与协定的谈判历史不符。

综上所述，TRIPS 协定规定的药品试验数据保护义务并不包含建立专有保护制度。药品试验数据专有保护是独立于 TRIPS 协定且超越 TRIPS 协定义务的一项制度。建立药品试验数据专有制度既不是落实 TRIPS 协定药品试验数据保护义务的必要方式，甚至不是一种可选方式。

第三节　美欧相关自贸协定推动下的药品 试验数据专有制度国际化

因为 TRIPS 协定第 39 条第 3 款义务范围和实施方式所存在的争议，许多 WTO 发展中成员并未通过建立药品试验数据专有制度来落实协定义务，为此美国、欧盟以及瑞士等欧洲国家在后 TRIPS 时代又通过与其贸易伙伴签订自贸协定①（简称 FTA）的方式，进一步在国际上推动药品试验数据专有制度的扩张。

一、美欧相关自贸协定中的药品试验数据专有制度

(一) 美国签订的自贸协定

截至 2022 年 1 月，美国共与 20 个国家存在生效 FTA。② 此外，美国还与越南签订了双边贸易协定（Bilateral Trade Agreement,

---

① 为简便起见，本书所称的自贸协定（FTA）还包括其他名称和类型的贸易协定，例如贸易促进协定（Trade Promotion Agreement）、经济伙伴协定（Economic Partnership Agreement）等。

② 参见 USTR, Free Trade Agreements, https：//ustr.gov/trade-agreements/free-trade-agreements, visited on 20 January 2022。

BTA)。在这些 FTA(含与越南的 BTA)中，除早期与以色列签订的 FTA 之外，其余均包含了药品试验数据保护制度。以下分别对 TPP 之前美国签订的 FTA 以及 TPP 和美墨加协定(United States-Mexico-Canada Agreement，USMCA)分别进行分析。

1. TPP 之前美国签订的自贸协定

表 1-1 显示了 TPP 之前美国签订的包含药品试验数据保护条款的 FTA，以及主要内容。

表 1-1　　**TPP 之前美国 FTA 中的药品试验数据专有条款**

名称	签订日期	药品试验数据专有保护规定概述
北美自贸协定(NAFTA)	1992 年 12 月 17 日签署；于 2020 年 7 月 1 日被美墨加协定取代。	1. 对新化学实体药品提供至少五年的试验数据专有保护。 2. 如果缔约方允许依赖另一缔约方的上市许可批准其他药品上市，则保护期限自所依赖药品首次上市之日起算。
美国-越南 BTA	2000 年 7 月 13 日	对药品提供一般不少于 5 年的试验数据专有保护。
美国-约旦 FTA	2000 年 10 月 24 日	(规定了药品试验数据保护，但没有规定药品试验数据专有制度。)
美国-新加坡 FTA	2003 年 5 月 6 日	1. 对新化学药品提供至少五年的试验数据专有保护。 2. 试验数据专有保护涵盖在国外获得上市许可时提交的数据和信息。
美国-智利 FTA	2003 年 6 月 6 日	对新化学实体药品提供至少五年的试验数据专有保护。
美国-澳大利亚 FTA	2004 年 5 月 18 日	1. 对新化学实体药品提供至少五年的试验数据专有保护。 2. 对新临床试验数据提供至少三年的专有保护。 3. 试验数据专有保护涵盖在国外获得上市许可时提交的数据和信息。

续表

名称	签订日期	药品试验数据专有保护规定概述
美国-摩洛哥 FTA	2004 年 6 月 15 日	1. 对新化学实体药品提供至少五年的试验数据专有保护。 2. 对新临床试验数据提供专有保护，保护期至少三年。
美国-多米尼加-中美洲 FTA	2004 年 8 月 5 日	1. 对新化学实体药品提供至少五年的试验数据专有保护。 2. 药品试验专有保护涵盖在国外获得上市许可时提交的数据和信息。
美国-巴林 FTA	2004 年 9 月 14 日	1. 对新化学实体药品提供至少五年的试验数据专有保护。 2. 对新临床试验数据提供至少三年的专有保护。 3. 药品试验数据专有保护涵盖在国外获得上市许可时提交的数据和信息。
美国-阿曼 FTA	2006 年 1 月 19 日	
美国-韩国 FTA	2007 年 6 月 30 日	
美国-秘鲁 TPA	2006 年 4 月 12 日	1. 对新化学实体药品提供通常不少于五年的试验数据专有保护。 2. 如果缔约方允许依赖另一缔约方的上市许可批准其他药品上市，则保护期限自所依赖药品首次上市之日起算，前提是在完整上市许可申请提交日 6 个月内完成审批并给予许可。
美国-哥伦比亚 TPA	2006 年 11 月 22 日	
美国-巴拿马 TPA	2007 年 6 月 28 日	

如表 1-1 所示，除了约旦外，美国在与其他国家的 FTA 中均规定了药品试验数据专有制度。这些药品试验数据专有条款基本上以美国制度为蓝本，总体而言具有以下几个特点：一是，对新化学实体药品提供至少 5 年的试验数据专有保护是所有这些 FTA 中的"标

配"。二是，在与新加坡、澳大利亚、多米尼加-中美洲、巴林、阿曼和韩国等国家和地区的 FTA 中，均要求缔约方不得依赖原研药企业向外国上市审批主管机关提交的药品试验数据或上市许可信息批准他人药品上市。三是，在与摩洛哥、澳大利亚、巴林、韩国、阿曼这几个国家签订的 FTA 中，还规定了对新临床试验数据提供至少三年的专有保护。但是，这些 FTA 均未明确规定生物制品试验数据专有制度。

2. TPP 和美墨加协定

TPP 谈判过程中，各谈判方围绕药品试验数据专有条款进行了长期拉锯式谈判，这也成为了最具争议的条款之一。① 尽管 2016 年美国等 12 国签署的 TPP 由于美国的退出而未能生效，且药品试验数据专有条款在 CPTPP 中被冻结②，但其作为迄今为止国际条约中最全面的药品试验数据专有制度，体现了美国的意志，并很有可能在美国今后的相关谈判中继续沿用。这在美墨加协定谈判过程及最终文本也可窥见端倪。

归纳起来，TPP 药品试验数据专有制度的内容主要包括：（1）对新化学实体药品试验数据及相关信息提供至少五年的专有保护；（2）对新适应证、新制剂、新给药方法相关的新临床试验数据提供至少三年的专有保护，或对包含未上市新化学实体的药品（即包含新化学实体和已上市化学实体的组合物）提供至少五年的专有保护；（3）对新生物制品试验数据及相关信息提供至少八年的专有保护，或提供五年的专有保护并通过其他方式达到与八年试验数据专有保护相当的效果；（4）药品试验数据专有保护涵盖在国外获得上市许可时提交的试验数据和信息。

美墨加协定中药品试验数据专有条款来源于 TPP，但删除了TPP 中有关新临床试验数据以及生物制品试验数据专有保护的内容。从协定谈判历程来看，2018 年底签订的美墨加协定规定了

---

① 刘宇：《TPP 医药专利谈判最新发展及争议初探——以知识产权章节为中心》，载《国际经贸探索》2014 年第 12 期，第 86~87 页。

② 参见 CPTPP Annex Paragraph 7（e）and（f）。

10 年的生物制品试验数据专有保护，但在 2019 年底签订的修订
议定书（"Protocol of Amendment"）中又删除了这一条款。① 因此，
美墨加协定药品试验数据专有制度的内容主要包括：（1）对新化
学实体药品试验数据及相关信息提供至少五年的专有保护；（2）
对包含未上市新化学实体的药品（即包含新化学实体和已上市化
学实体的组合物）提供至少五年的药品试验数据专有保护；（3）
药品试验数据专有保护涵盖在国外获得上市许可时提交的数据和
信息。②

(二)欧盟签订的自贸协定

与美国一样，欧盟也通过在其签订的 FTA 中规定药品试验数
据专有制度的方式，要求其贸易伙伴建立相关制度，从而扩大这一
制度的"国际版图"。与美国不同的是，药品试验数据专有制度并
不是其 FTA 的"标配"，例如，在与智利、南方共同市场
（MERCOSUR，巴西、阿根廷、乌拉圭、委内瑞拉和巴拉圭五个南
美洲国家组成的区域性贸易组织）等签订的 FTA 中，就没有规定相
关条款。

表 1-2　欧盟签订的 FTA 中有关药品试验数据专有保护的规定

签订国家或地区	签订日期	药品试验数据专有保护规定概述
欧盟-韩国	2009 年 10 月	对上市新药提供至少五年的试验数据专有保护。
欧盟-中美洲	2012 年	没有具体规定，仅规定通过国民待遇和最惠国待遇提供保护。

---

　　①　参见 Ronald Labonté, *et al.*, *USMCA 2.0：A Few Improvements but Far from a 'Healthy' Trade Treaty*, 16 Globalization and Health 2（2020）。

　　②　参见 United States-Mexico-Canada Agreement, Article 20.48 and 20.49。

续表

签订国家或地区	签订日期	药品试验数据专有保护规定概述
欧盟-哥伦比亚-秘鲁	2012 年 6 月	1. 对包含新化学实体的药品提供通常至少五年的试验数据专有保护。* 2. 缔约方可以允许依赖另一缔约方的上市许可批准其他药品上市，此种情况下专有保护期限自所依赖药品首次上市之日起算，前提是在完整上市许可申请提交日起 6 个月内给予许可。
欧盟-摩尔多瓦	2014 年 6 月	1. 对上市新药提供至少七年的试验数据专有保护，其中前五年保护方式为"不受理"，后两年保护方式为"不许可"； 2. 如果在前五年保护期内，获得了新治疗适应证许可，专有保护期延长至八年。
欧盟-格鲁吉亚	2014 年 6 月	1. 对上市新药提供至少六年的试验数据专有保护； 2. 如果在前六年保护期内，获得了新治疗适应证许可，专有保护期延长至七年。
欧盟-乌克兰	2014 年 6 月	对上市新药提供至少五年的试验数据专有保护。
欧盟-加拿大	2016 年 10 月	对上市新药提供至少八年试验数据专有保护，其中前六年保护方式为"不受理"，后两年保护方式为"不许可"。**
欧盟-日本	2018 年 7 月	对上市新药提供至少六年的试验数据专有保护。

签订国家或地区	签订日期	药品试验数据专有保护规定概述
欧盟-新加坡	2018 年 11 月	对上市新药提供至少五年的试验数据专有保护。
欧盟-越南	2019 年 6 月	

＊ 协定第 231 条第 72 项脚注澄清，欧盟和哥伦比亚对药品试验数据的保护延及生物制品，但秘鲁不对生物制品提供保护。

＊＊ CETA 第 20.29 条正文规定对包含新化学实体的药品提供专有保护，但脚注中澄清在加拿大新化学实体包括生物制品。

与美国签订的 FTA 相比，欧盟与其贸易伙伴签订的 FTA 中有关药品试验数据专有条款表述相对简单，主要规定缔约方在一定期限内不得允许他人未经授权依赖原研药申请上市许可时提交的药品试验数据等获得上市许可。在保护期限上，所有这些 FTA 规定的保护期限均没有达到欧盟的"8+2+1"的高水平保护，最长的保护期限是与加拿大签订的 CETA 中规定的八年(6+2)[1]，其次是与摩尔多瓦 FTA 中规定的"5+2+1"。[2] 其他 FTA 则一般规定五至七年不等的专有保护期。在试验数据专有制度的适用范围上，欧盟签订的 FTA 均没有将其限于化学药，而是宽泛地适用于"上市新药"，从而将生物制品包含在内。这也与欧盟药品试验数据专有制度一致。此外，欧盟签订的 FTA 中均没有明确要求缔约方对国外上市药品相关数据和信息提供保护的规定，这也是与美国签订的 FTA 相比的一个重要区别。

(三)欧洲自由贸易联盟签订的自贸协定

欧洲自由贸易联盟(The European Free Trade Association，EFTA)

---

[1]　参见 Comprehensive Economic and Trade Agreement（CETA），Article 20.29.2。

[2]　参见 EU-Moldova Deep and Comprehensive Free Trade Agreement，Article 315.2 and 315.3。

是由冰岛、列支敦士登、挪威和瑞士组成的一个政府间组织。① 由于其成员国瑞士医药产业高度发达，在 EFTA 与其他国家与地区签订的 FTA 中，大多数规定了药品试验数据专有制度。与欧盟类似，药品试验数据专有条款并不是 EFTA 签订的 FTA 中的"标配"，例如，与印度尼西亚、新加坡、菲律宾等签订的 FTA 中没有就药品试验数据专有保护作出规定。表1-3 列出了 EFTA 签订的包含药品试验数据专有制度的 FTA。

表1-3　EFTA 签订的 FTA 中有关药品试验数据专有保护的规定

签订国家或地区	签订日期	药品试验数据专有保护规定概述
EFTA-智利	2003 年 6 月	对基于新化学实体的药品给予至少五年的试验数据专有保护。
EFTA-黎巴嫩	2004 年 6 月	1. 对药品给予至少六年的试验数据专有保护； 2. 在对首次上市申请人给予充分补偿的情况下，可以依赖受保护的信息获得上市许可。
EFTA-突尼斯	2004 年 12 月	1. 对药品给予至少五年的试验数据专有保护； 2. 在对首次上市申请人给予充分补偿的情况下，可以依赖受保护的信息获得上市许可； 3. 可规定数据专有保护期不长于相同产品来源国或出口国的保护期。

---

① 参见 EFTA, The European Free Trade Association, https：//www.efta. int/about-efta/european-free-trade-association, visited on 20 January 2022。

续表

签订国家或地区	签订日期	药品试验数据专有保护规定概述
EFTA-韩国	2005 年 12 月	1. 对利用新化学实体的药品给予足够期限的试验数据专有保护； 2. 在对首次上市申请人给予充分补偿的情况下，可以依赖受保护的信息获得上市许可。
EFTA-哥伦比亚	2008 年 11 月	1. 对利用新化学实体的药品给予至少五年的试验数据专有保护； 2. 在给予再进口许可时可以依赖受保护信息。
EFTA-秘鲁	2010 年 6 月	3. 缔约方可以允许依赖另一缔约方的上市许可批准其他药品上市，此种情况下专有保护期限自所依赖药品首次上市之日起算，前提是在完整上市许可申请提交日 6 个月内给予许可。
EFTA-塞尔维亚	2009 年 12 月	1. 对药品给予至少八年的试验数据专有保护；
EFTA-阿尔巴尼亚	2009 年 12 月	2. 在给予再进口许可时可以依赖受保护信息。
EFTA-乌克兰	2010 年 6 月	1. 对药品给予至少五年的试验数据专有保护，其中至少前三年"不受理"，后两年"不批准"； 2. 前三年获得新适应证许可的，保护期延长至至少六年。
EFTA-中国香港	2011 年 6 月	对药品(包括化学药和生物制品)给予至少八年的试验数据专有保护。

签订国家或地区	签订日期	药品试验数据专有保护规定概述
EFTA-黑山	2011 年 11 月	对药品（化学药和生物制品）给予"8+2+1"的试验数据专有保护，其中前八年保护方式为"不受理"，后两年为"不批准"；前八年获得新适应证许可的，延长至十一年。
EFTA-波斯尼亚和黑塞哥维那	2013 年 6 月	
EFTA-中美洲国家（哥斯达黎加、危地马拉和巴拿马）	2013 年 6 月	（未作出明确规定，仅规定通过国民待遇和最惠国待遇原则提供至少 5 年的专有保护。）
EFTA-格鲁吉亚	2016 年 6 月	1. 对药品（化学药和生物制品）给予至少六年的试验数据专有保护； 2. 六年保护期内获得新适应证许可的，保护期延长至少一年。
EFTA-土耳其	2018 年 6 月	对药品（化学药和生物制品）给予至少六年的试验数据专有保护。
EFTA-厄瓜多尔	2018 年 6 月	对包含新化学实体的药品给予至少五年的试验数据专有保护，其中至少前三年"不受理"，后两年"不批准"。

在 EFTA 签订的 FTA 中，有关药品试验数据专有保护的条款内容差别较大。概括来说，这些条款具有以下几个特点：一是保护期限不一，除了在与波斯尼亚和黑塞哥维那、黑山签订的 FTA 规定了"8+2+1"的专有保护期外，其余 FTA 规定的是五至八年不等的保护期限。二是，除了与厄瓜多尔、智利、韩国、哥伦比亚、秘鲁签订的 FTA 外，其他 FTA 中规定的药品试验数据专有制度不仅适用于化学药，还适用于生物制品。三是，在有些 FTA 中，明确规

定了药品试验数据专有保护的例外，即缔约国在给予再进口许可时不受试验数据专有保护的限制，在与哥伦比亚、秘鲁、塞尔维亚、阿尔巴尼亚签订的 FTA 均有此种规定。四是，在早期与黎巴嫩、突尼斯、韩国签订的 FTA 中还规定，在对首次上市申请人给予充分补偿的情况下，可以依赖受保护的信息获得上市许可，这实际上是以经济补偿(成本分摊)模式替代专有保护模式对药品试验数据提供保护。此外，在与突尼斯的 FTA 中，还对药品试验数据专有保护的期限起算时间作出了限制，即缔约方可以规定保护期不长于相同产品在来源国或出口国的保护期。

与美国签订的 FTA 相比，EFTA 签订的相关 FTA 一方面更强调药品试验数据专有制度对生物制品的适用；但另一方面又更具有灵活度，在部分早期签订的 FTA 中规定了有限的例外及替代措施，包括给予再进口许可的例外、经济补偿(成本分摊)替代模式等。然而，在近十年来(2011 年以来)签订的 FTA 中，没有再作出类似规定。

二、药品试验数据专有的国际保护趋势

美国、欧盟和 EFTA 通过与贸易伙伴签订 FTA 的方式，已推动在其他 30 多个国家和地区建立药品试验数据专有制度。其中有多达 15 个国家与美国、欧盟和 EFTA 中的至少两个在 FTA 中规定了药品试验数据专有制度，而韩国、秘鲁等 6 个国家更是与美国、欧盟和 EFTA 均在 FTA 中规定了这一制度。具体见示意图 1-1。

通过这种由不同来源推动这一制度国际地域范围扩张的方式，不仅扩大了采取药品试验数据专有制度的国家和地区范围，而且还通过在与相关国家谈判的过程中不断融合交流的方式，推动分别来源于美国和欧洲国家的制度不断互相借鉴和趋同，从而形成制度国际协调的基础。而且，通过与欧美签订的 FTA 建立了这一制度的一些国家，又在与其他国家签订相关协定时，进一步推动这一制度的国际化。例如，韩国在韩美 FTA 中接受了美国的药品试验数据专有制度，其后在中韩 FTA、RCEP 谈判过程中也主动提出了相关要价，试图推动中国、印度、东南亚国家建立或完善这一制度。

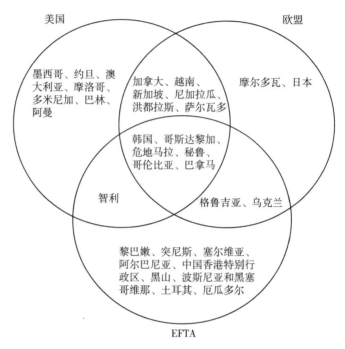

图 1-1 美国、欧盟和 EFTA 通过 FTA 推动的制度国际化

论坛转移是美国等发达国家主导知识产权国际规则的重要策略。在药品试验数据专有保护等知识产权制度的国际谈判过程中，美国等推动的论坛转移是一个螺旋式循环的过程，只要没有达到其目标，论坛将不断转移，谈判永不停止。① 尽管从当前情形来看，短期内在 WIPO、WTO 等国际组织中就药品试验数据专有制度达成一致的可能性很低，但美国和欧盟等推动这一制度国际化的步伐并未停止。在 WIPO、WTO 等国际组织中遭遇阻力的情况下，美欧仍将继续通过 FTA 等双边、小多边谈判继续推动更多的国家和地区建立这一制度。随着越来越多的国家通过与美欧等签订的双边、小

---

① 参见程文婷：《试验数据知识产权保护的国际规则演进》，载《知识产权》2018 年第 8 期，第 83~84 页。

多边协定建立药品试验数据专有制度，在国际组织中形成国际保护制度的阻力将越来越小。这一制度的国际化最终发展方向可能是，以这些 FTA 中的共性制度为基础，在 WTO、WIPO 乃至将来可能新形成的国际组织中形成国际规则，甚至制定专门国际条约，推动更多的国家和地区实施。

尽管当前主要发展中国家仍然坚持在 TRIPS 协定框架下来处理药品试验数据保护问题，但随着美欧推动的药品试验数据专有制度国际化，TRIPS 协定规定的具有高灵活度的药品试验数据保护制度最终将很有可能被专有保护所取代。

第四节　美欧相关自贸协定下药品试验数据专有保护的制度性扩张

一、保护对象范围扩展

美国、欧盟和 EFTA 不仅通过 FTA 等国际协定推动更多的国家和地区建立药品试验数据专有制度，而且随着医药产业的发展不断扩大药品试验数据专有保护的药品范围。这主要体现在从最初对化学药的保护拓展至对生物制品的保护。

美国通过 Hatch-Waxman 法案建立的药品试验数据专有制度只适用于化学药，在此后 2009 年的 BPCIA 法案则将这一制度扩展适用至生物制品。与此相对应，美国在此之后的 TPP 谈判中，极力推动将生物制品试验数据专有制度纳入 TPP 知识产权章节，这也成为了 TPP 谈判过程中最大的障碍之一。[①] 在最终达成的 TPP 知识产权章节中，虽然美国在保护期限、生物制品的范围等方面作出了一定的妥协，但仍如愿在这一协定中规定了对其至关重要的生物制品试验数据专有制度。虽然美国退出 TPP 后，日本牵头与其他 TPP 成员达成的 CPTPP"冻结"了药品试验数据专有条款，而且在

---

① 参见张磊、夏玮：《TPP 生物药品数据保护条款研究》，载《知识产权》2016 年第 5 期，第 117 页。

此后美国与加拿大、墨西哥签订生效的美墨加协定也没有规定生物制品试验数据专有制度，但 TPP 这一条款对国际制度发展的影响仍不容低估。

与美国不同，欧盟药品试验数据专有制度并没有区分化学药和生物制品，也就是针对这两者适用相同的制度。与此相对应的是，在欧盟与其贸易伙伴签署的 FTA 中，除个别 FTA① 外，均没有区分化学药和生物制品，而是统一规定对"上市新药"试验数据提供专有保护。

EFTA 在早期与智利、韩国、哥伦比亚、秘鲁等签订的 FTA 中，明确仅要求缔约方针对新化学实体药品提供试验数据专有保护。但在其他 FTA 中则没有区分化学药和生物制品。而在 2011 年以后与中国香港、黑山、波斯尼亚和黑塞哥维那、格鲁吉亚、土耳其等国家和地区签订的 FTA 中，则进一步明确规定缔约方针对化学药和生物制品均应当提供试验数据专有保护。

美国、欧盟和 EFTA 大力推动在全球范围内建立生物制品试验数据专有制度，这与生物制品发展趋势及其本身的知识产权保护需求相关。生物制品具有靶向性强、副作用小等特点，对于治疗肿瘤、免疫性疾病等相比于化学药具有较大优势，也是未来医药产业的发展方向。正因为如此，美欧等医药产业发达的国家和地区推动不断加强对生物制品的知识产权保护。同时，相对于化学药而言，生物制品更难以通过专利制度获得有效保护。以蛋白质大分子为例，其结构复杂且难以预测，通过氨基酸序列表征的一级结构作为权利要求获得的产品专利保护，往往难以阻止他人通过更改部分氨基酸而获得与之具有相同治疗效果、但又不在专利权保护范围之内的其他蛋白质分子。通过方法专利对生物制品的制备工艺进行保护，也同样由于专利制度的局限性而难以对制备工艺提供有效保护。在此种情况下，药品试验数据专有保护成为了维持生物制品市场独占的最重要的制度。

---

①　欧盟-哥伦比亚-秘鲁 FTA 第 231 条第 72 项脚注澄清，欧盟和哥伦比亚对药品数据的保护延及生物制品，但秘鲁不对生物制品提供保护。

二、保护门槛降低

除了拓展可获得保护的药品范围外，美国、欧盟和 EFTA 签订的 FTA 下药品试验数据专有保护的扩张还体现为保护门槛的降低，从而使得更多药品可以获得保护。

TRIPS 协定第 39 条第 3 款规定能够获得保护的数据是未披露的、付出了相当努力取得的试验或其他数据。美国、欧盟和 EFTA 国家认为药品试验数据专有保护是落实 TRIPS 协定义务的方式，因此在与其贸易伙伴签订的 FTA 中，也有部分协定将试验数据未披露、付出了相当努力取得作为获得药品试验数据专有保护的前提条件。然而，在更多的 FTA 中，不再将这两者作为前提条件。其中，大多数 FTA 仅将未披露作为保护前提，还有部分 FTA 则既未要求试验数据未披露，也未要求试验数据应当经过付出相当的努力取得。这大幅降低了获得药品试验数据专有保护的门槛。具体情况如表 1-4 所示。

表 1-4　　　　相关 FTA 中药品试验数据专有保护门槛

FTA 签订国家或地区		未披露	付出相当的努力取得
美国	NAFTA、秘鲁、巴拿马、哥伦比亚、越南	✓	✓
	智利、澳大利亚、多米尼加-中美洲、TPP、美墨加	✓	×
	韩国	×	✓
	新加坡、巴林、阿曼、摩洛哥*	×	×
欧盟	韩国、哥伦比亚-秘鲁、加拿大、越南	✓	✓
	摩尔多瓦、日本	✓	×
	格鲁吉亚、乌克兰、新加坡	×	×

续表

FTA 签订国家或地区		未披露	付出相当的努力取得
EFTA	韩国、哥伦比亚、秘鲁	✓	✓
	塞尔维亚、黎巴嫩、突尼斯、阿尔巴尼亚、乌克兰、中国香港、黑山、波斯尼亚和黑塞哥维那、格鲁吉亚、土耳其、厄瓜多尔	✓	×
	智利	×	×

＊美国-摩洛哥 FTA 规定，对于新临床信息试验数据专有保护而言，缔约方可以规定相关信息是付出了相当努力取得的，但对新化学实体药品试验数据专有保护则没有类似规定。

　　不将"未披露"作为获得药品试验数据专有保护的前提，意味着原研药企业通过学术期刊、专利申请、学术交流等方式先行披露、事实上已进入公有领域的试验数据也仍然可以在药品取得上市许可后作为药品试验数据专有保护的基础。虽然这一规定降低了药品试验数据专有保护的门槛，但也在很大程度上有利于促进药品试验数据的披露和学术交流，也更有利于用药安全。

　　与"未披露"相比，更多的 FTA 不再将试验数据是付出相当努力取得的作为获得药品试验数据专有保护的前提条件。"付出相当努力"本质上是对原研药企业在取得药品试验数据时所付出投资的要求，而不是对试验数据"创造性"的要求，判断标准相对模糊。但即便如此，"付出相当努力"这一条件理论上允许缔约方设置一定的保护门槛标准，例如要求药品上市许可申请人证明其寻求保护的试验数据是通过付出相当努力才取得的。[①] "付出相当努力"这一保护前提条件的剔除，从形式上使得药品试验数据专有保护仅以药品及数据类型作为前提条件。例如，对于新化学实体药品试验数

―――――――――

　　[①] 参见 Animesh Sharma, *Data Exclusivity with Regard to Clinical Data*, 3 The Indian Journal of Law and Technology 90（2007）。

据专有保护，只要相关药品符合新化学实体药品的定义，且相关试验数据能够支持该药品获得上市许可，其就能够获得药品试验数据专有保护，而不再考量其试验数据的取得过程。但实质上，为获取能够支持药品上市的试验数据，均需要"付出相当努力"，因此相关 FTA 中对这一条件的去除也可以视为某种程度上的澄清，而不仅仅是保护门槛的降低。

三、"国内新"标准

药品试验数据专有保护的是"新药"试验数据，而其中最为关键的是"新药"认定标准。TRIPS 协定第 39 条第 3 款规定了对"新化学实体"药品的数据保护义务，但未对"新化学实体"进行解释或定义，导致对这一概念存在不同理解。药品试验数据专有制度的"新药"定义也同样涉及这一争议。虽然争议涉及多个方面①，但其中最为核心的是判断"新"的地域范围，即所谓的"全球新"（"绝对新"）和"国内新"（"相对新"）之争。具体而言，"全球新"要求在全球范围内没有任何国家和地区批准包含该化学实体的药品上市，而"国内新"则仅考察在本国或本地区范围内是否已批准包含该化学实体的药品上市。

"新药"判断标准不仅决定了可以获得药品试验数据专有保护的药品范围，更为重要的是，其还是药品试验数据专有制度国际协调的基础。这是因为，如果各国均采取"全球新"标准，甚至采取更严格的"全球首次申请上市"标准，也就意味着除非相同药品在不同国家和地区同时申请上市，否则只能在首次申请上市的国家或地区获得药品试验数据专有保护，而不能在其他国家或地区获得保护。由于同步在多个国家和地区申请上市在实践中存在很大困难，原研药企业往往只能选择在少数几个甚至个别国家或地区首先申请上市。这样就会导致该药品仅能在极少数几个甚至个别国家或地区获得药品试验数据专有保护，在很大程度上失去了制度国际协调的

---

① 参见 Owais H. Shaikh, *Access to Medicine Versus Test Data Exclusivity: Safeguarding Flexibilities Under International Law*, Springer, 2016, p. 84.

意义。

针对这一问题,美国在其签订的 FTA 中作出了明确回应。美国在 2004 年与摩洛哥签订的 FTA 中首次明确规定,"新药是指包含未在该缔约方已批准上市新化学实体的药品"①,确立了"国内新"标准。在此后的其他 FTA 中也作出了类似规定。TPP 将"新药"定义为"不包含已在该缔约方批准上市化学实体的药品"②,并在此后的美墨加协定中延续了这一规定。③ TPP 对新药的定义与美国-摩洛哥 FTA 略有不同,主要区别点在于对包括两种以上活性成分药品是否属于新药的认定在某些情况下会存在差异。但是,这两种方式均确立了新化学实体的"国内新"标准。

在欧盟、EFTA 签订的 FTA 中,只有欧盟与哥伦比亚-秘鲁的 FTA 对新化学实体规定了"国内新"标准,在其他协定中没有作出类似规定。虽然如此,欧盟在立场上也与美国一样,认为各国和地区应当采取"国内新"标准。在欧盟委员会发布的针对第三国知识产权保护的报告中,就对中国相关文件中规定的"全球新"标准提出了质疑,认为这一措施构成对外国产品事实上的歧视性待遇。④

"国内新"标准对于原研药企业在多个不同国家或地区寻求保护具有非常重要的意义,因为一个药品即便在其他国家或地区已上市多年,只要在其寻求保护的国家或地区尚未上市,就仍然符合"新化学实体"的定义,可以获得药品试验数据专有保护。⑤ 但这

----

① Morocco-United States Free Trade Agreement, Article 15. 10. 1.

② TPP, Article 18. 52.

③ 参见 United States-Mexico-Canada Agreement, Article 20. 49。

④ 参见 European Commission, Report on the Protection and Enforcement of Intellectual Property Rights in Third Countries (SWD (2021) 97 final), https: // trade. ec. europa. eu/doclib/docs/2021/april/tradoc _ 159553. pdf, visited on 28 January 2022。

⑤ 参见 Carlos M. Correa, *Protecting Test Data for Pharmaceutical and Agrochemical Products Under Free Trade Agreements*, in Pedro Roffe, *et al.* eds., Negotiating Health: Intellectual Property and Access to Medicines, Earthscan, 2006, p. 90。

样随之而来的问题是，可能会延缓原研药进入相关国家或地区的时间，因为无论原研药何时进入该国或地区，只要尚未有其他相同产品在该国家或地区上市，都不会丧失获得药品试验数据专有保护的机会，从而也就缺乏尽早进入的动机，甚至会在某些情况下出于经济利益或其他因素的考量而选择延缓进入。

四、限制"国际依赖"

（一）美国相关自贸协定中对"国际依赖"的限制

所谓的"国际依赖"，是指在药品上市申请或审批过程中，依赖国外已上市相关药品的试验数据或相关信息。这主要包括两种情形：一是，有些国家和地区不要求已在特定国家或地区获批上市的原研药企业在本国申请该药品上市时提交完整的安全性、有效性试验数据，而仅基于其在国（境）外已获得的上市许可批准该原研药上市。此时，仿制药企业如果以在该国或地区本地获批上市的原研药作为参比制剂，实质上仍然"间接依赖"原研药企业提交给国（境）外相关机构的试验数据。二是，有些国家和地区允许将国（境）外批准上市的药品作为参比制剂，在仿制药企业证明其产品与国（境）外批准上市的参比制剂具有等效性的情况下，也可以获得上市许可。此种情况更是对原研药企业提交给国（境）外相关机构的试验数据的"直接依赖"。无论何种情形，都是对"传统"药品试验数据专有制度的突破，即不再将"本国主管机关要求提交药品安全性、有效性试验数据"作为在该国获得试验数据专有保护的前提。

美国最早对国际依赖作出限制性规定的是与新加坡签订的FTA。该FTA第16.8条第2款规定，在新化学药品在其他国家或缔约方本国上市之日起五年内（以后到期者为准），未经在其他国家提供药品安全性、有效性信息之人的同意，不得允许第三人基于该在其他国家批准的新化学药品上市许可获得相同或类似药品上市许可。这一规定禁止缔约方在一定期限内通过依赖其他国家新化学药上市许可的方式在本国批准他人的药品上市，给予了其他国家上市新化学药试验数据在本国的专有保护。该条款中采用的是"其他国家"(another country)而非"其他缔约方"的表述,意味着缔约方需要对所有国家上市的新化学药提供数据专有保护。① 有观点认为,美国-新加坡 FTA 仅仅是禁止依赖国外上市许可批准本国药品上市,但并不禁止缔约方药品上市审批机关在对原研药企业向国外机构提交的试验数据进行独立审查的基础上批准本国药品上市。② 但事实上,由于原研药企业在国外提交的试验数据在一般情况下并不会被公开,其他国家也就无从直接对相关数据进行审查,因此通过这种方式批准仿制药上市许可在实践中的可能性并不高。

美国在此后与澳大利亚的 FTA 中对国际依赖进一步加强限制。根据美国-澳大利亚 FTA 第 17.10 条第 1 款(c)项,缔约方对国外上市新化学药品提供的试验数据专有保护范围不仅涵盖在其他国家的在先上市许可,还包括在其他国家为获得上市许可所提交的与安全性或有效性相关的信息。在与多米尼加-中美洲③、巴林④、韩国⑤、阿曼⑥等国家和地区签订的自贸协定中,也作出类似规定。而在 TPP⑦ 和美墨加协定⑧中,禁止"国际依赖"的对象是"与在先

---

① 参见 Carsten Fink & Patrick Reichenmiller, *Tightening TRIPS: Intellectual Property Provisions of US Free Trade Agreements*, in Richard Newfarmer ed., Trade, Doha, and Development: A Window into The Issues, World Bank, 2006, p. 291。

② 参见 Pedro Roffe & Christoph Spennemann, *The Impact of FTAs on Public Health Policies and TRIPS Flexibilities*, 1 International Journal of Intellectual Property Management 83 (2006)。

③ 参见 Dominican Republic-Central America-United States Free Trade Agreement (CAFTA-DR), Article 15.10.1(b)。

④ 参见 Bahrain-United States Free Trade Agreement, Article 14.9.1(b) and 14.9.2(b)。

⑤ 参见 Korea-United States Free Trade Agreement, Article 18.9.1(b) and 18.9.2(b)。

⑥ 参见 Oman-United States Free Trade Agreement, Article 15.9.1(b) and 15.9.2(b)。

⑦ 参见 TPP, Article 18.50.1(b)。

⑧ 参见 United States-Mexico-Canada Agreement, Article 20.48.1(b)。

上市许可相关的证据"。从表述上来看，"与在先上市许可相关的
证据"除在先上市许可之外，还包括为获得上市许可的其他安全
性、有效性证据，例如试验数据等。

　　美国签订的FTA中有关对国外上市的新化学实体药品提供的
专有保护期限虽然均规定为5年，但期限的计算方式并不相同，从
而导致实际保护期限甚至保护方式都存在差异。

　　如表1-5所总结的那样，在早期美国与新加坡、澳大利亚签
订的FTA中规定，缔约方对国外上市新化学实体药品的试验数据
专有保护期限为该药品在其他国家或缔约方本国获得上市许可之
日起五年，以后到期者为准。根据这一规定，如果某一药品在国
外首次获得上市许可五年后，又在缔约方本国获得上市许可，则
该药品自国外首次获得上市许可之日起可获得长达十年数据专有
保护。其中还可能存在的问题是，如果某一新化学实体药品在国
外首次获得上市许可超过五年之后，才在本国获得上市许可，此
时是否允许第三人依赖该药品的国外上市许可相关信息在本国获
得上市许可。

表1-5　美国FTA中对国外上市药品提供试验数据专有保护的期限计算

签署国家	期限计算方式
新加坡、澳大利亚	新化学实体药品在其他国家或缔约方本国获得上市许可之日起五年（以后到期者为准）
多米尼加-中美洲	在其他国家获得新化学实体药品上市许可者在该缔约方本国获得上市许可之日起五年；但缔约方可要求数据所有者在国外获得上市许可后五年内，应当在该缔约方申请上市，否则不再给予保护。
巴林、韩国、阿曼、摩洛哥、TPP、美墨加协定	自新化学实体药品在该缔约方本国获得上市许可之日起五年

　　似乎是为了解决这一问题，美国在与中美洲-多米尼加签订
的FTA中，规定对新化学实体药品国外上市许可信息的试验数据

专有保护自在其他国家获得新化学药上市许可者在该缔约方本国获得上市许可之日起五年，但缔约方可要求数据所有者在国外获得上市许可后五年内，应当在该缔约方本国上市，否则不再给予保护。也就是规定了五年的"等待期"。① 这也就确保了新化学实体药品自任何国家或地区首次获得上市许可之日起，在缔约方最长能获得十年的专有保护，除非缔约方在国内法中作出对权利人更有利的规定。

但是在美国与巴林、韩国、摩洛哥、阿曼签订的 FTA 以及TPP、美墨加协定中，一改此前 FTA 中的相关表述，规定对新化学实体药品国外上市许可相关信息的专有保护自该药品在该缔约方本国获得上市许可之日起五年，而没有作出任何有关"等待期"的规定。这也就是说，在新化学实体药品在全球其他任何一个国家或地区获得上市许可之日起，直到该药品在缔约方本国获得上市之日起五年，该药品在缔约国均受到试验数据专有保护。最极端的情况下，如果新化学实体药品的原研药企业一直不在某缔约国申请并获得上市许可，则其在国外的上市许可相关信息可以在该缔约国获得不受期限限制的保护。这在效果上实质上等同于完全禁止通过"国际依赖"获得药品上市许可。

这一制度对于美国这种创新药产业发达的国家更为有利。一方面，其确保本国原研药企业无论在全球哪个国家或地区获得新药上市许可，均可以在其贸易伙伴国获得药品试验数据专有保护，直到该原研药企业自己在该贸易伙伴国获得上市许可五年后，他人才能依赖该新药的上市许可信息（无论是该国还是外国上市许可信息）获得仿制药上市。这也就有利于其本国原研药企业能够通过这一制度在全球范围内获取更多的利润。而另一方面，对于美国这种拥有巨大医药市场的国家，原研药企业即便未选择在美国首先上市其新药，也会在其他国家取得上市许可后尽快在美国上市。这也就避免了这一制度可能带来的不利影响。而对于医药产业欠发达且市场较

---

①　参见 Carlos M. Correa, *Implications of Bilateral Free Trade Agreements on Access to Medicines*, 84 Bulletin of the World Health Organization 401 (2006)。

小的国家，这一制度则可能会带来不利的后果。如果原研药企业不在该国申请并获得上市许可，其他药企也长期无法依赖该药品的国外上市许可相关信息在该国取得相同或类似药品的上市许可，这将导致国内长期无法获得所需药品。

(二)欧盟相关自贸协定中有关"国际依赖"的规定

欧盟签订的 FTA 中，除了与哥伦比亚-秘鲁的 FTA 外，没有对"国际依赖"作出明确规定。欧盟-哥伦比亚-秘鲁 FTA 规定，缔约方可以依赖另一缔约方给予的上市许可批准在本国或本地区的仿制药上市。在此种情况下，如果在原研药自提交完整申请之日起 6 个月内获得上市许可，则药品试验数据专有的保护期限自被依赖的首次上市许可之日起计算。该条款并未对"国际依赖"作出限制，反而是明确允许缔约方通过"国际依赖"批准仿制药上市。

与 TPP、美墨加协定等美国签订的 FTA 中明确限制"国际依赖"的规定不同，一般认为欧盟签订的 FTA 及相关实践中限制"国际依赖"的前提是相关原研药在缔约方本国已取得上市许可。也就是说，原研药在缔约方本国取得上市许可后，缔约方既不能依赖该药品在本国申请上市时提交的试验数据或相关信息获得上市许可，也不能依赖其在境外上市时提交的试验数据或相关信息获得上市许可。[1] 其中的一个实例是乌克兰针对索非布韦（Sofosbuvir）仿制药上市许可的处置。乌克兰通过与欧盟 2014 年签署的 FTA 引入了药品试验数据专有制度。索非布韦原研药企业吉利德（Gilead）公司于 2015 年 6 月申请上市并于 2015 年 10 月获得许可，并享有药品试验数据专有保护。针对埃及仿制药企业 Pharco 公司于 2014 年 11 月向乌克兰提交上市许可申请（早于索非布韦原研药在乌克兰申请上市时间，因此是通过"国际依赖"提交的申请）并于 2015 年 12 月获得上市许可的仿制药，吉利德公司以其享有药品试验数据专有保护

---

① 参见 Owais H. Shaikh, *Access to Medicine Versus Test Data Exclusivity：Safeguarding Flexibilities Under International Law*, Springer, 2016, pp. 213-214.

为由，迫使乌克兰政府撤回仿制药上市许可。①

五、必要平衡机制的缺失

在美国、欧盟等药品数据专有制度中，没有规定必要的限制与例外等权利平衡制度。在美欧推动的药品试验数据专有制度国际化过程中，在不断推动扩张保护的同时，也并没有为这一制度构建必要的平衡措施。

(一)美国签订的自贸协定

在美国与其贸易伙伴签订的相关 FTA 中，均没有明确规定药品试验数据专有保护的限制和例外制度。在其与秘鲁、巴拿马、韩国、哥伦比亚签订的 FTA 以及 TPP 中，规定了缔约方可以依据多哈宣言等采取措施保护公共健康。

例如，美国-秘鲁 FTA 第 16.10 条第 2 款(e)项规定：

"尽管有(a)、(b)和(c)项的规定，缔约方可以根据以下采取措施保护公共健康：(i)《TRIPS 协定与公共健康多哈宣言》(WT/MIN(01)/DEC/2)('宣言')……"

该条第 2 款(a)、(b)和(c)规定了药品试验数据专有制度，因此(e)项针对的就是药品试验数据专有保护，允许缔约方依据多哈宣言对药品试验数据专有保护采取更为灵活的措施。美国贸易代表办公室对于这一规定的解释是："对于药品，第 16.10 条第 2 款(e)(i)项对药品试验数据专有保护义务规定了根据《TRIPS 协定与公共健康多哈宣言》(WT/MIN(01)/DEC/2)('多哈宣言')采取措施保护公共健康的例外。因此，当缔约方根据 TRIPS 协定第 31 条和多哈宣言给予强制许可时，第十六章规定的药品试验数据专有保护义务不会妨碍此类公共健康措施的采取或实施。而且，在

①　参见 Pascale Boulet, *et al.*, European Union Review of Pharmaceutical Incentives：Suggestions for Change, https：//medicineslawandpolicy. org/wp-content/uploads/2019/06/MLP-European-Union-Review-of-Pharma-Incentives-Suggestions-for-Change. pdf, visited on 20 January 2022.

药品没有专利保护因而不需要给予强制许可的情况下，第十六章规定的药品试验数据专有保护义务也不会妨碍此类措施的采取或实施。"①

　　然而，由于多哈宣言规定相对原则，且主要目的是澄清 TRIPS 协定中有关专利实施强制许可的规定，未对 WTO 成员尤其是发展中成员设置新的实质性权利②，更不可能对未规定在 TRIPS 协定中的药品试验数据专有保护作出明确的限制和例外规定，因此美国相关 FTA 中的此类规定能在多大程度上给予缔约方设置药品试验数据专有保护限制与例外的灵活度，仍然存在较大的不确定性。从美国贸易代表办公室的解释来看，也仅是认为药品试验数据专有保护义务不会"妨碍"缔约方根据多哈宣言采取保护公共健康的措施，而没有明确"不妨碍"的具体实施方式，例如是否可以豁免保护义务等。事实上，这更像是对多哈宣言第 4 段"TRIPS 协定没有也不应当妨碍成员为维护公共健康而采取措施"这一原则的重申。

　　在美国与摩洛哥、巴林、多米尼加-中美洲国家 FTA 的相关附函(side letters) 中，各国表示认同相关 FTA 中的知识产权章节不会影响各方采取必要措施维护公共健康。③ 在美国贸易代表办公室总法律顾问致国会议员关于美国-摩洛哥 FTA 的信函中也指出，在通过给予药品专利强制许可生产药品，且需要批准该药品上市以保护

---

①　USTR，The United States-Peru Trade Promotion Agreement Implementation Act：Statement of Administrative Action， https：//ustr. gov/archive/assets/Trade_ Agreements/Bilateral/Peru _ TPA/PTPA _ Implementing _ Legislation _ Supporting _ Documentation/asset_upload_file194_15341. pdf， visited on 20 January 2022.

②　参见陈婷、林秀芹：《〈多哈宣言〉实施中的法律障碍及发展前景展望——〈多哈宣言〉实施效果评估》，载《国际经济法学刊》2013 年第 2 期，第 193 页。

③　参见 Carsten Fink & Patrick Reichenmiller， *Tightening TRIPS：Intellectual Property Provisions of US Free Trade Agreements*， in Richard Newfarmer ed. ， Trade， Doha， and Development：A Window into The Issues， World Bank， 2006， p. 294。

公共健康的情况下，该 FTA 中的数据保护义务不会对此造成阻碍。① 但是，这种附函和解释在多大程度上能够对权利人行使权利构成限制存在疑问。② 美国政府也并不认为附函给予缔约方针对知识产权章节义务的豁免，而认为仅是传递出缔约方认为 FTA 中的规则不会影响公共健康的一种"信念"（belief）。③

（二）欧盟签订的自贸协定

欧盟签订的 FTA 中，有关药品试验数据专有保护平衡机制的规定也不完全一致。

在欧盟-哥伦比亚-秘鲁 FTA 药品试验数据专有保护条款第 231 条中，有两款涉及例外。一是，该条第 4 款（a）项规定，在因公共利益、国家紧急或非常情况而需要允许第三方访问（access to）这些数据时，缔约方可以规定例外。然而，这一规定是对药品试验数据"不披露"义务的例外，而非对"不依赖"的药品试验数据专有保护的例外。二是，该条第 6 款规定，本条提供的保护不会阻碍缔约方采取措施应对知识产权滥用或不合理限制贸易的实践。然而，这一规定非常原则，并没有明确缔约方可以采取何种措施来应对知识产权滥用和不合理限制贸易的实践。

在欧盟与哥伦比亚-秘鲁、新加坡、韩国、中美洲、加拿大等国家和地区的 FTA 中，也对多哈宣言进行了重申。但与美国-秘鲁

---

① 参见 Letter from USTR General Counsel John K, Veroneau to Representative Sander M. Levin concerning the U. S. -Morocco Free Trade Agreement（July 19, 2004）, https：//www. govinfo. gov/content/pkg/CREC-2004-07-22/html/CREC-2004-07-22-pt1-PgH6569. htm, visited on 20 January 2022。

② 参见 Carlos M. Correa, *Protecting Test Data for Pharmaceutical and Agrochemical Products Under Free Trade Agreements*, in Pedro Roffe, *et al.* eds., Negotiating Health：Intellectual Property and Access to Medicines, Earthscan, 2006, pp. 92-93。

③ 参见 Carsten Fink & Patrick Reichenmiller, *Tightening TRIPS：Intellectual Property Provisions of US Free Trade Agreements*, in Richard Newfarmer ed., Trade, Doha, and Development：A Window into The Issues, World Bank, 2006, p. 295。

FTA 不同的是，欧盟相关 FTA 中对多哈宣言的重申并没有与药品
试验数据专有保护条款直接关联，而仅是作为一个原则性条款提
出。其中，在与新加坡签订的 FTA 中，第 10. 30 第 1 款规定，在
解释和实施协定中有关药品试验数据专有条款时，缔约方应当确保
与多哈宣言相一致。而在其他 FTA 中，仅是重申了多哈宣言，以
及规定在解释与实施知识产权章节内容时，应当确保与多哈宣言相
一致。如前文所述，由于多哈宣言本身并未直接规定药品试验数据
专有保护的限制和例外等灵活措施，因此上述原则性规定给予缔约
方的灵活度并不确定。

(三)EFTA 签订的自贸协定

在 EFTA 早期签订的一些 FTA 中存在有限的例外性规定，例如
规定缔约方在给予药品再进口许可时可以不受药品试验数据专有保
护的限制，以及允许缔约方以经济补偿模式替代专有保护模式。但
近十年来签订的 FTA 中没有再作出类似规定。

EFTA 还在部分 FTA，例如与哥伦比亚、厄瓜多尔、秘鲁等国
家的 FTA 中，原则性规定缔约方可以根据多哈宣言采取必要措施
保护公共健康。尽管这些协定中对多哈宣言的重申包含在药品试验
数据保护条款之中，但由于这些协定中的药品试验数据保护条款除
规定试验数据专有制度外，还重申了 TRIPS 协定第 39 条第 3 款规
定，因此对多哈宣传的重申与药品试验数据专有保护条款之间的关
系也并不明确。

本 章 小 结

本章通过梳理美国、欧盟立法实践，分析 TRIPS 协定与药品
试验数据专有保护之间的关系，以及梳理美国、欧盟和 EFTA 与其
他国家签订的相关 FTA 中的药品试验数据专有制度，分析了这一
制度的国际发展脉络趋势以及所存在的问题。

药品试验数据专有制度起源于美国和欧洲，美国、欧盟均建立
并实施了较为成熟的制度。美国于 1984 年率先建立了适用于化学

药的药品试验数据专有制度，并于 2009 年将该制度扩展适用于生物制品。欧洲共同体 1986 年首次建立了药品试验数据专有制度，此后不断完善形成了现行的欧盟统一制度。欧盟药品试验数据专有制度适用于化学药和生物制品。

在美欧的推动下，TRIPS 协定第 39 条第 3 款规定了对未披露药品试验数据的"免于不正当商业使用"和"不披露"保护义务，其中关于"免于不正当商业使用"保护义务的范围和实施方式存在争议，主要焦点是该义务是否包含甚至等同于建立药品试验数据专有制度。发展中成员和发达成员对此存在不同观点，虽然美国、欧盟等发达成员认为其建立的药品试验数据专有制度是落实 TRIPS 协定义务的方式，但印度等发展中成员持相反立场并因此未建立这一制度。从协定条款文义解释、相关规定的内在逻辑以及谈判历史来看，TRIPS 协定仅要求对未披露药品试验数据提供反不正当竞争和商业秘密保护，而不包含给予专有保护的义务。药品试验数据专有制度既不是 TRIPS 协定的强制性义务，也不是落实 TRIPS 协定义务的可选方式。

由于 TRIPS 协定第 39 条第 3 款的争议，美国、欧盟以及 EFTA 在后 TRIPS 时代通过与其他国家或地区签订 FTA 等国际协定的方式不断扩大这一制度的国际地域范围，并呈现出来源于美欧的制度不断融合发展的趋势。虽然短期内在 WIPO、WTO 等国际组织中就该制度达成一致的可能性很低，但以美国、欧盟、EFTA 等与其他国家签订的 FTA 中的共性制度为基础，在 WTO、WIPO 乃至将来可能新形成的国际组织中形成国际规则仍是这一制度可能的发展趋势。

美国、欧盟和 EFTA 不仅通过 FTA 等国际协定扩大药品试验数据专有制度的国际地域范围，而且通过扩展保护对象范围、降低保护门槛、确立"国内新"标准以及限制"国际依赖"等方式不断扩张药品试验数据专有保护；但另一方面，无论是美国、欧盟等国内立法，还是其签订的 FTA 中，均没有为这一制度构建必要的限制与例外制度等平衡措施，导致了保护的进一步失衡。

第二章 药品试验数据专有保护的
公共健康政策考量

与公共健康的关系是药品知识产权制度和政策讨论的重点。药品试验数据专有与专利等其他知识产权一样，给予受保护的原研药一定期间的市场独占期，从而对公共健康造成直接影响。这种影响具有两面性，即激励药品创新的正面影响以及可能阻碍药品可及性的负面影响。在越来越多的国家和地区建立药品试验数据专有制度的情况下，药品试验数据专有保护对全球公共健康的影响也愈发受到关注。作为一项与全球公共健康密切相关的制度，从公共健康政策视角对药品试验数据专有保护进行分析，是完善这一制度的基础。

第一节 公共健康、药品研发与药品可及性

一、公共健康问题的全球性

公共健康这一概念包罗万象，从不同角度可以解读出不同的范围和关切。一般认为，公共健康反映的是一种社会状态，并可以进一步细分为生理、心理及社会适应三个方面的内容："生理方面指民众身体状况良好，免受疾病困扰，患病后能够获得治疗药物及医疗保障；心理方面指在日常的工作、生活中处于一种满足的状态，身心愉悦；社会适应方面是指与公共健康相关的社会制度、法律规定、国家政策等方面与民众处于和谐稳定的状态。"①"公共健康"

---

① 景明浩：《药品获取与公共健康全球保护的多维进路》，吉林大学2016年博士学位论文，第14页。

与"健康"不同，其关注的是群体而非个体的健康状态。

随着全球化的进程，个体健康不再仅是关系到自己的安危，甚至也不仅仅是与特定国家和地区关联，而是与全人类社会密切相关。在疾病面前，没有哪个人、哪个国家可以独善其身，更不可能置身事外。公共健康问题已构成人类"共同关切"，具有明显的全球性特征，需要从全球治理视角来审视和解决。

第一，从影响公共健康的因素来看，许多致病因素具有全球性特点。① 全球化使得有些原本局限于个别或少数国家的不利于公共健康的因素，包括传染病病原体、环境污染、药物滥用、不良生活习惯等，也"走向全球"成为"全球公共劣品"。传染病病原体的全球扩散自不待言，新冠、HIV 病毒等均已对全球公共健康造成威胁。不仅如此，在某些情况下，"行为扩散"（例如抽烟等不良行为的扩散）导致非传染性疾病在全球范围内的蔓延；只能由孩子从父母身上遗传的遗传性疾病也随着移民和不同种族的联姻而逐渐在全球范围内传播。② 这些现象都表明，与疾病相关的决定因素越来越具有全球性。③

第二，疾病所产生的影响超越了国界，对所有国家及人群造成威胁。随着全球化的进程，全球经济、文化等方面的交往更为密切，人员来往更为频繁，各国之间的相互依赖性更为密切。在这种情况下，疾病对人类社会所产生的影响也不再限于一国一地，一国

---

① 参见 Lincoln C. Chen, *et al.*, *Health as a Global Public Good*, in Inge Kaul, *et al.* eds., Global Public Goods：International Cooperation in the 21st Century, Oxford University Press, 1999, p. 289。

② 参见阿尔因-忒科让、佩德罗·康塞桑：《超越传染病控制：全球化时代的卫生》，载[美]英吉·考尔等编：《全球化之道——全球公共产品的提供与管理》，张春波、高静译，人民出版社 2006 年版，第 414 页。

③ 参见 Dean T. Jamison, *et al.*, *International Collective Action in Health*：*Objectives*, *Functions*, *and Rationale*, 351 The Lancet 515（1998）。

人群的疾病感染情况和健康情况也能很容易地影响到其他国家。①
不仅传染性疾病的影响跨国国界，非传染疾病也同样如此。这也可
从国际社会"国际健康"这一术语逐渐被"全球健康"所取代这一转
变窥知端倪：前者关注"国家间跨境传染病控制"，而后者则考虑
"特定国家关切之上的全球人民健康需要"。②

第三，公共健康权是一项集体人权，维护公共健康是保护和促
进人权的重要全球公共产品。健康权作为一项基本人权，其地位已
在联合国及其系统内负责国际卫生问题的专门机构世界卫生组织通
过的一系列条约和相关文件中得以确认。1948年《世界人权宣言》
第25条第1款规定，"人人有权享受为维持他本人和家属的健康和
福利所需的生活水准，包括食物、衣着、住房、医疗和必要的社会
服务；在遭到失业、疾病、残废、守寡、衰老或在其他不能控制的
情况下丧失谋生能力时，有权享受保障"。1966年《经济、社会及
文化权利国际公约》第12条第1款规定，"本盟约缔约国确认人人
有权享受可能达到之最高标准之身体与精神健康"，并在第2款规
定了"为求充分实现此种权利"而采取的措施，包括"创造环境，确
保人人患病时均能享受医药服务与医药护理"等。《世界卫生组织
法》在原则中也确认，"享受最高而能获致之健康标准，为人人基
本权利之一。不因种族、宗教、政治信仰、经济或社会情境各异，
而分轩轾。"这些国际条约主要从个体健康权的角度确立了其基本
人权的地位。随着全球化进程以及人权理念的发展，公共健康权也
被认为是一项重要的集体人权。③作为集体人权的公共健康权难以

① 参见 Jeremy Youde. *Biopolitical Surveillance and Public Health in International Politics*, Palgrave Macmillan, 2010, pp. 44-45。

② Theodore M. Brown, et al., *The World Health Organization and the Transition from "International" to "Global" Public Health*, 96 American Journal of Public Health 62 (2006).

③ 参见 Benjamin M. Meier, *Advancing Health Rights in a Globalized World: Responding to Globalization Through a Collective Human Right to Public Health*, 35 The Journal of Law, Medicine & Ethics 550-553 (2007).

分割，只有作为人类群体中的一员与其他成员所共同享有才有意义，具有全球性特点。①

面对公共健康危机，人类社会采取行动通过一定的方式来预防和应对影响公共健康的各种威胁，以促进和保护民众健康，这就是所谓的公共卫生治理。伴随全球治理理论的出现和兴起以及艾滋病、SARS 等威胁全人类生命健康的传染性疾病带来的全球挑战，公共健康也被纳入了全球治理范畴。②

二、药品研发与全球公共健康

药品是人类历史上最伟大的发明之一。尽管公共健康与多种因素相关，但毋庸置疑的是，药品是维护公共健康不可或缺的产品。正如联合国人权理事会所指出的那样，"获取药品是逐步全面实现人人享有能达到的最高标准身心健康权的一项基本内容"③，"获取药品和疫苗是充分实现人人享有能达到的最高标准身心健康权以及实现全民健康覆盖和人人不受歧视地享有健康(特别注意首先帮助落在最后面的人)这两项相应目标的基本要素之一"。④

随着生命科学的发展，人们针对长期以来困扰人类以及新出现的疾病不断开发出新的药品和诊断、治疗及预防方法，许多原本难以甚至无法治疗的疾病变得可治疗、可预防。例如，通过发明并接种疫苗，人类已经完全战胜了天花；通过接种"新冠"病毒疫苗，人类可以在一定程度上预防这一新出现的全球性传染疾病，减轻重症和死亡率。即便是对于癌症这种人们谈之色变的"不治之症"，

---

① 参见 Benjamin M. Meier & Larisa M. Mori, *The Highest Attainable Standard: Advancing a Collective Human Right to Public Health*, 37 Columbia Human Rights Law Review 146-147 (2005)。

② 参见高立伟、何苗:《人类命运共同体视阈下全球公共卫生治理谫论》，载《厦门大学学报(哲学社会科学版)》，2020 年第 5 期，第 164 页。

③ 联合国人权理事会《在人人有权享有能达到的最高标准身心健康的背景下获取药品》(A/HRC/RES/32/15)，2016 年 7 月 1 日，第 1 段。

④ 联合国人权理事会《在人人有权享有能达到的最高标准身心健康的背景下获取药品和疫苗》(A/HRC/RES/41/10)，2019 年 7 月 11 日，第 1 段。

也可通过早筛试剂等实现"早发现、早治疗",从而提高存活率甚至治愈;格列卫更是使慢性粒细胞性白血病患者的五年生存率提高到 90%。

药品研发是药品从无到有的过程,是获取诊断、预防和治疗疾病所需药品的基础。没有药品研发,则药品供给、分配以及利用将无从谈起。因此,从全球公共卫生治理角度,激励药品研发是解决全球公共健康问题最为重要的政策之一。

三、药品可及性与全球公共健康

在药品研发成功后,如何实现药品的可及性是维护公共健康的关键。从广义上来说,药品创新也是药品可及性的一部分,甚至可以认为是药品可及性的基础。但习惯上往往讨论的是药品被研发成功之后分配环节的可及性,也就是狭义的药品可及性。这一意义下的药品可及性是指,人人"能够以可以承担的价格,安全地、实际地获得适当、高质量以及文化上可接受的药品,并方便地获得合理使用药品的相关信息"。[1] 更具体地说,与其他医疗服务的可及性一样,药品可及性可从三个维度来进行衡量:物理上的可获得性(Physical accessibility),即在有需要时可以实际地获得相应药品;财务上的可负担性(Financial affordability),即能够支付获得相应药品的价格;可接受性(Acceptability),即接受相应药品治疗的意愿。[2] 药品的可接受性主要受到文化、宗教等方面的影响,而可负担性和可获得性则受到国家医疗体系政策以及药品试验数据专有保护、专利等知识产权制度的影响。

药品价格是各界最为关注的药品可及性问题,也是影响药品可及性的最为重要、最为直接的因素之一。尤其是对于许多发展中国家患者而言,高昂的药品价格已成为获取"救命药"难以逾越的障

---

① 许子晓:《药品专利权与公共健康权的冲突和协调》,载《知识产权》2011 年第 3 期,第 92 页。

② 参见 David B Evans, *et al.*, *Universal Health Coverage and Universal Access*, 91 Bulletin of the World Health Organization 546 (2013)。

碍。药品价格虽然直接影响的是药品可负担性，但事实上也会对药品可获得性产生影响。例如，在由于各种原因导致药品价格过低，制药企业无法获得充分利润的情况下，市场主体将没有足够的动机生产并提供足以满足市场需求的药品，降低药品的可获得性。

此外，药品流通机制、药品产能、政治等因素也会影响药品的可获得性。如果药品流通机制运行不畅通，将无法及时提供给有需要的患者。在药品产量有限的情况下，药品将主要流向富裕国家和地区，导致发展中国家和地区难以获得。[1] 不仅如此，药品可获得性还会受到政治因素的影响。例如，2020 年，美国时任总统特朗普多次动用《国防生产法》，要求生产新冠疫苗的美国企业必须优先满足国内需求，限制疫苗及其原材料的出口，"不仅极大阻碍其他国家从美国获得疫苗，也严重影响了美国以外地区的疫苗生产"。[2]

因此，如何在激励药品研发的基础上保障药品的全球可及性，也是全球公共卫生治理相关政策的重要考量因素。

第二节　药品试验数据专有保护对药品研发的促进

一、药品试验数据专有保护与市场独占期

药品试验数据专有制度的目的在于给予符合条件的原研药一定期限的市场独占期，使原研药企业能从中获得足够的利润，从而激励药品创新。无论是"不受理"还是"不批准"仿制药上市申请，最终的结果都是延缓仿制药上市，从而给予原研药相应期限的市场独占期。药品试验数据专有保护对市场独占期所发挥的作用可从独占

---

① 参见胡潇潇：《药品专利实验例外制度研究》，知识产权出版社 2016 年版，第 23 页。

② 《美国疫情"人祸"之二：损人利己的"疫苗民族主义"》，http://www.news.cn/politics/2021-07/05/c_1127624301.htm，2022 年 1 月 20 日访问。

期"长度"即期限以及国际市场"广度"即地域范围这两个方面来进行考察。

(一) 对药品市场独占期限的影响

一般认为，药品试验数据专有保护对于原研药市场独占期的维持更多地体现为对专利保护的补充。① 这种补充主要体现在以下几个方面：一是在研发周期较长等情况下，药品获得上市审批时专利保护期限已届满或即将届满，此时需要通过试验数据专有保护为其提供市场独占期。二是在生物制品等情况下，专利往往难以对药品活性成分本身及其制备工艺提供有效保护，此时原研药企业更依赖于药品试验数据专有保护提供的市场独占期。三是在专利权被宣告无效的情况下，药品试验数据专有保护仍然能够为原研药提供一定期限的市场独占期，而这也反过来使得仿制药企业失去了在药品试验数据专有保护期间请求宣告原研药专利权无效的动力。

除了药品试验数据专有保护以外，原研药企业还会综合利用专利及专利期限补偿、专利链接、"长青专利"②甚至商标③等知识产权制度以及其他相关策略④来获取和延长其市场独占期。据统计，1995 年至 2019 年，美国新化学实体药品的市场独占期平均为

① 参见程文婷：《试验数据知识产权保护的国际规则演进》，载《知识产权》2018 年第 8 期，第 85 页。

② Kelley Chandler, *Patents and the Pharmaceutical Industry：Curbing the Abusive Practices Employed by Blockbuster Drug Companies to Prolong Market Exclusivity*, 29 Cornell Journal of Law and Public Policy 477-479 (2019).

③ 参见 Graham Dutfield, *Not Just Patents and Data Exclusivity：The Role of Trademarks in Integrated IP Strategy-Where Lies the Public Interest?*, in Srividhya Ragavan & Amaka Vanni eds., Intellectual Property Law and Access to Medicines：TRIPS Agreement, Health, and Pharmaceuticals (1st ed.), Routledge, 2021, p. 443.

④ 参见 Charles E. Phelps, *Extending Exclusivity for Biopharmaceuticals to Deter Competing Generics：A Review of Strategies, Potential Mitigation, and Similarities to Infringement*, 21 Technology & Innovation 220-223 (2020)。

12.2~14.6 年。① 韩国 2000—2004 年上市的新化学实体药品中，截至 2021 年市场独占期已终止（即有仿制药上市）的药品的平均市场独占期为 9.18 年；并且还有 41% 的药品仍然在市场独占期之中，其平均市场独占期已达到 17.46 年。② 在加拿大，专利已于 2014 年 7 月 1 日至 2020 年 10 月 31 日期间届满的 121 个原研药中，已有仿制药上市的原研药的市场独占期平均为 9.61 年（95% CI，8.92~10.29 年）；尚没有仿制药上市的原研药的市场独占期已达到 10.99 年（95%CI，10.58~11.39 年）。③

从统计数据来看，美国、韩国和加拿大等国家新化学实体药品的市场独占期均远超过药品试验数据专有保护期。因此也有观点认为，随着专利制度及促进专利实施转化配套制度的完善，在美国等发达国家将药品试验数据专有作为专利保护替代制度的需求已不明显④，甚至认为药品试验数据专有对"原研药企业来说并无实际商业意义"。⑤ 但事实上，即便是在专利制度已较为成熟与完善的欧美等发达国家和地区，药品试验数据专有制度仍然是延长市场独占期、阻止竞争者进入的重要手段，尤其是对于那些难以获得专利有效保护的创新药而言更是如此。

为实证分析药品试验数据专有保护对原研药市场独占期的作用和贡献，本书梳理了美国 FDA 发布的第 40 版橙皮书（2020 年）⑥中

---

① 参见 Henry Grabowski, *et al.*, *Continuing Trends in US Brand-name and Generic Drug Competition*, 24 Journal of Medical Economics 911（2021）。

② 参见 Kyung-Bok Son, *Market Exclusivity of the Originator Drugs in South Korea: A Retrospective Cohort Study*, 9 Frontiers in Public Health 654952（2021）。

③ 参见 Joel Lexchin, *Time to Marketing of Generic Drugs After Patent Expiration in Canada*, 4 JAMA Network Open e211143（2021）。

④ 参见 Valerie Junod, *Drug Marketing Exclusivity Under United States and European Union Law*, 59 Food and Drug Law Journal 484（2004）。

⑤ 杨悦：《药品试验数据保护政策研究》，载中国药学会医药知识产权研究专业委员会组织编写：《药品试验数据保护制度比较研究》，中国医药出版社 2013 年版，第 43 页。

⑥ 参见 FDA, Approved Drug Products with Therapeutic Equivalence Evaluations 40th Edition, 2020。

所列药品的有效专利和药品试验数据专有保护情况。在该橙皮书所
列药品中，共有 174 个药品受到新化学实体药品试验数据专有保
护。在这 174 个药品中，绝大多数还同时受到专利保护，且专利保
护期限届满日晚于新化学实体药品试验数据专有期届满日。但其中
仍然有 21 个药品（12.1%）没有专利（指列在橙皮书中的专利，不
考虑按照规定不能列入橙皮书中的生产工艺等专利类型）保护或者
专利保护期限届满日早于新化学实体药品试验数据专有保护期届满
日。也就是说，有 10% 以上的新化学实体药品需要单独依赖药品
试验数据专有保护来维持其市场独占期。这一结论与学者针对其他
年份上市新化学实体药品统计的结果一致。例如，列赞统计发现，
2011 年至 2014 年上市的享有新化学实体药品试验数据专有保护的
105 个新药中，共有 11 个没有专利保护或者专利保护期限届满日
早于新化学实体药品试验数据专有保护期届满日。①

表 2-1　　美国 NCE 试验数据专有保护期限届满日晚于
专利期限届满日的药品

序号	药品商品名	最后一个专利届满日*	NCE 试验数据专有届满日
1	FIRDAPSE	无	2023-11-28
2	BENZNIDAZOLE	无	2022-08-29
3	CHOLBAM	无	2020-03-17
4	DEFITELIO	无	2021-03-30
5	EMFLAZA	无	2022-02-09
6	RADICAVA	2020-11-13	2022-05-05
7	ANNOVERA**	无	2023-08-10

① 参见 Erika Lietzan，*The Myths of Data Exclusivity*，20 Lewis & Clark Law
Review 129（2016）。

续表

序号	药品商品名	最后一个专利届满日 *	NCE 试验数据专有届满日
8	SMOFLIPID 20%	无	2021-07-13
9	FLUORODOPA F18	无	2024-10-10
10	GALLIUM DOTATOC GA 68	无	2024-08-21
11	LUCEMYRA	无	2023-05-16
12	LUTATHERA	无	2023-01-26
13	MOXIDECTIN	无	2023-06-13
14	PRETOMANID	无	2024-08-14
15	MOTEGRITY	无	2023-12-14
16	SELENIOUS ACID	无	2024-04-30
17	DIACOMIT	无	2023-08-20
18	KRINTAFEL	无	2023-07-20
19	EGATEN	无	2024-02-13
20	UBRELVY **	无	2024-12-23
21	OXBRYTA **	无	2024-11-25

（数据来源：根据美国 FDA 第 40 版橙皮书自行整理。）

＊本表中的"无"专利是指在第 40 版橙皮书中未显示专利，包括因保护期限届满等原因而从橙皮书中被删除等情形；

＊＊这三个药物在第 40 版橙皮书出版后又新增了专利，新增专利的保护期届满日晚于 NCE 药品试验数据专有保护期。

上市药品可受到不同类型的专利保护。以美国橙皮书为例，可列入橙皮书中的专利包括活性成分和非活性成分专利两大类，非活性成分专利包括药品使用方法（新适应证）专利和药物产品专利（包括组合物专利或制剂专利)。① 不同类型专利为药品提供的市场独占期保护强度存在很大差异,其中活性成分专利能提供最全面、有效的保护。这主要有以下两个方面的原因。一是,活性成分能够为药品提供"绝对保护",任何人只要未经许可以生产经营为目的制造、使用、许诺销售、销售、进口受专利保护的活性成分就构成专利侵权,仿制药企业无法绕开专利来制备、使用和销售含有与原研药相同活性成分的药品。而对于药品使用方法、组合物、剂型专利等,则仿制药企业有可能采取适当方式绕开专利保护。二是,非活性成分专利更容易受到无效宣告等专利挑战。以美国为例,对2001—2010 年面临首仿药竞争的新分子实体药物进行分析发现,约 75%的非活性成分专利受到挑战,但仅有 29%的活性成分专利受到挑战。② 中国情况也类似,许波等对中国 2020 年 2 月 14 日至2021 年 4 月 30 日药品专利无效情况统计发现,所统计的 58 个化学药相关专利中,全部无效率为 41.4%(24/58);而化合物专利的全部无效率仅为 17.6%(3/17)。③

为此,在原研药没有活性成分专利保护的情况下,即便还存在非活性成分专利,其市场独占期的维持也有更依赖于提供"绝对"保护的新化学实体药品试验数据专有保护,而不是非活性成分专利。为更加全面地分析药品试验数据专有保护对于原研药获得和维持市场独占期的作用,本书对前述 174 个药品中专利保护期限长于新化学实体药品试验数据专有期限的 153 个药品的活性成分专利情况进行了进一步分析。在这 153 个药品中,有 27 个没有活性成分专利或活性成分专利保护期限届满日早于新化学实体药品试验数据专有保护期届满日(表 2-2)。对于这 27 个药品而言,新化学实体

---

① 参见张浩然:《竞争视野下中国药品专利链接制度的继受与调适》,载《知识产权》2019 年第 4 期,第 56 页。

② 参见 C. Scott Hemphill & Bhaven N. Sampat, *Evergreening*, *Patent Challenges*, *and Effective Market Life in Pharmaceuticals*, 31 Journal of Health Economics 334 (2012)。

③ 参见许波等:《〈中美经贸协议〉后我国药品专利无效数据分析》,https://mp. weixin. qq. com/s/svX-jQuc7g8j5jn6x2sEGg,2021 年 8 月 28 日访问。

药品试验数据专有保护确保了超过 5 年的"绝对"市场独占期，而不会因为没有活性成分专利而导致某些适应证、剂型等被仿制。

如果仅考察活性成分专利，则在前述总共 174 个受到新化学实体药品试验数据专有保护的药品中，共有 48(21+27)个药品没有活性成分专利或者活性成分专利保护期限届满日早于新化学实体药品试验数据专有保护期届满日，占比达 27.6%。也就是说，超过四分之一的药品需要依赖新化学实体药品试验数据专有保护来为期维持超过 5 年的市场独占期。对生物制品试验数据专有保护与新生物活性成分专利保护进行分析也得出类似结论。在杨莉分析的美国 BPCIA 颁布后享有试验数据专有保护的 56 个生物制品中，发现有 33 个生物制品的试验数据专有保护期届满后专利保护仍未过期①，也就是剩余 23 个生物制品的试验数据专有保护期比新生物活性成分专利有效保护期更长，占比超过 40%。

表 2-2　　活性成分专利权期限届满日早于药品试验数据
专有保护期的药品

序列	药品商品名	最后一个专利期限届满日	最后一个 DS（活性成分）专利期限届满日*	试验数据专有届满日（NCE）
1	TYMLOS	2028-03-26	无	2022-04-28
2	SCENESSE	2029-03-11	无	2024-10-08
3	EXEM FOAM KIT	2036-02-11	无	2024-11-07
4	GIAPREZA	2034-12-18	无	2022-12-21
5	VYLEESI（AUTOINJECTOR）	2033-11-05	2021-06-21	2024-06-21
6	ZULRESSO	2033-11-27	无	2024-06-17
7	KENGREAL	2035-07-10	无	2020-06-22

① 参见杨莉：《TRIPS 框架下的中国药品试验数据保护》，知识产权出版社 2021 年版，第 64~66 页。

续表

序列	药品商品名	最后一个专利期限届满日	最后一个DS（活性成分）专利期限届满日*	试验数据专有届满日（NCE）
8	EPIDIOLEX	2035-06-17	2022-05-07	2023-09-28
9	GOPRELTO	2037-02-07	无	2022-12-14
10	DALVANCE	2023-12-25	无	2019-05-23
11	XERAVA	2030-12-28	无	2023-08-27
12	SPRAVATO	2031-07-09	无	2024-03-05
13	OMEGAVEN	2025-07-11	无	2023-07-27
14	NETSPOT	2032-08-10	无	2021-06-01
15	SOLIQUA 100/33	2035-12-10	2020-07-12	2021-07-27
16	ADLYXIN	2034-03-10	2020-07-12	2021-07-27
17	MACRILEN	2027-10-12	2022-08-01	2022-12-20
18	RYDAPT	2030-12-02	无	2022-04-28
19	GALAFOLD	2038-05-30	无	2023-08-10
20	XEPI	2032-01-29	2020-04-06	2022-12-11
21	INTRAROSA	2031-03-19	无	2021-11-16
22	SOLOSEC	2035-09-04	无	2022-09-15
23	SUNOSI	2037-09-05	无	2024-06-17
24	ARAKODA	2035-12-02	无	2023-07-20
25	YONDELIS	2028-07-07	无	2020-10-23
26	VISTOGARD	2027-08-17	无	2020-09-04
27	XURIDEN	2023-07-10	无	2020-09-04

（数据来源：根据美国 FDA 第 40 版橙皮书自行整理。）

*本表中的"无"专利是指在第 40 版橙皮书中未显示有专利，包括因保护期限届满等原因而从橙皮书中被删除等情形。

考虑到专利还存在被无效宣告的可能，对于那些活性成分专利保护期完全覆盖新化学实体药品试验数据专有保护期的药品而言，药品试验数据专有保护也并非可有可无，而是能为药品市场独占期的维护增添一道有效的"屏障"，确保新化学实体药品可以获得至少 5 年的市场独占期。

因此，药品试验数据专有保护事实上确保了相关药品能获得至少一定期限的市场独占期，即起到"兜底"作用，确立市场独占期的"低限"。在这一制度下，无论药品专利等知识产权保护情况如何，均能获得确定的最低限度市场独占期。而专利等其他知识产权制度则还可以在此基础上进一步延长药品市场独占期。从这一意义上来说，药品试验数据专有保护并不是专利保护的补充，而是对原研药获得市场独占期更为重要的基础性制度。

(二) 对药品市场独占期国际地域范围的影响

在国际上，药品试验数据专有保护对原研药市场独占期地域范围的影响主要体现在，在那些因种种原因没有进行专利布局的国家和地区，原研药企业仍然可以就其药品获得一定期限的市场独占期。

由于专利制度的复杂性，即便有 TRIPS 协定等多个国际条约的协调，不同国家和地区的专利制度仍然存在较大差异。许多发展中国家和地区的专利制度相对而言不够完善，难以对药品领域相关创新提供有效保护。例如对创造性等授权条件设置较高的审查标准、审查标准不统一、授权审查周期较长等。不同国家和地区的专利执法水平和能力也存在差异。而且，在所有国家和地区进行专利布局需要花费极高的成本，包括专利申请费、维持费、代理费等。因此，跨国药企在许多发展中国家和地区需要依赖药品试验数据专有保护为其药品提供市场独占期。这就使得药品试验数据专有制度超过了专利，成为了跨国药企在许多发展中国家和地区获得市场独占期的主要制度。这也是美国和欧盟等通过FTA 推动中南美洲、亚洲和非洲发展中贸易伙伴建立药品试验数据专有制度的主要原因。①

以对新冠肺炎可能具有治疗活性的瑞德西韦（Remdesivir）为例，其四个核心专利②仅在 20 多个国家和地区进行了布局（见表 2-3）。其中，在通过与美国、欧盟、EFTA 等签订 FTA 建立了药品试验数据专有制度的约旦、智利、哥伦比亚、秘鲁、巴拿马、哥斯达黎加、洪都拉斯等多数国家，权利人均未进行专利布局。但是，即便如此，瑞德西韦药品仍然可以在这些国家获得一定期限的市场独占期。而另一方面，对于尚未建立药品试验数据专有制度的印度、南非、巴西等发展中大国，权利人则进行了较为全面的专利布局。这也进一步说明了药品试验数据专有保护和专利保护两者在药品知识产权地域布局上的互补性。

另一个实例来自专利权人在欧盟境内的专利布局。欧盟由于尚未建立单一专利制度，原研药企业如果要获得全欧盟范围内的专利保护，需要分别在各成员国取得和行使专利权。但是这种专利布局策略需要付出很高的确权和维持成本，在发生侵权行为时，也需要分别在不同的成员国通过诉讼等方式来维权。实践中，鲜有原研药企业采取这种策略，而更多的是选择性地在英国③、德国、法国、意大利等主要国家申请和布局专利。④ 这导致原研药在欧盟存在专利保护的地域"缺口"。而药品试验数据专有保护则可以覆盖整个欧盟范围，符合条件的原研药只要在一个成员国获得上市许可，就可以在整个欧盟境内获得药品试验数据专有保护。

---

①　参见 Sandra Adamini，*et al.*，*Policy Making on Data Exclusivity in the European Union：From Industrial Interests to Legal Realities*，34 Journal of Health Politics，Policy and Law 987（2009）。

②　参见 Srividya Ravi，Patent Analysis for Medicines and Biotherapeutics in Trials to Treat COVID-19，https：//www. southcentre. int/wp-content/uploads/2020/10/RP-120_reduced. pdf，visited on 18 February 2022。

③　英国已于 2020 年 1 月 31 日正式脱离欧盟。

④　参见 Competition D G，Pharmaceutical Sector Inquiry-Preliminary Report，https：//ec. europa. eu/competition/sectors/pharmaceuticals/inquiry/preliminary _ report. pdf，visited on 18 February 2022。

表 2-3　　　　　　　瑞德西韦核心专利的全球申请布局情况*

国别代码*	AU	AR	BR	CA	CN	EA	EP	ES	HK	ID	IL	IN	JP	KR	MD	MX	NZ	PH	SG	TW	US	VN	ZA
WO2009132135	✓		✓	✓	✓	✓	✓	✓		✓	✓	✓	✓		✓	✓		✓			✓	✓	✓
WO2012012776	✓		✓	✓	✓	✓	✓	✓		✓	✓	✓	✓		✓	✓		✓		✓	✓	✓	
WO2016069826	✓	✓	✓	✓	✓	✓	✓	✓	✓	✓	✓	✓	✓	✓	✓	✓	✓	✓	✓	✓	✓	✓	✓
WO2017049060	✓		✓	✓	✓		✓				✓	✓	✓			✓	✓	✓					

（数据来源：自行统计分析。）

*本表显示的仅是专利申请布局，而非授权专利。

**AU=澳大利亚；AR=阿根廷；BR=巴西；CA=加拿大；CN=中国；EA=欧亚专利局；EP=欧洲专利局；ES=西班牙；HK=中国香港；ID=印尼；IL=以色列；IN=印度；JP=日本；KR=韩国；MD=摩尔多瓦；MX=墨西哥；NZ=新西兰；PH=菲律宾；SG=新加坡；TW=中国台湾地区；US=美国；VN=越南；ZA=南非。

因此，药品试验数据专有保护在原研药市场独占国际地域范围方面也起到"兜底"作用，确立市场独占地域范围的"保底方案"。在这一制度下，无论药品专利等知识产权保护情况如何，均能获得确定的最低限度地域范围的市场独占。而专利等其他知识产权制度则还可以在此基础上进一步扩大市场独占的地域范围。

二、市场独占期对全球医药投资及研发产出的激励

药品试验数据专有与专利等知识产权制度的目的在于通过给予原研药一定的市场独占期，从而激励创新主体投入更多的资源用于研发，并实现更多的研发产出。

曼斯菲尔德（Mansfield）（1986）研究认为，如果没有专利给予的市场独占期，高达 65% 的药品都得不到商业开发，这一比例远远高于其他领域。[1]凯尔（Kyle）和麦加汉（McGahan）（2012）对发达和发展中成员实施 TRIPS 协定知识产权保护义务后的药品研发情况进行分析后发现，专利等知识产权保护促进了全球医药投资及研

---

[1]　参见 Edwin Mansfield, *Patents and Innovation: An Empirical Study*, 32 Management Science 175（1986）。

发产出。①盖斯勒(Gaessler)和瓦格纳(Wagner)(2019)等发现，预期的市场独占期时长对于药品上市许可率有显著影响，预期市场独占期每减少一年，将导致上市许可率降低 3.5 个百分点(该研究样本中的药品平均上市许可率为 30.5%)。② 对药品试验数据专有制度更有针对性的研究则指出，在美国延长专有保护期将能够激励更多的药品创新，并预测如果将化学药试验数据专有期限延长至 12 年，将能够使药企的利润提高 5%，从而在未来 40 年增加 228 个新药上市。③ 更有说服力的证据来源于罕见病用药市场独占期制度。统计发现，在美国与欧盟推出罕见病用药市场独占期制度后，罕见病用药资格认定数量和批准上市数量均呈现明显增长趋势。④

表 2-4 统计了 1988 年至 2022 年全球新上市创新化学或生物实体药物数量及其来源国家或地区分布。⑤ 从该表可看出，尽管在 1998—2007 年，全球上市创新化学或生物实体药物数量较之前有所减少，但在 2008 年以后数量又出现明显增长，尤其是 2018 年至 2022 年药品数量远超出此前统计的时间段。从国家来看，来源于美国的新上市创新药数量基本上保持着增长趋势。此外，2003 年后，来源于美日欧以外其他国家和地区的创新药数量呈

---

①　参见 Margaret K. Kyle & Anita M. McGahan, *Investments in Pharmaceuticals Before and After TRIPS*, 94 Review of Economics and Statistics 1157-1172 (2012)。

②　参见 Fabian Gaessler & Stefan Wagner, Patents, Data Exclusivity, and the Development of New Drugs, https：//rationality-and-competition. de/wp-content/uploads/2021/11/176. pdf, visited on 20 January 2022。

③　参见 Dana P. Goldman, *et al.*, *The Benefits from Giving Makers of Conventional 'Small Molecule' Drugs Longer Exclusivity over Clinical Trial Data*, 30 Health Affairs 87 (2011)。

④　参见杨莉：《TRIPS 框架下的中国药品试验数据保护》，知识产权出版社 2021 年版，第 170 页。

⑤　参见 EFPIA, The Pharmaceutical Industry in Figures (2008), https：//www. efpia. eu/media/15486/the-pharmaceutical-industry-in-figures-edition-2008. pdf, visited on 30 January 2024；EFPIA, The Pharmaceutical Industry in Figures (2023), https：//www. efpia. eu/media/rm4kzdlx/the-pharmaceutical-industry-in-figures-2023. pdf, visited on 30 January 2024。

现明显增长趋势。2018—2023 年来自中国的创新化学或生物实体药物数量达到 50 个，超过了日本。全球新上市药品趋势与 2005 年以后由于 WTO 许多发展中成员开始提供药品专利保护以及许多国家和地区通过与美欧签订 FTA、或基于自身发展需求提高药品知识产权保护水平从而使得药品知识产权国际保护水平提升基本相吻合。

表 2-4　　全球上市创新化学或生物实体药物数量及其占比

	1988—1992	1993—1997	1998—2002	2003—2007	2008—2012	2013—2017	2018—2022
美国	52　24.0%	66　29.6%	77　42.3%	66　45.8%	65　39.9%	100　40.7%	159　43.7%
欧洲	97　44.7%	90　40.4%	68　38.2%	48　33.3%	55　33.7%	77　31.3%	74　20.3%
日本	63　29.0%	61　27.4%	29　16.3%	15　10.4%	26　16.0%	30　12.2%	46　12.6%
其他	5　2.3%	6　2.7%	4　2.2%	15　10.4%	17　10.4%	39　15.9%	85*　23.4%
总量	217	223	178	144	163	246	364

（数据来源：根据 EFPIA 发布的 The Pharmaceutical Industry in Figures（2008）和 The Pharmaceutical Industry in Figures（2023）整理。

*2018—2023 年的"其他"包含来自中国企业的 50 个创新化学或生物实体药物。）

知识产权保护与药品研发外国直接投资（FDI）也存在密切关系。普加奇（Pugatch）等（2011 年）以美国、新加坡、英国、新西兰、澳大利亚、智利、中国、巴西、菲律宾、南非、印度和泰国共 12 个国家为研究对象，分析了药品知识产权保护与用于临床试验的外国直接投资（FDI）之间的关系。[①] 该研究发现，药品知识产权保护水平与 FDI 之间存在强正相关性，即更强的知识产权保护能够吸引更多的用于临床试验的 FDI。其中，针对中国和印度两个发展中人口大国的比较研究发现，中国药品知识产权保护强度高于印

---

① 参见 Meir P. Pugatch & Rachel Chu, *The Strength of Pharmaceutical IPRs vis-à-vis Foreign Direct Investment in Clinical Research：Preliminary Findings*，17 Journal of Commercial Biotechnology 308-318（2011）。

度，相应地，所吸引的 FDI 也高于印度。但知识产权保护强度与医药领域投资之间并非简单的正面促进关系。以约旦为例，约旦在与美国签订 FTA 并加强药品知识产权保护后，不仅没有吸引更多的 FDI，没有使本国医药企业增加创新药研发投入，而且也没有起到吸引国外药物到约旦上市的作用。① 因此，药品知识产权国际保护能否吸引更多的外商投资，还取决于其他各方面因素，包括税收、投资环境、贸易政策、生产政策和竞争规则等。②

与专利保护一样，药品试验数据专有保护的主要目的也在于激励更多的医药研发投入和创新产出。更具体而言，药品试验数据专有制度主要是保护和激励原研药企业通过临床前试验、临床试验等获取安全性、有效性数据所付出的巨大投资。尤其是在取得上市许可的原研药因各种原因未获得有效专利保护的情况下，如果没有药品试验数据专有保护，仿制药企业将无须支出相应研发成本就可以利用原研药企业取得的试验数据获得上市许可，导致原研药企业陷入与仿制药企业相比不利的竞争地位，也势必会影响原研药企业开展上市许可所需临床等试验的积极性。③

有观点认为，就鼓励更多的原研药企业开展临床前和临床试验来看，给予药品试验数据专有保护可能并没有激励作用。因为无论是否给予此种保护，原研药企业为了获得上市许可，都必须提交临床前和临床试验数据，即便没有药品试验数据专有保护，原研药企业也需要按照上市审批要求开展相关试验并获得上市所需的试验数

---

① 参见 Rohit Malpani, *All Costs, No Benefits：How the US-Jordan Free Trade Agreement Affects Access to Medicines*, 6 Journal of Generic Medicines 213-215 (2009)。

② 参见吴欣望、朱全涛：《专利经济学：基于创新市场理论的阐释》，知识产权出版社 2015 年版，第 93~98 页。

③ 参见 IFPMA, Encouragement of New Clinical Drug Development：The Role of Data Exclusivity, https：//www. who. int/intellectualproperty/topics/ip/en/Data Exclusivity_2000. pdf, visited on 20 January 2022。

据。① 但事实上，如果原研药企业在开展相关试验之前就已预期到药品上市后无法获得足够的市场独占期从而获得充足的利润，将会放弃继续开展昂贵的研发试验，转而将有限的资源投入其他仍可通过专利等制度获得充分市场独占期的药品甚至其他领域的研发当中。

　　还有观点认为，由于药品试验数据专有保护并不以"创造性"为基础，导致该制度更有可能阻碍创新而非激励创新。② 然而，从对社会所作贡献度来说，并没有证据证明不具有创造性的药品的价值就一定低于具有创造性的药品。③ 问题的关键不在于药品试验数据是否具有创造性，而在于其是否对社会具有价值，以及是否可以通过药品试验数据专有保护激励其有效供给。如果通过药品试验数据专有保护，有效地促进了药品研发从而激励更多的药品上市，则这一制度实现了其预期的目标价值。

　　当然，知识产权保护水平并非总是与药品创新激励呈正相关关系，保护水平超过某一临界点后，对创新可能不再具有激励作用。④ 但知识产权制度设计的难题在于，这一"临界值"受到多种因素的影响，难以精确地确定。有研究指出，对 2006 年 1 月 1 日至 2015 年 12 月 31 日美国新上市的 10 个抗癌药的分析发现，这些药品在批准上市后的中位数 4.0 年(0.8 年至 8.8 年)间，总销售收入达到 670 亿美元，而总研发投入则为 72 亿美元(计入机会成本则为 91 亿美元)。⑤ 对吉利德公司的索非布韦、诺华公司的伊马替尼

---

① 参见 Valerie Junod, *Drug Marketing Exclusivity Under United States and European Union Law*, 59 Food and Drug Law Journal 485（2004）。

② 参见 Valerie Junod, *Drug Marketing Exclusivity Under United States and European Union Law*, 59 Food and Drug Law Journal 483（2004）。

③ 参见 Valerie Junod, *Drug Marketing Exclusivity Under United States and European Union Law*, 59 Food and Drug Law Journal 483（2004）。

④ 参见 Lisa Diependaele, *et al.*, *Raising the Barriers to Access to Medicines in the Developing World – The Relentless Push for Data Exclusivity*, 17 Developing World Bioethics 18（2017）。

⑤ 参见 Vinay Prasad & Sham Mailankody, *Research and Development Spending to Bring a Single Cancer Drug to Market and Revenues After Approval*, 177 JAMA Internal Medicine 1569（2017）。

和罗氏公司的曲妥珠单抗所进行的个案分析也发现，这几个药物在批准上市后 3 年内的销售收入就超过了研发成本。① 但这些数据仅针对少数几种特定药品，并未从整个医药产业创新来进行制度考量，难以直接作为确定"临界值"的依据。也有学者对国际专利制度发展情况和美国创新之间的关系进行分析后认为，发展中国家加强专利保护虽然增加了美国药企所获得的利润，但并没有进一步促进美国创新。②这一方面可以解释为，美国药企从发展中国家加强专利保护所获取的"额外"利润超出了促进其当前创新水平的"临界值"，但另一方面似乎也可以认为这些"额外"利润尚未达到促进更高水平创新的"临界值"。

第三节　药品试验数据专有保护对药品全球可及性的影响

一、对药品可获得性的影响

药品试验数据专有等知识产权保护对特定国家和地区药品可获得性的影响具有多面性和复杂性，尤其是需要区分对原研药的可获得性和对仿制药的可获得性。

首先，知识产权保护总体上有利于促进原研药的可获得性。这是因为，在药品被研发出来之后，原研药企业从商业角度决策是否进入某一特定国家或地区市场时，知识产权保护是极为重要的因素。即便药品研发成功并在某些国家或地区上市后，进入新的市场仍然需要投入大量的资源用于补充临床试验、上市审批以及产品推

---

① 参见 Yuanqiong Hu, *et al.*, *Supplementary Protection Certificates and Their Impact on Access to Medicines in Europe：Case Studies of Sofosbuvir, Trastuzumab and Imatinib*, 13 Journal of Pharmaceutical Policy and Practice 5-6（2020）。

② 参见 Larry D. Qiu & Huayang Yu, *Does the Protection of Foreign Intellectual Property Rights Stimulate Innovation in the US?*, 18 Review of International Economics 892（2010）。

广等。如果其原研药在该国家或地区上市后，无法获得充分的市场独占期从而获得充足的利润，原研药企业将缺乏进入该国家或地区的动机。与专利制度相比，药品试验专有制度在原研药上市后可获得的市场独占期方面提供了更高的法律确定性，从而更有利于提高原研药的可获得性。针对不同市场的研究表明，建立了药品试验数据专有制度的国家和地区的原研药可获得性是尚未建立这一制度的国家或地区的 3 倍。①

其次，药品试验数据专有等知识产权保护对仿制药可获得性的影响则更为复杂。一方面，知识产权制度给予原研药一定的市场独占期，从而将延缓仿制药上市；但另一方面，知识产权制度通过提高原研药的可获得性，从长期来看又有助于提高仿制药的可获得性。这是因为，药品作为一种受到国家强监管的特殊产品，无论是原研药还是仿制药，都需要证明其满足有效性、安全性等要求后才能获得上市许可。在原研药未获得相关监管部门审批的情况下，仿制药也无从仅通过证明其与原研药等效而获得上市许可。即便监管部门允许仿制药企业通过证明与国外已上市原研药具有等效性而获得上市，由于人群差异等原因，仿制药企业也仍然可能需要通过临床试验来对其安全性、有效性进行验证。这使得仿国外上市药品的仿制药需要付出更高的成本才能获得上市，并且在后续的药品推广、安全监测等方面也需要付出更高的成本。而且，通过此种方式获得上市的仿制药往往难以通过知识产权保护获得市场独占期，使得仿制药企业更加缺乏通过此种方式获得仿制药上市的商业动机。

最后，在制度设计不够合理的情况下，药品试验数据专有也会不合理地延缓原研药和仿制药的上市，从而对药品可获得性产生不

---

①　参见 Copenhagen economics, Regulatory Data Protection for Pharmaceuticals: How adopting regulatory data protection will impact patients, industry, and Brazilian society, https://copenhageneconomics.com/wp-content/uploads/2023/03/Regulatory-Data-Protection-for-Pharmaceuticals-in-Brazil_092023.pdf, visited on 18 December 2023。

利影响。如前文所述，美国部分 FTA 限制"国际依赖"，规定缔约方应当对全球范围内任何国家和地区上市的符合条件的药品提供药品试验数据专有保护，期限是自该药品在缔约方本国领土内获得上市许可之日起至少五年。这可能导致原研药在全球任何地方首次上市之后，只要不在缔约方本国上市，就可以不受期限限制地阻止仿制药依赖该原研药在其他国家和地区上市许可相关证据在该缔约方本国获得上市许可。其结果后，如果原研药不在缔约方本国上市，则该缔约方既无原研药上市，也无仿制药上市。虽然在理论上，其他仿制药企业仍然可以通过开展临床试验等获得完整试验数据而获得相同或类似药品的上市许可，但实践中由于临床试验等需要付出高昂的成本、发展中国家和地区市场相对较小、原研药企业仍然可能随时进入相关市场而与之竞争以及对已上市药品重复开展临床试验的伦理道德问题等因素，其他企业几乎不可能选择通过此种方式进入市场。其最终结果就是，这些国家和地区境内的患者既不能获得原研药，更无法获得仿制药。在国际药品市场上，跨国原研药企业推迟在发展中国家上市其新药的原因可能有很多，包括发展中国家患者对药品价格的承受能力、市场规模等因素。出于商业利益考量，跨国原研药企业更不愿意以比发达国家更低的价格进入发展中国家，因为这可能由于发达国家施加的压力、平行进口等原因导致全球药品价格也随之降低，从而降低其能够从该药品中获得的利润。① 但原研药企业采取的这种商业策略显然会直接影响到广大发展中国家的药品可获得性。

二、对药品可负担性的影响

一般认为，药品知识产权制度会提高药品价格，对药品可负担性造成负面影响。与原研药相比，仿制药研发周期更短，成本更低，因此价格也更为低廉。美国 FTC 在 2009 年的报告中指出，小分子仿制药申请一般仅需要三至五年的研发时间，一百至五百万美

---

① 参见 Animesh Sharma, *Data Exclusivity with Regard to Clinical Data*, 3 The Indian Journal of Law and Technology 101（2007）。

元的研发成本。① 因此，一旦原研药的市场独占期届满、仿制药上市后，药品价格将出现"断崖式"下降，从而提高药品的可负担性。平均来说，仿制药价格仅为原研药价格的 30%左右甚至更低。② 正因为如此，原研药丧失市场独占期后，其市场很快就会被仿制药所抢占。对美国 2009 年至 2013 年丧失市场独占期的 6 个药品的分析发现，仿制药平均仅需 3 个月甚至更短时间就能占有 60% 的市场。③

药品试验数据专有保护单独或通过与专利保护等联合，给予原研药一定的市场独占期，延缓了仿制药上市时间，从而影响药品可负担性。由于与专利制度相比，药品试验数据专有保护更有利于原研药在更多的国家获得确定期限的市场独占期，因此这一制度对全球药品的可负担性，尤其是对发展中国家的药品可负担性造成比专利制度更为显著的影响。针对有关国家的实证研究似乎也能证实这一点。

以与美国签订 FTA、实施药品试验数据专有保护的发展中国家约旦为例。美国-约旦 FTA 于 2001 年正式生效实施，有研究表明到 2006 年约旦的药品价格相比于 2002 年升高了 20%；在协定生效后至 2006 年中注册上市并享有市场独占期的 108 个药品中，仅有 5 个受到专利保护，其余 103 个药品中至少有 79%（81 个）仅依赖药品试验数据专有获得市场独占期，一般而言约旦的仿制药价格要比

---

① 参见 FTC, Emerging Health Care Issues: Follow-On Biologic Drug Competition: Federal Trade Commission Report, https://www.ftc.gov/sites/default/files/documents/reports/emerging-health-care-issues-follow-biologic-drug-competition-federal-trade-commission-report/p083901biologicsreport.pdf, visited on 18 February 2022。

② 参见 Jack DeRuiter & Pamela L. Holston, *Drug Patent Expirations and the "Patent Cliff"*, 37 U. S. Pharmacist 12-20（2012）。

③ 参见 Murray L. Aitken, *et al.*, *The Regulation of Prescription Drug Competition and Market Responses: Patterns in Prices and Sales Following Loss of Exclusivity*, in Ana Aizcorbe, *et al.* eds., Measuring and Modeling Health Care Costs, University of Chicago Press, 2018, p. 251。

原研药便宜 30%～80%，仿制药的缺乏导致约旦政府和患者需要为这 81 个药品多花费 630 万至 2204 万美元，相当于医药领域消费总额的 1.2%～4.4%；与邻国埃及相比，有些药品在约旦的价格是埃及仿制药的 8 倍之多。①

位于中美洲的危地马拉以及东南亚的越南情况也类似。有研究指出，美国-中美洲-多米尼加 FTA 生效后，危地马拉根据协定要求实施了药品试验数据专有制度，给予符合条件的药品 5 年或 15 年的药品试验数据专有保护。这使得仿制药在危地马拉上市时间被推迟，甚至有些已批准的仿制药上市许可也被撤销，从而大幅推高了原研药价格，例如受药品试验数据专有保护的胰岛素价格提高了846%。② 越南 2000 年与美国签订双边贸易协议，其中规定了原则上不短于五年的药品试验数据专有制度。2000 年至 2005 年，由于药品价格的上涨，越南政府医疗支出增长了 3 倍，其中抗逆转录病毒药品的价格是国际上相同药品最低价格的 5～7 倍。③

即便是对于澳大利亚这样的发达国家，也有研究表明通过与美国签订 FTA 引入药品试验数据专有等高水平药品知识产权保护后，也同样因仿制药上市延缓、药价上涨而加重政府和患者负担。④

欧盟贸易伙伴国也有类似的实例。欧盟-乌克兰 FTA 于 2014 年 6 月签署后，乌克兰建立了基础保护期为 5 年并且在满足相关条件

---

① 参见 Rohit Malpani, *All Costs, No Benefits: How the US-Jordan Free Trade Agreement Affects Access to Medicines*, 6 Journal of Generic Medicines 208-213（2009）。

② 参见 Ellen R. Shaffer & Joseph E. Brenner, *A Trade Agreement's Impact on Access to Generic Drugs: The Central America Free Trade Agreement Has Kept some Generic Drugs from Guatemala even Though They're Available in the United States*, 28 Health Affairs w961-w963（2009）。

③ 参见 Sean Baird, *Magic and Hope: Relaxing TRIPS-plus Provisions to Promote Access to Affordable Pharmaceuticals*, 33 Boston College Journal of Law and Justice 128（2013）。

④ 参见杨静：《自由贸易协定知识产权条款研究》，法律出版社 2013 年版，第 161～162 页。

下可延长 1 年的药品试验数据专有制度。① 这对丙肝治疗药品索非布韦在乌克兰的可负担性造成了直接影响。埃及仿制药企业 Pharco 公司于 2014 年 11 月首个向乌克兰药品上市审批机构提交了索非布韦仿制药上市许可申请；但此后原研药企业吉利德公司于 2015 年 6 月申请该药品上市并于 2015 年 10 月获得许可。在 Pharco 公司于 2015 年 12 月获得仿制药上市许可后，吉利德公司以其享有索非布韦药品试验数据专有保护为由，向乌克兰法院提起诉讼，并威胁提出投资者-东道国之诉。慑于吉利德公司的威胁，乌克兰政府最终撤回了给予 Pharco 公司的仿制药上市许可，从而确立了吉利德公司在乌克兰市场就索非布韦的市场独占地位。②

但也有研究认为，在新建立药品试验数据专有制度后，虽然短期内(5~10 年)会显著增加国民医疗支出，但 5~10 年后这一影响就逐渐消失。③ 其原因主要在于：一是对于大多数原研药品而言，药品试验数据专有保护并不会延长其市场独占期；二是由于药品试验数据专有制度而得以新上市的原研药品可以节约其他甚至将来的医疗支出；三是市场机制可以对医疗预算进行调节和控制。④

---

① 参见 Klochko T. Yu, Supplementary Patent Protection and Data Exclusivity in the Public Health Scope：Legislation of Ukraine and the EU Context, https：//doi. org/10. 30525/978-9934-571-83-1-8, visited on 19 January 2022。

② 参见 Pascale Boulet, *et al.*, European Union Review of Pharmaceutical Incentives：Suggestions for Change, https：//medicineslawandpolicy. org/wp-content/ uploads/2019/06/MLP-European-Union-Review-of-Pharma-Incentives-Suggestions-for-Change. pdf, visited on 20 January 2022。

③ 参见 Copenhagen economics, Regulatory Data Protection for Pharmaceuticals：How adopting regulatory data protection will impact patients, industry, and Brazilian society, https：//copenhageneconomics. com/wp-content/uploads/2023/03/Regulatory-Data-Protection-for-Pharmaceuticals-in-Brazil_092023. pdf, visited on 18 December 2023。

④ 参见 Copenhagen economics, Regulatory Data Protection for Pharmaceuticals：How adopting regulatory data protection will impact patients, industry, and Brazilian society, https：//copenhageneconomics. com/wp-content/uploads/2023/03/Regulatory-Data-Protection-for-Pharmaceuticals-in-Brazil_092023. pdf, visited on 18 December 2023。

仅从单个药品的原研药和仿制药的价格来进行比较，似乎不难得出药品试验数据专有制度将对药品可负担性造成负面影响的这一结论。但事实上这两者之间的关系并非简单因果关系，而是还涉及其他许多复杂的因素。

首先，与单个药品价格相比，社会医疗支出更适合用于评价药品可负担性。在有些情况下，虽然单个创新药价格高昂，但如果因该药品的上市能够节约患者其他方面的医疗支出，包括节约将来可能的医疗支出，则可能会降低整体医疗支出或使得医疗支出增加并不显著。此时，因药品试验数据专有等知识产权保护而促使药品尽早上市（即提高药品可获得性），事实上可能会起到降低社会医疗总体支出的效果。

其次，在以社会医疗支出作为药品可负担性评价指标时，需要结合药品可获得性进行分析。在社会医疗支出因加强知识产权保护而显著增加的情况下，其在很大程度上也可能是由于提高了创新药品可获得性的结果。也就是说，由于加强知识产权保护，有更多的创新药上市，从而表面上看起来增加了医疗支出。例如，在前文提到的约旦案例中，在建立药品试验数据专有制度后，约80%的药品仅依赖药品试验数据专有获得市场独占期。这可能是因为药品试验数据的建立提高了创新药的可获得性。如果没有药品试验数据专有制度，其中的一部分创新药由于不能获得确定的市场独占期而选择不在约旦上市，虽然医疗支出不会增加，但患者也无法获得所需的药品。

最后，即便从短期社会医疗支出或单个药品价格角度看，药品试验数据专有制度对药品可负担性的影响也取决于相关国家或地区的现有专利等其他知识产权保护水平以及新建立的药品试验数据专有制度的具体设计。由于药品试验数据专有保护与专利保护平行运行、相互补充，对于专利制度本身已较为完善且原研药企业已有专利布局的国家和地区，由于较大一部分药品的专利保护期比药品试验数据专有保护期限更长，药品试验数据专有保护影响的药品相对较少，对社会医疗支出的影响也就会相对有限。而对于专利制度不够完善或由于市场等原因原研药企业鲜有专利布局的国家和地区，则在新建立药品试验数据制度后会受到更显著的影响。前文提及的约旦、危地马拉甚至越南等都可能属于此种情形。此外，新建立的制度是否有追溯力（即是否能导致已上市仿制药的上市许可的撤销）等也会对短期社会医疗支出或单个药品价格产生直接影响。

从上述针对药品可获得性和可负担性影响的分析可知，就药品可及性而言，原研药和仿制药之间并不是对立或者简单竞争关系。在药品监管制度完善的国家和地区，即便在原研药未获得知识产权保护的情况下，也并不意味着仿制药就能获得上市并以更为低廉的价格满足患者需求。这是因为，如果原研药未获得上市许可，仿制药即便通过以境外上市原研药作为参比制剂的方式申请上市许可，也需要付出相比于普通仿制药（仿国内原研药的仿制药）更高的成本。而且，由于仿制药更难以通过知识产权保护获得市场独占期，仿制药企业可能会更缺乏足够的商业动机付出更高的成本来通过此种途径获得仿制药上市许可。也就是说，即便在没有知识产权保护的情况下，也难以出现仿制药与原研药"自由竞争"的局面。相反，有效的知识产权保护有利于激励原研药企业投入必要的成本（即便不考虑药品研发所需成本）获得上市许可，在提高原研药可获得性的同时，也有利于仿制药在原研药知识产权保护期限届满后的上市。

三、对公共健康危机应对的影响

（一）对专利实施强制许可实施的影响

专利实施强制许可制度是面临公共健康危机等特殊情况下提高药品可及性的重要制度。无论是《巴黎公约》还是 TRIPS 协定，均规定了专利实施强制许可措施。多哈宣言更是进一步重申，各成员有权实施专利强制许可，也有权自主决定强制许可理由，以及确定全国紧急状况或其他极端紧急情况。为解决 TRIPS 协定第 31 条要求专利强制许可生产的产品"主要"供应本国市场而导致没有药品生产能力或能力不足的 WTO 成员难以利用强制许可制度获得仿制药的问题，WTO 总理事会于 2003 年 8 月 30 日通过了《关于 TRIPS 协定与公共健康多哈宣言第六段的执行决议》，同意豁免 TRIPS 协定第 31 条(f)项义务，允许 WTO 成员将强制许可生产的药品出口到符合条件的其他成员。2005 年 WTO 总理事会通过决定，将上述决议作为一项 TRIPS 协定修正案。该修正案已于 2017 年 1 月 23 日正式生效。

然而，无论是何种类型的专利实施强制许可，均可能面临药品试验数据专有保护的障碍，导致无法生产或进口解决公共健康问题所需的药品。[①]

对于以供应国内市场、解决国内公共健康问题为目的的专利实施强制许可，无论是通过国内生产、还是通过进口获得的药品，其上市的前提都是需要取得药品上市审批机关的上市许可。为获得上市许可，除非药品生产或进口者提交自行取得的试验数据，否则需要依赖原研药的安全性、有效性信息，从而受到药品试验数据专有保护的限制。然而，要求药品生产或进口者提交自行取得的试验数据来获得上市许可，在专利实施强制许可的情况几乎是不可能的。因为这不仅会极大地提高生产相关仿制药的成本，而且还会极大地延长药品上市所需时间，不利于公共健康问题的及时解决。

以欧盟国家为例，2016 年欧盟成员国罗马尼亚试图通过给予专利实施强制许可进口治疗丙肝的药品索非布韦，但由于其药品试验数据专有保护期直至 2024 年才届满，最终只好作罢。[②] 此外，包括法国、荷兰、挪威、英国、瑞典等在内的多个欧盟成员国也曾考虑通过给予专利实施强制许可，进口可负担的丙肝和癌症药品等，但考虑到这些药品因仍在试验数据专有保护期限内而无法获得

---

① 参见 WTO, WIPO & WHO, *Promoting Access to Medical Technologies and Innovation: Intersections between Public Health, Intellectual Property and Trade (2nd Edition)*, World Health Organization, 2020, pp. 60-61。

② 参见 Andreas Oser, *The COVID-19 Pandemic: Stress Test for Intellectual Property and Pharmaceutical Laws*, 70 GRUR International 851 (2021)。

上市许可，最终放弃了这一计划。① 欧盟委员会在答复欧洲仿制药协会（European Generic Medicines Association）有关给予药品专利实施强制许可情况下药品试验数据专有保护相关问题时指出，"欧盟当前药品相关制度没有包含任何允许豁免药品试验数据专有和市场保护期的规定。"②

即便是用于出口目的给予专利实施强制许可的药品，其生产和出口许可也同样可能受到药品试验数据专有保护的限制。例如，加拿大规定通过强制许可生产的用于出口的药品也需要满足其国内药品上市许可要求。③ 在这种情况下，通过专利实施强制许可生产的药品在生产国的上市许可也同样会遭遇原研药试验数据专有保护的阻碍。为解决这一问题，加拿大规定，在为出口药品目的实施专利强制许可生产仿制药的情况下，可以不受 6 年"不受理"的药品试验数据专有保护的限制，但仍受限于 2 年的"不批准"保护。④ 欧盟也通过立法建立了类似制度，规定当通过专利实施强制许可生产的药品全部用于出口时，可以豁免药品试验数据专有保护。具体而言，在此种情况下，强制许可申请人可以利用欧盟药品管理局的科

---

① 参见 Pascale Boulet, et al., European Union Review of Pharmaceutical Incentives： Suggestions for Change, https：//medicineslawandpolicy. org/ wp-content/ uploads/2019/06/MLP-European-Union-Review-of-Pharma-Incentives-Suggestions-for-Change. pdf, visited on 20 January 2022。

② European Commission, Letter from the European Commission to Mr Greg Perry, EGA-European Generic Medicines Association on the Subject of Tamiflu Application and Data Exclusivity in an Emergency Compulsory License Situation, https：//www. keionline. org/wp-content/uploads/ec-de-tamiflu. pdf, visited on 20 January 2022.

③ 参见 Richard Elliott, *Pledges and Pitfalls*： *Canada's Legislation on Compulsory Licensing of Pharmaceuticals for Export*, 1 International Journal of Intellectual Property Management 103（2006）。

④ 参见 Food and Drug Regulations（last amended on 2023-11-24）, C. 08. 004. 1(7)； Guidance Document： Data Protection under C. 08. 004. 1 of the Food and Drug Regulations（Date adopted： 2009-03-11； Revised date： 2021-04-08）, Section 3. 5。

学意见程序(scientific opinion procedure)或成员国的类似程序，来评估药品的安全性和有效性。在这一程序中，欧盟药品管理局或欧盟成员国药品上市审批机关通过与世界卫生组织的合作来给出相关科学意见，并且可以不受欧盟药品试验数据专有保护条款的限制。①

(二)对实施 WTO 相关药品知识产权豁免提案的影响

为解决新冠病毒疫苗短缺等问题，南非和印度于 2020 年 10 月 2 日向 TRIPS 理事会提出提案，建议为预防、遏制、治疗新冠疫情目的，豁免成员有关版权及相关权、工业设计、专利和未披露信息的保护和实施义务。② 几经波折，WTO 最终于 2022 年 6 月 12-15 日举行的第 12 次部长会议会就新冠疫苗知识产权的豁免问题作出了决定。③ 最终通过的决定主要内容是对 TRIPS 协定第 31 条规定的专利强制许可相关义务进行澄清和豁免，但其中也涉及协定第 39 条第 3 款的规定。决定第 4 段规定，"认识到 COVID-19 疫苗的及时可获得性和可及性的重要性，应当理解协定第 39 条第 3 款不会阻止适格成员迅速批准依据本决定生产的 COVID-19 疫苗的使用。"

这一豁免决定为发展中成员提供了适用 TRIPS 协定相关条款的重要灵活度。虽然决定仅适用于新冠疫苗，而未建立适用于应对其他公共健康危机所需疫苗、药物和诊断试剂的普遍性规则，但其

---

① 参见 Regulation (EC) No 816/2006 of the European Parliament and of the Council of 17 May 2006 on Compulsory Licensing of Patents Relating to the Manufacture of Pharmaceutical Products for Export to Countries with Public Health Problems, Article 18。

② 参见 WTO. Waiver from Certain Provisions of the TRIPS Agreement for the Prevention, Containment and Treatment of Covid-19. Council for Trade-Related Aspects of Intellectual Property Rights (Communication from India and South Africa), IP/C/W/669, 2 October 2020。

③ 参见 WTO. Ministerial Decision on the Trips Agreement, WT/MIN(22)/30, WT/L/1141, 17 June 2022。

所创立的模式可能会在将来应对特定公共健康危机时所沿用。

但是，对于那些根据与其他国家或地区签订的 FTA 提供药品试验数据专有保护的 WTO 成员而言，在适用 WTO 豁免决定时，仍然可能面临来自药品试验数据专有保护的障碍。即便是在相关 FTA 允许缔约方根据 WTO"现有及将来"的豁免决定豁免 FTA 相关知识产权保护义务的情况下，由于药品试验数据专有保护是否属于 TRIPS 协定下的义务在国际上仍然存在争议，该豁免决定是否可以豁免药品试验数据专有保护义务仍然存在很多的不确定性。

具体而言，豁免决定虽然明确"协定第 39 条第 3 款不会阻止适格成员迅速批准依据本决定生产的 COVID-19 疫苗的使用"，但如果药品试验数据专有保护并不是 TRIPS 协定第 39 条第 3 款的义务，则即便相关 FTA 允许缔约方依据 WTO 豁免规定豁免相关知识产权保护义务，豁免范围也难以涵盖药品试验数据保护。易言之，如果要将 WTO 豁免决定适用于依据 FTA 规定建立的药品试验数据专有保护，则其前提在于这一制度属于 TRISP 协定义务，且 FTA 相关条款对 WTO 豁免决定的适用作出了规定。这可能会对豁免决定的适用以及 TRIPS 协定第 39 条第 3 款的解释都产生影响，也对相关已有 FTA 条款的解释以及将来 FTA 的条款设计提出了新的问题。

第四节 药品试验数据专有保护与药品全球可及性的协调与平衡

一、公共健康、药品研发和药品可及性的全球公共产品属性

(一) 全球公共产品的概念及意义

近年来，随着公共产品理论的发展，公共产品理念已广泛地用于全球公共卫生治理领域的相关探讨。1954 年，萨缪尔森（Samuelson）从经济学角度给出了公共产品的经典定义，他将社会

产品根据消费的竞争性和受益的排他性划分为公共产品和私有产品。①公共产品的特征主要包括受益的非排他性和消费的非竞争性。公共产品一旦得以提供，将无法或难以排除其他任何人从该公共产品中受益，即具有受益的非排他性；同时，与私有产品不同，一个人对公共产品的消费不会影响他人对该产品的消费，不会减损该产品的质量和数量，即具有消费的非竞争性。② 公共产品受益的非排他性和消费的非竞争性也称为"消费的公共性"。③ 从外部性来看，"公共产品可以理解为外部性的一种特殊情况，即具有正外部性的产品"。④ 例如，注射疫苗进行免疫接种不仅可以保护个体不受感染，还能通过形成群体免疫而使更广泛的人群获益，具有明显的正外部性。

产品消费"公共性"和"私有性"在很多情况下并非其固有特征，更多地是体现了社会政策以及相关主体的选择。⑤ 例如，"众多国家实践表明基本医疗产品如诊病、治病，就其物质形态，仍然具有消费的排他性，但它却是一种现代公共产品。针对富人的奢侈性医疗保健品，却仍然通行竞争性私人产品方式"。⑥ 这体现了政策制定者从公共需求所作出的政策选择。因此，从来源上说，公共产品可分为天然公共产品（如空气）、人造公共产品（例如规则和知识）

---

① 参见 Paul A. Samuelson, *The Pure Theory of Public Expenditure*, 36 Review of Economics and Statistics 387-389（1954）。

② 参见 Inge Kaul, *et al.*, *Understanding Global Public Goods*：*Where We Are and Where to Next*, in Inge Kaul ed., Global Public Goods, Edward Elgar, 2016, p. xv。

③ Inge Kaul, *et al.*, *Understanding Global Public Goods*：*Where We Are and Where to Next*, in Inge Kaul ed., Global Public Goods, Edward Elgar, 2016, p. xv.

④ 张维迎：《经济学原理》，西北大学出版社 2015 年版，第 313 页。

⑤ 参见 Inge Kaul, *et al.*, *Understanding Global Public Goods*：*Where We Are and Where to Next*, in Inge Kaul ed., Global Public Goods, Edward Elgar, 2016. p. xv。

⑥ 刘诗白：《科技文化、知识产品、自然财富、公共产品理论》，四川人民出版社 2018 年版，第 228 页。

以及政策结果或条件(例如世界和平、环境可持续性)。①

　　全球公共产品是从受益群体范围角度来定义的公共产品。② 一般认为,全球公共产品是指"能够使超过一个国家的人群受益,且不会损害任何其他人群或后代人群的公共产品"③,这也是迄今为止最为广泛接受的全球公共产品概念。④ 在国际法上,与全球公共产品最为接近的概念是人类"共同关切"。⑤ 相关产品的提供是否与解决人类"共同关切"相关,也是判断其是否属于全球公共产品的一个重要考量因素。虽然一般认为个体健康属于"私人产品"⑥,但全球公共产品这一理念在全球公共健康政策分析以及全球公共卫生治理当中已得到了广泛的应用。与健康相关的全球公共产品也被称为"全球卫生公共产品"(Global Public Goods for Health),典型的全球卫生公共产品例如包括药品知识和技术、公共政策以及健康系统(health system)。⑦

　　区分全球公共产品和非全球公共产品的主要目的在于通过国际合作来解决全球公共产品供应不足的问题。公共产品的消费公共性

① 参见蔡拓、杨雪冬、吴志成主编:《全球治理概论》,北京大学出版社 2016 年版,第 131 页。

② 参见 Richard D. Smith, *Global Public Goods and Health*, 81 Bulletin of the World Health Organization 475 (2003)。

③ Inge Kaul, *et al.*, *Defining Global Public Goods*, in Inge Kaul, *et al.* eds., Global Public Goods: International Cooperation in the 21st Century, Oxford University Press, 1999, p. 16.

④ 参见黄智虎:《公共产品与国际合作——评〈合作的动力——为何提供全球公共产品〉》,载《国际政治科学》2013 年第 3 期,第 110 页。

⑤ 参见 Daniel Bodansky, *What's in a Concept? Global Public Goods, International Law, and Legitimacy*, 23 European Journal of International Law 654 (2012)。

⑥ 参见 Wolfgang Hein, *Control of Communicable Diseases as a Global Public Good*, 5 Med One 5 (2020)。

⑦ 参见 David Woodward & Richard D. Smith, *Global Public Goods and Health: Concepts and Issues*, in Richard D. Smith, *et al.* eds., Global Public Goods for Health: Health Economic and Public Health Perspectives, Oxford University Press, 2003, pp. 13-15。

特征容易导致"搭便车"或"囚徒困境"现象，仅通过市场机制往往难以实现有效供给，因此传统经济学认为需要政府的参与和介入。① 全球公共产品也与此类似，仅通过市场难以有效解决全球公共产品的供给问题，因此也需要通过国际治理和国际合作来解决。② 因此，在全球治理语境下，全球公共产品这一概念并不完全是从经济学出发，其范围往往取决于政策制定者的决策和选择，而其背后则是为了平衡不同利益的政策考量。③ 本书对全球卫生公共产品的讨论，也是建立在这一基础之上，即从全球公共卫生治理角度，从解决全球公共健康问题相关的社会、经济和政治因素出发进行讨论。④

(二)公共健康的全球公共产品属性

预防和控制传染性疾病以及根除传染性疾病属于"典型"的全球公共产品，已成为普遍认可的观点。⑤ 联合国开发计划署等国际组织也将传染病控制列为最为重要的几类全球公共产品之一。⑥ 其背后的原因显而易见：包括艾滋病、新冠肺炎等在内的全球传染性疾病会对全球各国人群都造成生命财产损失，控制乃至根除这些传

---

① 参见张维迎：《经济学原理》，西北大学出版社 2015 年版，第 318～319 页。

② 参见 Daniel Bodansky, *What's in a Concept? Global Public Goods, International Law, and Legitimacy*, 23 European Journal of International Law 655 (2012)。

③ 参见 Nerina Boschiero, *COVID-19 Vaccines as Global Common Goods: An Integrated Approach of Ethical, Economic Policy and Intellectual Property Management*, Global Jurist 12-13 (2021)。

④ 参见 Nerina Boschiero, *COVID-19 Vaccines as Global Common Goods: An Integrated Approach of Ethical, Economic Policy and Intellectual Property Management*, Global Jurist 14 (2021)。

⑤ 参见 David Gartner, *Global Public Goods and Global Health*, 22 Duke Journal of Comparative & International Law 307 (2012)。

⑥ 参见晋继勇：《全球卫生治理的"金德尔伯格陷阱"与中国的战略应对》，载《国际展望》2020 年第 4 期，第 45 页。

染性疾病可以使全人类受益，具有典型的消费公共性特点。疾病根除更是被认为属于"纯粹的卫生公共产品"。① 消灭天花就是一个典型案例，所有国家及其国民均能从中受益，概莫能外。即便是对于暂时尚不能根除的传染病，例如艾滋病、新冠肺炎等，接种疫苗进行预防或通过药物进行治疗或控制，不仅能使个人受益，也能够降低他人被感染的概率。从国际上来看，一个国家或地区对传染性疾病的有效控制，也能够有效降低其他国家的风险。

即便是对于与非传染性疾病相关的公共健康，也同样具有全球公共产品属性。随着全球化的进程，控制不同类型疾病所带来的"私利"与"公利"之间的界限逐渐变得模糊②，无论是传染性疾病还是非传染性疾病，其均构成人类"共同关切"。对于非传染性疾病而言，虽然从表面上看起来主要影响的是患者私人利益，但其集合效应最终会影响到国家、地区乃至全球经济③；而控制这些疾病所带来的益处，包括资源节约、生产力提高、社会稳定等，也同样会具有全球性特征，为全球人群所共享。对非传染性疾病的控制和根除也会产生使全人类受益的正外部性。正是这种显著的正外部性，与此相关的公共健康至少应当在政策上被当作全球公共产品进行对待。④

---

① 黄河、王润琦等：《治理、发展与安全：公共产品与全球治理》，上海交通大学出版社 2021 年版，第 15 页。

② 参见 Lincoln C. Chen, *et al.*, *Health as a Global Public Good*, in Inge Kaul, *et al.* eds., Global Public Goods：International Cooperation in the 21st Century, Oxford University Press, 1999, p. 285。

③ 参见 Sundeep Sahay, *Free and Open Source Software as Global Public Goods？：What are the Distortions and how do we Address Them？*, 85 The Electronic Journal of Information Systems in Developing Countries e12080（2019）。

④ 参见 David Woodward & Richard D. Smith, *Global Public Goods and Health：Concepts and Issues*, in Richard D. Smith, *et al.* eds., Global Public Goods for Health：Health Economic and Public Health Perspectives, Oxford University Press, 2003, p. 23。

(三) 药品研发的全球公共产品属性

药品研发是攻克疾病、维护全球公共健康的基础。药品研发本质上是新药品和医疗知识的供给。知识一旦得以提供，在没有受到知识产权保护的情况下，便具有全球范围内非排他性和非竞争性特点，具有典型的全球公共产品属性。① 医药知识与全球疾病控制、公共健康维护密切相关，因此也被认为是重要的全球卫生公共产品。②

在现代医疗技术条件下，大多数医药知识一般需要通过药品来体现和承载，而难以被普通患者和公众直接消费和利用。药品所包含和承载的知识包括治疗活性成分、适应证、组合物构成、生产工艺、用法用量以及药品安全性、有效性信息等。例如，对于治疗用药品而言，"一定含量的化合物 X 可以安全、有效地治疗疾病 Y"即是一种有价值的全球卫生公共产品。③

在医药知识属于全球公共产品的情况下，供给新医药知识的药品研发也同样具有消费的非排他性和非竞争性的特点，任何人均可从中受益而不会损害其他人从该研发活动的受益。药品和健康技术的研发因此被公认为是维护公共健康的关键全球公共产品之一。④

---

① 参见 Joseph E. Stiglitz, *Knowledge as a Global Public Good*, in Inge Kaul, *et al.* eds., Global Public Goods: International Cooperation in the 21st Century, Oxford University Press, 1999, pp. 308-311。

② 参见 Jayati Ghosh, *Medical Knowledge*, in Richard D. Smith, *et al.* eds., Global Public Goods for Health: Health Economic and Public Health Perspectives, Oxford University Press, 2003, pp. 120-121。

③ 参见 Suerie Moon, *et al.*, *Global Public Goods for Health: Weaknesses and Opportunities in the Global Health System*, 12 Health Economics, Policy and Law 199 (2017)。

④ 参见 Suerie Moon, *et al.*, *Global Public Goods for Health: Weaknesses and Opportunities in the Global Health System*, 12 Health Economics, Policy and Law 199 (2017)。

(四) 药品可及性的全球公共产品属性

药品研发成功后，药品分配的可及性是最终实现公共健康这一全球公共产品有效供给的关键。考尔等将全球公共产品分为最终公共产品和中间公共产品两大类：最终公共产品表现为一种结果，例如环境、和平以及财政稳定；中间公共产品则是指对最终公共产品的供给作出贡献的产品。① 公共健康作为通过国际合作积极追求的结果状态，显然属于这一分类中的最终全球公共产品。而与公共健康这一最终全球公共产品供给直接密切相关的药品全球可及性，则可被归类为中间公共产品。

尽管针对疫苗等药品的全球公共产品属性问题，基于不同视角或不同政策考量可能存在不同观点，但对于药品可及性的全球公共产品属性，则在国际上具有一定的共识。在 2020 年 5 月 19 日由世界卫生大会(WHA)通过的《应对 COVID-19 疫情》(WHA73.1)这一文件的谈判过程中，各方就作为全球公共产品的应当是"疫苗接种"还是"疫苗本身"这一问题产生了分歧。② 在最终通过的文件中，所采取的表述是"认识到广泛的 COVID-19 免疫接种作为全球公共产品在预防、遏制和阻止传播以结束这一大流行病方面发挥的作用"③，即所达成的共识是：广泛的 COVID-19 免疫接种属于全球公共产品。其背后的原因在于，作为"物"的疫苗本身不具有完全的消费非排他性和非竞争性，而作为一种结果或者状态的免疫接

---

① 参见 Inge Kaul, *et al.*, *Defining Global Public Goods*, in Inge Kaul, *et al.* eds., Global Public Goods: International Cooperation in the 21st Century, Oxford University Press, 1999, p.13。

② 参见 James Love, The Use and Abuse of the Phrase "Global Public Good": A Flawed Understanding of the Concept of "Public Good" Hampers the Fight for Equitable Access to the Upcoming COVID-19 Vaccine, https://developingeconomics.org/2020/07/16/the-use-and-abuse-of-the-phrase-global-public-good, visited on 28 January 2022。

③ Seventy-Third World Health Assembly, COVID-19 response (WHA73.1), 19 May 2020, para.6.

种则不仅对个体有利，而且同样会对人群产生正外部性。① 疫苗以外的其他药品也与此类似，虽然作为"物"的药品不具有纯粹意义上的非排他性和非竞争性，但作为一种政策结果状态、也是维护公共健康前提条件的药品全球可及性，则具有非排他性和非竞争性的公共产品特点，所有人均可从中受益。

WHO、联合国人权理事会等国际组织通过的文件多次强调"获取药品"对公共健康的重要作用，以及国家等主体在确保药品可及性当中应当发挥的作用。例如，联合国人权理事会指出，"国家有责任确保人人能够不受歧视地获取负担得起、安全、有效和优质的药品和疫苗，尤其是基本药品"。② 然而，公共健康具有全球公共产品属性，而不仅涉及单个国家。与全球公共健康密切相关的药品全球可及性也因此不仅仅是国家公共产品，而属于全球公共产品，需要由各国以及国际组织等其他相关主体通过国际合作、全球治理来共同保障供给。

二、药品研发激励和药品全球可及性保障的政策冲突

(一)药品研发和药品可及性的全球公共产品分类

由于公共产品的非排他性和非竞争性特点，其供给往往面临"搭便车"和"囚徒困境"等市场失灵问题。③ 为解决市场失灵问题，在国家层面往往由政府部门来提供部分公共产品，例如通过税收来

---

① 参见 James Love, The Use and Abuse of the Phrase "Global Public Good": A Flawed Understanding of the Concept of "Public Good" Hampers the Fight for Equitable Access to the Upcoming COVID-19 Vaccine, https://developingeconomics.org/2020/07/16/the-use-and-abuse-of-the-phrase-global-public-good, visited on 28 January 2022.

② 联合国人权理事会《在人人有权享有能达到的最高标准身心健康的背景下获取药品和疫苗》(A/HRC/RES/41/10), 2019 年 7 月 11 日, 第 2 段。

③ 参见 Inge Kaul, et al., Defining Global Public Goods, in Inge Kaul, et al. eds., Global Public Goods: International Cooperation in the 21st Century, Oxford University Press, 1999, pp.6-7。

提供法律、治安、国防以及对基础研究提供支持等。然而，由政府提供公共产品也会面临效率缺乏、权力寻租等"政府失灵"问题，因此除了少数一些公共产品外，通过国家政府来提供公共产品也非最佳选择。对于需要通过国际合作来提供的全球公共产品而言，其供给面临更为复杂的问题。在缺乏有效沟通和互信的情况下，对于"理性"国家来说，无论其他国家采取何种策略，其最佳策略均是不参与公共产品的提供而"搭便车"。而且，由于不存在具有政府权威的超国家权力机构，也不存在统一的全球税收系统，使得各国的集体行动更为复杂，导致全球公共产品的供给更为困难。

为解决通过国际合作来提供全球公共产品所面临的困难和问题，可以对不同的全球公共产品进行类型化，以确定不同类型全球公共产品供给过程中所面临的不同问题以及所需要的国际合作。巴雷特(Barrett)根据全球公共产品供给所需的国际合作程度，将全球公共产品分为三类：单一最大努力型(Single best effort GPG)、最薄弱环节型(Weakest link GPG)以及联合努力型(Aggregate effort GPG)。① 单一最大努力型全球公共产品是指单一或少数几个国家具备能力和动机提供的公共产品，其实例包括研发预防传染性疾病的疫苗、开发全球定位系统等；最薄弱环节型全球公共产品依赖于全球所有国家的合作，全球公共产品能否成功提供取决于处在最薄弱环节的国家；联合努力型全球公共产品也同样依赖于国际合作，但与最薄弱环节型不同的是，其仅需要某些或多数国家的合作参与，部分国家的缺席仍可能实现目标，因此最容易造成搭便车情形的出现从而影响到产品的供给，其典型实例是保护臭氧层和减缓气候变化。②

但是上述几种分类并非绝对的"非此即彼"关系，同一个全球公共产品供给的不同环节，或者相关联的不同公共产品可能属于不

---

① 参见［美］斯科特·巴雷特：《合作的动力——为何提供全球公共产品》，黄智虎译，上海人民出版社2012年版，第1~7页。

② 参见［美］斯科特·巴雷特：《合作的动力——为何提供全球公共产品》，黄智虎译，上海人民出版社2012年版，第1~7页。

同类型。① 例如，根据巴雷特的分类，"从源头压制传染性疾病的暴发"属于单一最大努力型全球公共产品，而"疾病的根除、阻止抗药性和新型疾病的出现"则属于最薄弱环节型全球公共产品。② 尽管同为控制传染性疾病，但在不同阶段所面临的问题也不完全相同，应当归类为不同的全球公共产品类型，需要通过不同的国际合作来保障其供给。

药品研发和药品全球可及性所需要的国际合作也不一样，可以被归类为不同的全球公共产品类型。疫苗等药品的研发显然属于单一最大努力型公共产品。③ 多数情况下，新药研发往往由单独一个或少数几个国家研发提供，能否研发成功也仅取决于有足够研发能力和动机的少数几个国家。只要有一个国家研发成功，其他国家就无须再重复研发。但无论是哪个国家研发成功，最终将使得全球各国受益。例如，天花疫苗由美国发明，但成为了全球使用的公共产品，并最终由此获得了根除天花这一最终全球公共产品。

药品研发成功后，在全球范围内分配的可及性则属于最薄弱环节型全球公共产品。这与根除传染病存在一定类似之处，患者能否"不受歧视地获取负担得起、安全、有效和优质的药品"④，主要取决于存在药品需求但又缺乏相关生产、支付等能力的最薄弱环节国家能否保障药品的供给。

不同类型的全球公共产品所需要的国际合作不完全相同，需要不同的国际合作模式来保障供给。药品研发和药品全球可及性分属于不同类型的全球公共产品，其所需要的国际合作也不完全相同甚至存在冲突。这就导致了针对这两个药品供给环节的政策也可能会

---

① 参见 David Gartner, *Global Public Goods and Global Health*, 22 Duke Journal of Comparative & International Law 306-308 (2012)。

② 参见[美]斯科特·巴雷特：《合作的动力——为何提供全球公共产品》，黄智虎译，上海人民出版社2012年版，第20页。

③ 参见[美]斯科特·巴雷特：《合作的动力——为何提供全球公共产品》，黄智虎译，上海人民出版社2012年版，第23~24页。

④ 联合国人权理事会《在人人有权享有能达到的最高标准身心健康的背景下获取药品和疫苗》(A/HRC/RES/41/10)，2019年7月11日，第2段。

存在冲突，而知识产权制度就是其中存在冲突的主要政策之一。有观点认为，药品知识产权保护导致药品研发（药品知识供给）与公共健康维护之间存在冲突。① 但事实上，药品研发能够有效地促进和维护公共健康，这两者之间并不存在冲突，存在冲突的是药品研发和药品全球可及性这两个药品供给环节。因此如何制定更加平衡的知识产权政策，从而同时保障分属于不同类型全球公共产品的药品研发和药品全球可及性的供给，是政策设计中的关键。

（二）药品试验数据专有保护与药品研发国际合作

药品研发属于单一最大努力型全球公共产品，而且因其只有被获得和未获得之分而不存在量的问题，也被称为非连续性单一最大努力型全球公共产品。② 尽管通常认为公共产品供给面临最大的问题是"搭便车"，但就通过国际合作提供非连续性单一最大努力型全球公共产品而言，"搭便车"行为在很多情况下并不是影响其供给的最主要障碍。③ 例如，在面临新冠疫情等全球传染性疾病时，少数几个甚至个别受疾病严重影响的国家也有充分的动机单独开发预防、治疗或控制疾病所需药品，此时即便其他国家未作出贡献（例如未提供知识产权保护或提供资金支持等），也不会影响到这些少数几个国家对该药品的研发投入，更不会影响到药品最终是否能够研发成功。然而，仅由个别或少数几个国家来提供此类全球公共产品，仍然会存在以下两个方面的问题。

一是，对于此类全球公共产品的供给而言，即便有国家具备单独提供的能力和动机，但仍然会受到如何在国际合作中筹集资金和

---

① 参见 Gregory Shaffer, *Recognizing Public Goods in WTO Dispute Settlement: Who Participates? Who Decides? The Case of TRIPS and Pharmaceutical Patent Protection*, 7 Journal of International Economic Law 462-463（2004）。

② 参见托德·桑德勒：《评估公共产品的最佳供应：寻找圣杯》，载[美]英吉·考尔等编：《全球化之道——全球公共产品的提供与管理》，张春波、高静译，人民出版社2006年版，第119页。

③ 参见[美]斯科特·巴雷特：《合作的动力——为何提供全球公共产品》，黄智虎译，上海人民出版社2012年版，第23~47页。

分担成本的困扰。① 药品研发需要投入极高的资金成本，以化学药为例，每成功上市一个新药的资本化成本高达 25.58 亿美元，其中临床试验的资本化成本达 14.6 亿美元（均以 2013 年美元计）。② 生物药研发成本则更高。即便有国家愿意为药品研发支付这一昂贵的开发成本（包括通过知识产权保护、公共基金资助、国家医保采购等措施），但其仍然会认为从中受益的其他国家也有责任分摊成本，并希望其他国家也支付一定的开发费用。③

二是，个别或少数几个国家是否有动机单独提供全球公共产品，取决于其成本收益比，当其所获得的收益小于成本时，也就不会有动机来单独提供全球公共产品。在药品研发场景下，如果具有药品研发能力的国家没有受到相关疾病的影响或受到的影响不大，则不会有动机单独支付药品研发所需成本。例如，对于困扰热带发展中国家十多亿人口的"被忽视的热带病"（Neglected Tropical Diseases，简称 NTD）长期以来缺乏安全、有效的药品。④ 究其原因，主要是因为有研发能力的发达国家由于没有受到这些疾病的影响，没有动机来提供这一公共产品；而受到疾病困扰的热带发展中国家虽然有动机，但没有能力单独提供，也难以通过国际合作的方式筹集研发药品所需资金来激励其他有能力的国家为其提供所需要的产品。

上述两个问题实际上可以归结为同一个问题：提供全球公共产品所需资金的筹集问题。可以通过一个简单的模型来阐述。假设有 n 个国家愿意为药品研发买单，把从所研发的药品中获得最多收益（指通过该药品控制疾病以及其他各方面收益）的国家标记为国家

① 参见［美］斯科特·巴雷特：《合作的动力——为何提供全球公共产品》，黄智虎译，上海人民出版社 2012 年版，第 110~134 页。

② 参见 Joseph A DiMasi, et al., *Innovation in the Pharmaceutical Industry: New Estimates of R&D Costs*, 47 Journal of Health Economics 25-26 (2016).

③ 参见［美］斯科特·巴雷特：《合作的动力——为何提供全球公共产品》，黄智虎译，上海人民出版社 2012 年版，第 133 页。

④ 参见 Hong-Bo Weng, *et al.*, *Innovation in Neglected Tropical Disease Drug Discovery and Development*, 7 Infectious Diseases of Poverty 2 (2018).

1，收益第二高的国家标记为国家 2，依此类推；分别用 B1、C1 表示国家 1 的收益和成本，分别用 B2、C2 表示国家 2 的收益和成本，并依此类推。将药品研发所需总成本用 C 来表示。则对于愿意为药品研发买单的 n 个国家中，只有所获得的总体收益大于成本，即 B1+B2+……+Bn>C 时，新药研发才有可能。[1] 而对于任一个参与国 x 而言，也只有在其所获收益 Bx 大于其所支付的成本 Cx（Bx>Cx）的情况下才有足够的动机参与到这一融资当中，即其支付的成本需要与其所获收益相匹配。显然，国家越多，总体收益大于成本的可能性就越大，但相对而言协调难度也越大。在有些情况下，当 B1>C 时，收益最高的单个国家即有动机提供药品研发所需成本。但即便在此种情况下，国家 1 仍然也还会希望其他国家可以为其分担一定的研发成本。但是，如果 C>B1，也就是新药研发成本超过最大受益国家 1 所获收益时，将没有任何一个国家愿意为此单独付出成本，必须由更多国家共同承担成本来换取有能力的国家开发所需药品。

在控制气候变化、维和等全球公共产品提供过程中，可以通过国际谈判等方式确定成本分摊模式。但对于药品研发而言，由于疾病类型多种多样，且其影响的国家和地域、人群等情况各异，难以在国际上形成统一的研发成本分摊模式，更不可能就每一个药品单独协商各国成本分摊比例和方式。尽管有观点呼吁国际社会建立更好的药品研发成本和惠益分享机制，从而将药品研发成本与药品价格进行"脱钩"[2]，但当前国际社会并未提出可适用的具体方案。

在此种情况下，知识产权制度成为了药品研发的最重要国际融资模式。也可以将此种融资模式视为药企的"私税"征收体系，一

[1]　参见[美]斯科特·巴雷特：《合作的动力——为何提供全球公共产品》，黄智虎译，上海人民出版社 2012 年版，第 113~114 页。

[2]　参见 Ellen 't Hoen, *Private Patents and Public Health: Changing Intellectual Property Rules for Access to Medicines*, Health Action International, 2016, p. 136。

个国家提供药品知识产权保护，即成为跨国药企私税征收体系的一部分。① 相比于通过谈判的成本分摊等资金筹集方式，知识产权制度具有诸多优点。首先，其不需要针对不同的药品分别开展成本分摊谈判，而仅需要适用相同的制度即可，大大降低了协调成本。其次，至少从理论上来说，其体现了各国成本和收益之间的对应关系。在全球公共产品提供过程中，国家承担的费用应与其所获收益相对应，收益越大的国家承担经费也应该越多。这也是药品试验数据保护"成本分摊"模式的设计基础。② 但各国受疾病影响的程度不同，市场份额计算困难且可能随时间发生变化，提前确定成本分摊比例不具有可操作性。在知识产权保护模式下，原研药的消费数量直接反映了各国市场规模及其变化情况，而不需要提前进行计算。对于没有受到疾病影响的国家，即便其为相关药品提供了知识产权保护，也将因没有实际消费药品而无需支付药品研发成本。

与专利制度相比，药品试验数据专有制度就在更多国家和地区提供保护而言更具优势。从国际合作提供单一最大努力型全球公共产品这一视角而言，药品试验数据专有保护决定了为药品研发目的进行国际融资的地域广度和时间长度的"保底方案"。易言之，在每一单位药品价格确定的情况下，这一制度决定了药品研发活动在国际市场上的最低可能收益，从而决定了研发者可以投入该药品研发的最低投资额。这对于激励全球药品创新具有重要作用。专利和专利期限补偿制度，则可以在这一最低国际市场收益的基础上，进一步提高收益总额。例如，在药品上市后剩余专利保护期限超过药品试验数据专有保护期，或者在未提供药品试验数据专有保护的国家和地区获得有效专利保护的情况下，药品研发者还可以预期从其研发中获取更多的收益，从而相应地投入更多资金进行药品研发。

---

① 参见［澳］彼得·达沃豪斯：《知识的全球化管理》，邵科、张南译，知识产权出版社 2013 年版，第 6~8 页。

② 参见 Robert Weissman, *Data Protection: Options for Implementation*, in Pedro Roffe, et al. eds., Negotiating Health: Intellectual Property and Access to Medicines, Earthscan, 2006, p. 155。

(三) 药品试验数据专有保护与最薄弱环节国家药品可及性障碍

从全球公共产品供给所需国际合作角度分类，药品全球可及性属于最薄弱环节型全球公共产品。也就是说，药品能否实现全球可及性，主要取决于存在药品需求但供给能力最差的国家，因此在制度设计时也应当重点考察这些国家的需求。当然，"最薄弱环节型"仅是一种最极端的表述方式，它的次极端形式也称为"较薄弱环节型全球公共产品"。① 为保障药品的全球公平可及，需要通过国际合作帮助这些处于最薄弱和较薄弱环节的国家获得充足的药品供给。正如联合国人权理事会所指出的那样，获取药品和疫苗应当"特别注意首先帮助落在最后面的人"。② 也就是说，最薄弱环节型全球公共产品的供给不能适用"一视同仁"的政策，要求所有国家承担相同的成本和责任，而是应当根据具体需求对处于最薄弱环节的国家给予更加优惠的待遇。

知识产权保护有助于解决药品研发的国际融资问题，促进药品创新，增加药品知识的供给，但对于药品全球可及性这一最薄弱环节型全球公共产品的供给，却不可避免地带来一定障碍。尤其是在知识产权制度发展过程中，发达国家通过各种方式推动在全球建立标准一致的知识产权制度，并减少各国知识产权制度的灵活度，不利于药品可及性这一最薄弱环节型全球公共产品的供给。

在药品知识产权保护最主要的两项制度中，药品试验数据专有保护相比于专利制度而言更容易统一保护标准。这是因为，专利授权需要经过各国主管机关的审查，而各国审查标准并不完全一致，

---

① 托德·桑德勒：《评估公共产品的最佳供应：寻找圣杯》，载［美］英吉·考尔等编：《全球化之道——全球公共产品的提供与管理》，张春波、高静译，人民出版社 2006 年版，第 118～119 页。

② 联合国人权理事会《在人人有权享有能达到的最高标准身心健康的背景下获取药品和疫苗》(A/HRC/RES/41/10)，2019 年 7 月 11 日，第 1 段。

例如印度即对所谓的"长青专利"拒绝授予专利权。① 而且由于审查标准和技术的复杂性，也难以通过国际条约等在国际层面形成统一标准。专利保护还有赖于法院等机构的执法，这也同样难以形成统一标准。而药品试验数据专有保护则由于制度本身较为简单，且通过药品上市审批机关来"主动"执法，容易通过国际条约对其作出详细明确的规定，从而形成国际上统一的保护标准。

药品试验数据专有保护标准的一致性弥补了专利保护差异性的"缺陷"，便于跨国药企在更多国家和地区获得确定期限的市场独占期。但这也导致广大发展中国家更加缺乏对药品提供知识产权保护的灵活度，可能对药品可负担性和可获得性造成负面影响，尤其是在面临公共健康危机时无法充分利用灵活措施来保障药品可及性。灵活度的缺乏与药品全球可及性这一最薄弱环节全球公共产品供给所需的差别待遇背道而驰，从而可能导致公共健康这一全球公共产品供给的不足。

三、药品试验数据专有保护与药品全球可及性的平衡

从全球公共产品供给视角而言，药品研发和药品全球可及性均是保障公共健康这一最终全球公共产品供给的中间公共产品，这二者具有目标的一致性；而另一方面，在具体制度的构建和实施当中，药品创新激励和药品全球可及性保障所需要的政策之间又存在一定的冲突。具体到药品知识产权制度，其一方面对于作为单一最大努力型全球公共产品的药品研发而言，能够解决药品研发所面临的国际融资问题，并使得创新者能从中获取更多的利润，从而激励更多的创新；但另一方面，全球统一化趋势且缺乏灵活度的药品知识产权制度又与最薄弱环节型全球公共产品供给所需要的针对不同国家的差别化待遇相冲突。

---

① 参见 Anand Grover, *India：Pharmaceutical Patents and Evergreen Battle for Access to Medicines*, in Srividhya Ragavan & Amaka Vanni eds., Intellectual Property Law and Access to Medicines：TRIPS Agreement, Health, and Pharmaceuticals (1st ed.), Routledge, 2021, p. 218。

在专利制度发展过程中，作为发展中国家和发达国家长期博弈的结果，在这一制度中引入了一定的平衡机制。对于药品专利保护而言，这种平衡机制的目的在于保障广大发展中国家的药品可及性，尤其是面临公共健康危机时的药品可及性，在一定程度上体现了对"最薄弱环节"国家的差别待遇，有利于保障药品的全球可及性。在 TRIPS 协定下，这些平衡机制包括对最不发达成员给予的过渡期、专利强制许可制度、平行进口以及专利授权标准和执法的灵活度等。其中，给予最不发达成员的过渡期已经多次延长，最近的一次决定将其延至 2034 年 7 月 1 日。① WTO 达成的新冠疫苗相关技术知识产权豁免问题，也是对处于药品可及性"最薄弱环节"成员所设立的优惠政策。

为保障公共健康这一全球公共产品的供给，一方面需要充分发挥药品试验数据专有制度作为药品研发国际融资政策工具的作用，激励更多的药品研发；另一方面，还需要在制度设计上充分考虑到实现药品全球可及性中最薄弱环节国家的需求，通过国际社会合作保障最薄弱环节国家的药品可及性，"帮助落在最后面的人"②。其中最重要的是，无论是在制度构建还是实施过程当中，均应当给予各国充分的灵活度，例如允许各国建立药品试验数据专有强制许可等限制与例外制度，以便于这些国家处在最薄弱环节时，能够充分利用这些灵活措施来实现药品的可及性。处于最薄弱环节的国家利用这些灵活机制满足国内药品需求，本质上是通过国际合作机制来保障药品全球可及性这一全球公共产品的供给。采取相关灵活措施的国家对药品研发成本的承担将因灵活措施而导致分摊比例少于其他国家，也就是由其他国家帮助其分摊了相应的成本。对于作为单一最大努力型全球公共产品的药品研发而言，如果此种灵活度仅

① 参见 WTO, WTO Members Agree to Extend TRIPS Transition Period for LDCs until 1 July 2034, https：//www.wto.org/english/news_e/news21_e/trip_30jun21_e.htm, visited on 20 January 2022。

② 联合国人权理事会《在人人有权享有能达到的最高标准身心健康的背景下获取药品和疫苗》(A/HRC/RES/41/10)，2019 年 7 月 11 日，第 1 段。

是在特定情形(例如面临公共健康危机时)下适用则并不会实质性地影响其有效供给。其他国家帮助处于最薄弱环节的国家分摊药品研发成本,不仅仅是帮助这一国家实现其本国的药品可及,更为重要的是通过国际合作在保障药品研发的基础上,实现药品的全球可及性,并最终实现公共健康这一全球公共产品的有效供给。

本 章 小 结

本章从对药品研发的正面影响和对药品全球可及性负面影响两个方面分析了药品试验数据专有制度对全球公共健康的影响,并在此基础上从全球公共产品供给视角分析了药品试验数据专有保护、药品研发、药品全球可及性之间的冲突与平衡。

随着全球化的进程,公共健康问题已成为全球性问题,并被纳入全球治理范畴。虽然公共健康与多种因素相关,但毋庸置疑的是,药品是维护公共健康的不可或缺的产品。药品从无到有的研发、药品研发成功后分配的全球可及性,均与全球公共健康直接相关。

与专利等其他知识产权一样,药品试验数据专有保护给予受保护的原研药一定期间的市场独占期,从而给予创新者市场独占利润,激励药品研发。与专利制度相比,药品试验数据专有保护确立了原研药能够享有市场独占的最短期限和最小国际地域范围,无论在保护期限还是全球布局来看都与专利保护形成互补关系。这一方面能够有效促进药品创新投入并激励药品研发产出并促进原研药的可获得性,从而有利于公共健康问题的解决。但另一方面,不合理的制度设计也可能导致药品可负担性和可获得性受到不利影响。而且,药品试验数据专有保护还构成专利实施强制许可的障碍,影响对公共健康危机的有效应对。

从全球公共产品供给视角来看,公共健康、药品研发和药品全球可及性均具有全球公共产品属性,需要通过国际合作来保障其供给。药品研发激励和药品全球可及性保障具有目标的一致性,即保障公共健康这一最终全球公共产品的供给。但是,药品研发和药品全球可及性这两种全球公共产品供给所需要的国际合作不同，前者属于单一最大努力型全球公共产品，后者属于最薄弱环节型全球公共产品。药品试验数据专有保护能为药品研发国际融资范围和期限提供"保底方案"，有利于解决药品研发这一单一最大努力型全球公共产品供给的国际融资问题。但缺乏灵活度的药品试验数据专有保护也与药品全球可及性这一最薄弱环节型全球公共产品供给过程中需要对最薄弱环节国家给予"特殊照顾"的需求背道而驰。为保障公共健康这一最终全球公共产品的供给，需要在药品研发和药品全球可及性这两种不同类型全球公共产品供给所需的国际合作之间形成平衡。具体而言，在通过药品试验数据专有保护以激励药品研发的同时，应当给予建立这一制度的国家充分的灵活度，以便于其处于药品全球可及性保障的最薄弱环节时，能够充分利用这些灵活措施来实现药品可及性。

第三章 药品试验数据专有保护法律性质的审视

虽然药品试验数据专有制度已有近40年历史，但对于这一制度的法律性质仍存争议。无论是国际条约、国家立法还是学术研究层面，对此都远未形成共识。建立这一制度的多数国家和地区也仅从制度构建上规定了相关制度，但未从立法上确认其法律性质。对制度法律性质的深入分析，不仅涉及理论问题，而且与这一制度和TRIPS协定之间的关系密切相关，更是进一步完善制度的基础。

第一节 有关法律性质的主要争议

总体而言，药品试验数据专有保护的法律性质争议主要涉及保护客体、权利属性、与其他知识产权的关系这几个相互关联、相互影响的方面。

一、有关保护客体的争议

"民事法律关系的客体是指民事权利和民事义务所指向的对象。"①客体是分析制度法律性质的基础，对药品试验数据专有保护法律性质其他方面的争议在很大程度上也来源于对保护客体的争议和认识的不足。

如前文所述，一般将药品试验数据专有定义为对提交给药品上市审批机关以证明新药安全性和有效性的药品试验数据提供的一种

① 王利明、杨立新等：《民法学》（第四版），法律出版社2015年版，第30页。

保护方式,即在一定的保护期间内,禁止他人未经许可在药品上市申请中依赖受保护的药品试验数据。基于制度名称和定义,一般认为药品试验数据专有保护的客体是原研药企业提交给药品上市审批机关的药品试验数据。这一直观结论的基础是,认为药品试验数据专有保护是通过反不正当竞争对药品试验数据提供保护的一种方式。① 然而,这一直观结论与欧美等国家和地区的制度实践并不一致,也引发了诸多争议。

作为药品试验数据专有保护制度的起源地,美国和欧盟(包括其前身欧共体)的相关立法仅要求药品上市审批机关在一定期限内不得依赖参比制剂受理或批准仿制药上市,但并未明确规定保护客体,更未明确规定对药品试验数据的保护。实践中仿制药申请人无法接触到作为未披露信息受到保护的原研药试验数据,更谈不上直接利用或依赖;即便是药品上市审批机关,在仿制药审批过程中一般也无须查阅或利用原研药试验数据,而仅需审查仿制药企业提交的相关材料和生物等效性等试验结果即可。② 对此的一般解释是,对试验数据的依赖分为直接依赖和间接依赖;通过与参比制剂进行对照比较的方式获得药品上市许可,属于对试验数据的间接依赖。也就是说,药品试验数据专有保护通过禁止直接和间接依赖(实践中主要是禁止间接依赖)对试验数据提供保护。

然而,通过"间接依赖"来解释药品试验数据专有保护对药品试验数据的保护,在实践中也遭遇到了质疑和挑战。其中就包括加拿大早期对药品试验数据专有制度的实施。加拿大因承担NAFTA义务,早期在国内法中规定,对于在加拿大首次获批上市的新化学或生物实体药品,药品上市审批部门在原研药获得上市批准后5年内,不得依赖该原研药上市时提交的药品试验数据

---

① 参见 Antony Taubman, *Unfair Competition and the Financing of Public-knowledge Goods: The Problem of Test Data Protection*, 3 Journal of Intellectual Property Law & Practice 595 (2008)。

② 参见 Valerie Junod, *Drug Marketing Exclusivity Under United States and European Union Law*, 59 Food and Drug Law Journal 490 (2004)。

批准仿制药上市。① 但加拿大药品上市审批机关认为其在审查仿制药上市许可申请时，一般不会查阅原研药企业提交的相关数据，而仅需根据仿制药申请信息即可作出上市许可决定，此时并不构成对原研药试验数据的"依赖"，从而仍会在此期间批准仿制药上市。这一立场在 20 世纪 90 年代末 Bayer Inc. v. Canada（Attorney General）一案中也得到了联邦法院的支持。② 加拿大联邦法院指出：药品公开上市后，其安全性和有效性就是已知的，如果药品上市审批机关仅根据仿制药申请中所包含的生物等效性信息作出上市许可决定，而不需要查看作为未披露信息获得保护的原研药试验数据，则不构成对原研药试验数据的"依赖"。在"间接依赖"受到挑战的情况下，将药品试验数据作为保护客体显然不符合这一制度的规定与实践。

尽管美国和欧盟在国内法中没有规定药品试验数据专有保护的客体，但在相关 FTA 中均对其客体（"不得依赖"的对象）作出了明确规定，然而这些规定并不完全一致。美国早期签订的 FTA 药品试验数据专有条款中规定了对药品试验数据的不依赖保护。但似乎是受到加拿大行政机关和法院对 NATFA"依赖"药品试验数据这一规定作出狭义"直接依赖"解释的影响，为避免不同国家对"依赖"不同的解释带来的不确定性，美国在 2000 年后的大多数 FTA 中将"药品上市许可信息"或"药品上市许可证据"规定为保护客体，此后又将药品"安全性、有效性信息"规定为保护客体。在最近的 TPP 和美墨加协定等 FTA 中，所规定的保护客体是"安全性、有效性信息"和"上市许可"，即他人未经原研药企业授权不得依赖这两类信息获得仿制药上市许可。与美国类似，欧盟和 EFTA 签订的 FTA 中对保护客体的规定也不完全一致，总体来说主要包括两类：一是试验或其他数据，二是药品上市许可信息。

---

① 参见 Food and Drug Regulations，C. 08. 004. 1（Version before 2006-10-04）。

② 参见 Bayer Inc. v. Canada（Attorney General），87 C. P. R.（3d）293；Bayer Inc. v. The Attorney General of Canada and the Minister of Health，84 C. P. R.（3d）129。

二、有关权利属性的争议

(一)"权利"保护与"法益"保护的争议

有关药品试验数据专有保护权利属性的核心争议是，这一制度赋予了民事权利，还是仅属于保护原研药企业竞争优势的制止不正当竞争措施。有观点认为，药品试验数据专有保护给予原研药企业对其试验数据"事实上自成一体的排他性财产权"[1]；也有观点认为药品试验数据专有并未产生新的财产权，而仅是用于防止不正当竞争。[2] 尽管知识产权保护和反不正当竞争保护都可以用于保护某种法益，但"知识产权法通过正面授予主体排他性的绝对权；而反不正当竞争法并未授予主体排他性的绝对权利，而是通过从反面禁止不正当行为"。[3] 从当前立法情况来看，主要国家和地区的立法也均仅规定了具体制度，而没有明确其权利属性。而且，无论是在立法还是学术研究中，当前多数采用药品试验数据专有(data exclusivity)而不采取"专有权"(exclusive right)这一概念，其原因还是在于认为这一制度保护的是一种"利益"或"法益"，而非一种"权利"。

"权利"保护与"法益"保护之争，也与药品试验数据专有保护和 TRIPS 协定之间关系的争议相关。TRIPS 协定第 39 条第 3 款规定了成员保护未披露药品试验数据的义务。协定第 1 条第 2 款规定，"本协定中的'知识财产'(intellectual property)一词是指作为第二部分第一节至第七节主题的所有类别的知识财产"，将第二部分

---

[1] Jerome H. Reichman, *Rethinking the Role of Clinical Trial Data in International Intellectual Property Law: The Case for a Public Goods Approach*, 13 Marquette Intellectual Property Law Review 65 (2009).

[2] 参见 Amit Singh & Paramita DasGupta, *Pharmaceutical Test Data Protection and Demands for Data-Exclusivity: Issues and Concerns of Developing Countries and India's Position*, 24 Journal of Intellectual Property Rights 72 (2019).

[3] 范长军：《德国反不正当竞争法研究》，法律出版社 2010 年版，第 39 页。

第七节(包含且仅包含第 39 条内容)中"对未披露信息的保护"也作为保护知识财产的一种方式。注意到该款规定采取的措辞是"知识财产"(intellectual property),而没有使用"知识产权"(intellectual property right),也即仅是对作为知识产权保护对象的"知识财产"范围进行界定,而不是对知识产权本身的定义,这也意味着并非第二部分第一至第七节所提供的保护均属于"权利"保护。事实上,根据协定第 39 条第 1 款规定,该条要求成员依据《巴黎公约》(1967)第 10 条之二规定的反不正当竞争方式对未披露信息提供保护。TRIPS 协定将未披露信息作为知识产权保护对象,很大程度上是因为《巴黎公约》将制止不正当竞争也作为工业产权的保护对象。① 然而,《巴黎公约》将反不正当竞争纳入工业产权范畴,"更多是实用主义的结果,而主要不是理论上的定性"②,因此这并不意味着反不正当竞争保护赋予了绝对的排他权。TRIPS 协定相关规定也与此类似,虽然将对未披露信息作为知识产权保护对象,但并不意味着第 39 条所提供的保护赋予了和专利权、商标权等那样的知识产权"权利"。因此,药品试验数据专有保护是否给予主体排他性的绝对权利,也是其与 TRIPS 协定保护义务之间关系的重要方面。

(二)关于"私权"的争议

如前文所述,在包括美国、欧盟在内的主要国家和地区的实践中,通过药品上市审批机关"不受理"或"不批准"相关仿制药上市申请,从而实现禁止他人未经授权依赖受保护试验数据或相关信息获得仿制药上市许可。

针对此种保护方式,有观点认为,药品试验数据专有不能直接针对其他竞争者,而只能限制药品上市审批机关利用其受保护的数

---

① 参见《保护工业产权巴黎公约》(1979 年 9 月 28 日修正)第 1 条第 2 款。

② 孔祥俊:《反不正当竞争法新原理·总论》,法律出版社 2019 年版,第 54 页。

据或上市许可信息获得上市许可；即便仿制药企业利用原研药数据或上市许可信息获得上市许可，原研药企业也不能追究其侵权责任，既不能要求其承担停止侵权责任，也不能主张获得民事赔偿。① 易言之，原研药企业仅能针对行政机关实施其权利，也仅能在公法意义上获得救济。② 如果此种观点成立，即便药品试验数据专有保护的确是一种"权利"，也在一定程度上否定了这种权利的民事权利属性，从而也与其他观点主张的知识产权属性不符。因为民事权利是平等民事主体之间的权利关系，其义务主体也应当是与权利人平等的其他民事主体。在权利受到侵犯时，权利人可以通过行使请求权请求义务人为或不为一定的行为，其所指向的对象也是因其行为而致使权利人权利受损或有受损之虞的义务人。③ 如果药品试验数据专有保护的义务人或者说受到损害时的请求权对象是行政机关而非其他民事主体，则显然与传统认知上的民事权利存在差异。

三、与其他知识产权之间关系的争议

药品试验数据专有保护与其他相关制度之间的关系也是极具争议的一个话题。其中最具争议的，仍然是这一制度与反不正当竞争保护之间的关系，这也与前文提及的"权利"保护与"法益"保护之争直接相关，争议焦点也一致，在此不做赘述。

除了与反不正当竞争保护的关系外，药品试验数据专有与商业秘密保护之间的关系也存在较大争议。有观点认为，药品试验数据专有是通过将药品安全性和有效性数据在一定期限内作为商业秘密保护，换取原研药企业提交相关试验数据，因此药品试验数据专有

---

① 参见梁志文：《管制性排他权：超越专利法的新发展》，载《法商研究》2016 年第 2 期，第 189 页。

② 参见 Christian R. Fackelmann, *Clinical Data*, *Data Exclusivity and Private Investment Protection in Europe*, in Josef Drexl & Nari Lee eds., Pharmaceutical Innovation, Competition and Patent Law, Edward Elgar, 2013, p. 159, 174。

③ 参见安雪梅：《论私权的微观构造模式及其在知识产权法中的适用》，载《时代法学》2008 年第 4 期，第 45 页。

保护的是药品上市申请文件中包含的保密信息。① 药品试验数据专有基于对药品试验数据的商业秘密保护，是"商业秘密的表达"。②还有观点将药品试验数据专有保护解释为商业秘密保护和反不正当竞争保护的结合。此种观点认为，基于未披露药品试验数据的商业秘密特征，未经商业秘密权利人许可，仿制药申请人和药品上市审批机关均不得利用该商业秘密保护的信息申请或批准仿制药上市许可，因此 TRIPS 协定"免于不正当商业使用"义务应当理解为要求对这种秘密信息所提供试验数据专有保护。③

　　然而，在美国和欧盟等国内法规定和实践中，并不要求获得专有保护的药品试验数据应当是"未披露"数据，美国、欧盟和 EFTA 签订的一些 FTA 中也没有将药品试验数据"未披露"作为专有保护的前提。而且，如前文所述，在美欧签订的一些 FTA 中，将药品上市许可信息等而非药品试验数据作为专有保护的对象，但显然药品上市许可信息本身不具有保密性，不存在作为商业秘密保护的基础。

　　前述与反不正当竞争保护、商业秘密保护之间关系问题，实际上又涉及药品试验数据专有保护与 TRIPS 协定义务之间关系的争议。对这几项制度之间关系的澄清也有助于进一步厘清药品试验数据专有保护的国际义务来源。

　　尽管药品试验数据专有与专利保护之间的界限相对明确和清晰，但仍然存在混淆和误解的可能。④ 例如，许多研究将这一制度与专利

---

　　①　参见 Meir P. Pugatch, *Intellectual Property, Data Exclusivity, Innovation and Market Access*, in Pedro Roffe, *et al.* eds., Negotiating Health: Intellectual Property and Access to Medicines, Earthscan, 2006, p. 100。

　　②　参见 Meir P. Pugatch, *Intellectual Property, Data Exclusivity, Innovation and Market Access*, in Pedro Roffe, *et al.* eds., Negotiating Health: Intellectual Property and Access to Medicines, Earthscan, 2006, p. 98。

　　③　参见 Aaron X. Fellmeth, *Secrecy, Monopoly, and Access to Pharmaceuticals in International Trade Law: Protection of Marketing Approval Data Under the TRIPS Agreement*, 45 Harvard International Law Journal 463 (2004)。

　　④　参见 Rahamatthunnisa M. Nizamuddin, *TRIPS Agreement and Malaysian Intellectual Property Laws: Data Exclusivity v Patent*, 28 IIUM Law Journal 221 (2020)。

保护相关联，并称之为"类专利保护"（patent-like protection）①、"准专利"（pseudo-patent）②、"专利型保护"（patent-style protection）③。此外，近年来随着大数据技术和产业的发展，如何对大数据提供保护成为了一个重点课题。大数据保护与药品试验数据专有保护之间的关系，以及药品试验数据专有保护能否为大数据保护提供制度借鉴，也是当前讨论且具有争议的一个话题。④

第二节　药品试验数据专有保护客体

一、保护客体：药品安全性、有效性信息

如前文所述，主要国家在立法中并未明确规定药品试验数据专有保护的客体。而在美欧相关 FTA 中关于药品试验数据专有保护客体的规定主要有两种：药品试验数据、上市许可信息，而在美国近年来签订的包括的 TPP、美墨加协定在内的 FTA 中，又进一步将药品安全性、有效性信息作为保护客体。

从美国和欧盟等的立法和实践分析，药品试验数据专有制度保护的实际上并不是药品试验数据本身。⑤ 这是因为，药品上市审批

---

① Rebecca S. Eisenberg, *The Role of the FDA in Innovation Policy*, 13 Michigan Telecommunications and Technology Law Review 361 (2007).

② Robert A. Hess, *Excavating Treasure from the Amber of the Prior Art：Why the Public Benefit Doctrine is Ill-Suited to the Pharmaceutical Sciences*, 66 Food and Drug Law Journal 107 (2011).

③ Trudo Lemmens & Candice Telfer, *Access to Information and the Right to Health：The Human Rights Case for Clinical Trials Transparency*, 38 American Journal of Law and Medicine 85 (2012).

④ 参见 Daniel J. Gervais, *Exploring the Interfaces Between Big Data and Intellectual Property Law*, 10 Journal of Intellectual Property, Information Technology and Electronic Commerce Law 36-38 (2019)。

⑤ 参见 Christian R. Fackelmann, *Clinical Data, Data Exclusivity and Private Investment Protection in Europe*, in Josef Drexl & Nari Lee eds., Pharmaceutical Innovation, Competition and Patent Law, Edward Elgar, 2013, pp. 158-159。

过程中，上市审批机关并不会允许仿制药企业获取或接触参比制剂上市申请文件中的试验数据。在获批上市的原研药已被证实符合安全性、有效性标准的情况下，无论是仿制药企业还是药品上市审批机关，均仅需要利用生物等效性试验数据将申请上市的仿制药和原研药进行比较，就能得出仿制药是否符合药品上市安全性、有效性要求的结论，而不需要利用或依赖原研药企业所提交的试验数据。

正是基于这一原因，部分美国、欧盟和EFTA签订的FTA将药品上市许可信息规定为药品试验数据专有保护客体。但是，仅将药品上市许可信息规定为药品试验数据专有保护客体，在实践中也会出现漏洞，难以对原研药企业提交的"试验数据"提供全面保护。例如，药品上市审批机关如果在仿制药申请人提供的生物等效性试验等数据基础上，结合原研药企业提交的安全性、有效性试验数据，而非原研药上市许可信息本身，作出批准仿制药上市的决定，则并不违反"不依赖原研药上市许可信息批准仿制药"上市许可的规定。或许正是基于上述考量，美国在部分FTA中明确将试验数据和上市许可信息并列作为药品试验数据专有保护客体。也就是说，无论是依赖原研药企业提交的安全性、有效试验数据，还是依赖原研药上市许可信息，批准仿制药上市，都在药品试验数据专有保护的禁止行为之列。

但无论是药品试验数据本身，还是药品上市许可信息，都仅是仿制药上市过程中在形式上直接依赖的对象，而不是药品试验数据专有保护的真正客体。

仿制药获得批准上市的关键是通过药品上市审批机关规定的相关试验和方法证明其与作为参比制剂的原研药具有质量和疗效上的一致性。仿制药"参比"原研药，仅仅是依赖或参照已由原研药申请所证实的安全性和有效性信息。[1] 其背后的逻辑是，在原研药已

---

[1]　参见 Christian R. Fackelmann, *Clinical Data, Data Exclusivity and Private Investment Protection in Europe*, in Josef Drexl & Nari Lee eds., Pharmaceutical Innovation, Competition and Patent Law, Edward Elgar, 2013, pp. 158-159, 173。

被证实符合安全性、有效性要求的情况下，如果申请获得上市许可的仿制药与原研药具有质量和疗效上的一致性，则该仿制药也同样符合安全性、有效性要求，可以获得上市许可。仿制药企业无论是依赖原研药相关试验数据，还是基于原研药上市许可信息，其本质上都是通过利用原研药的安全性和有效性信息，从而证明其申请上市的仿制药符合相关要求。也就是说，申请上市仿制药利用的信息是，其参比的原研药符合安全性、有效性上市许可要求。而这一信息是原研药企业在申请其药品上市时通过提交大量的试验数据证实的，也是药品试验数据专有保护的核心。

由此可以看出，药品试验数据专有保护客体实质上是"药品安全、有效"这一信息，也就是可以通过药品试验数据或上市许可信息所推知的药品安全性、有效性结论。无论是原研药相关试验数据，还是其上市许可信息，其背后体现的都是"药品安全、有效"，试验数据和上市许可均只是承载或体现"药品安全、有效"这一信息的载体，不是药品试验数据专有制度保护的真正客体。原研药企业通过符合规程的一系列试验，可以获得并记录得到相关试验数据。这些试验数据包含了原研药上市许可申请和审批所需要的信息。通过对药品试验数据及其所包含信息的分析和挖掘，最终可以得出"药品是否安全、有效"的结论信息。如果分析得出的结论是"药品安全、有效"，则申请上市原研药在符合其他相关条件的情况下可以被批准上市。对于相同的"药品安全、有效"信息，可以由不同的医药企业通过不同的试验来获得或证实，也就是说药品安全性、有效性信息与试验数据之间并不具有唯一对应性。而对于获知这一"药品安全、有效"信息并相信该信息的人而言，则该信息成为了一种"知识"。[1] 仿制药上市许可申请人和药品上市审批机构在申请和审批仿制药过程中利用的正是这一"知识"层面的"药品安全、有效"信息。

---

[1]　参见 Chaim Zins，*Conceptual approaches for defining data*，*information*，*and knowledge*，58 Journal of the American society for information science and technology 487（2007）。

美国在最近所签订的 FTA 中，即明确将药品安全性、有效性信息作为药品试验数据专有保护客体，但将其与上市许可信息并列。然而，原研药上市许可信息体现的仍然是"药品安全、有效"这一信息。人们通过药品上市许可信息，可以获知的是"药品安全、有效"这一知识层面的信息，并可以在仿制药上市许可申请和审批中加以利用。因此，对药品上市许可信息的利用本质上仍然是对药品安全性、有效性信息的利用。美国相关 FTA 中这种形式上的并列规定，应当理解为仅是对"药品上市许可信息"这一最直观载体形式的明确和强调。

药品试验数据专有制度保护的是药品安全性、有效性信息，而非药品试验数据本身这一结论还可从美国对两个以上申请人分别自行获得药品试验数据时的处理方式得出。美国药品试验数据专有保护并不禁止他人通过自行获得安全性、有效性试验数据以获得药品上市许可。在后自行获得试验数据的上市许可申请人可以豁免自己的药品上市许可不受他人在先药品试验数据专有保护的限制，但其试验数据或上市许可信息不能作为后续其他仿制药申请的依赖对象，这使得在先的药品试验数据专有保护仍然能够阻止其他仿制药上市。① 例如，如果 A 企业享有某药品的试验数据专有保护，而 B 企业在后自行获得相同药品的安全性、有效性试验数据，则 A 企业的药品试验数据专有保护不能阻止 B 企业就该相同药品获得上市许可。在这种情况下，尽管 B 企业不享有药品试验数据专有保护，但其他企业仍然不能依赖 B 企业药品安全性、有效性信息获得上市许可，否则将侵犯 A 企业的药品试验数据专有权利。显然，如果药品试验数据专有保护的是药品试验数据本身，则该专有保护不能阻止他人依赖第二个药品上市许可申请人自行获得的药品试验数据取得仿制药上市许可。因为就试验数据本身而言，这两个申请人针对相同药品所提交的试验数据是相互独立的，他人依赖第二个药品上市许可申请人提交的试验数据申请仿制药上市，并不构成对

---

① 参见 Valerie Junod, *Drug Marketing Exclusivity Under United States and European Union Law*, 59 Food and Drug Law Journal 491-492（2004）。

第一个药品上市许可申请人试验数据的利用或依赖。正是因为该制度是对药品安全性、有效性信息给予专有保护，在后的仿制药均不得利用该药品的安全性、有效性信息获得上市许可，即便在后的其他药品上市许可申请人通过自行获得的试验数据对这些信息再加以证实，也只能豁免其自己不受在先药品试验数据专有保护的限制。

二、药品安全性、有效性信息的技术方案属性

有观点认为，药品试验数据是对事实的说明和展示，因此属于科学发现，而"药品安全有效"即为药品试验数据所展示的事实。[1]

但药品安全性、有效性信息本质上并不能视为科学发现，而是属于类似于"发明"的技术方案信息。通常认为，发现是对自然界存在的作用机理、事物特点或现象的揭示，包括自然物质、自然现象和科学规律等。[2] 化合物或生物分子治疗疾病的活性属于一种自然特性，对这一自然特性的揭示显然属于科学发现。[3] 然而，药品安全性、有效性信息并不是对自然界物质特性的揭示，其保护的不是作为活性成分的化合物或生物分子治疗疾病的有效性、安全性信息，而是"药品"的安全性、有效性信息。与活性成分化合物或生物分子不同，药品除了包含活性成分外，还包括辅料等其他成分，并且活性和非活性成分以一定的含量比例存在。只有以一定的含量存在于特定制剂当中，并以一定的用法、用量施予患者的活性成分，才能安全、有效地治疗相关疾病。因此，"药品安全性、有效性信息"由两部分信息构成：一是药品信息，包括药品活性成分、剂型、规格、给药途径、用途等；二是安全性、有效性信息。由一定的活性成分以特定含量组成、以特定方式制备而成的药品，显然是作为技术方案的"发明"，而非发现。包含这一技术方案信息的

---

① 参见褚童：《TRIPS 协定下药品试验数据保护研究》，复旦大学 2014 年博士学位论文，第 18~19 页。

② 参见崔国斌：《专利法：原理与案例》（第二版），北京大学出版社 2016 年版，第 68 页。

③ 参见中华人民共和国国家知识产权局：《专利审查指南 2010》，知识产权出版社 2010 年版，第 122~123 页。

"药品安全性、有效性信息"也同样具有技术方案属性。

基于上述分析,"药品安全性、有效性信息"可以更具体地表述为以下信息:含有特定含量的药品活性成分以及具有特定剂型、规格等特征的药品,以一定的给药途径用于治疗特定疾病,是安全且有效的。而这些也正是仿制药申请上市时所需要依赖的信息,也是需要通过药学等效性和生物等效性试验数据证明与原研药治疗等效的信息。

三、行政机关对药品安全性、有效性信息的审查

在美国和欧盟等国家和地区的实践中,药品上市审批机关会对相关药品试验数据及信息进行审查,从而确定是否应当给予保护。对药品试验数据专有保护的审查可以包括两个层面:一是对申请上市的原研药是否符合上市标准进行审查,只有符合上市标准的药品才能获得上市审批,其安全性、有效性信息才能获得保护;二是,对相关药品是否符合药品试验数据专有保护的条件进行审查,例如审查是否属于新化学实体药品等。药品上市审批机关的行政决定还需要接受司法审查。

以美国为例,联邦法规 CFR 第 21 篇规定,希望获得药品试验数据专有保护的上市许可申请人应当提供声明并进行详细说明。① 实践中,无论上市申请人是否提出请求,FDA 药品研究与评价中心(CDER)均会对所有相关的新药上市许可申请进行审查,以确定是否给予试验数据专有保护。② CDER 得出审查结论后,不会通知药品上市申请人,但会通过登记在橙皮书中作为公示信息。③

---

① 参见 21. C. F. R. § 314. 50(j), 314. 54(a)(l)(vii) and 314. 70(f)。

② 参见 FDA. Small Business Assistance: Frequently Asked Questions for New Drug Product Exclusivity, https://www.fda.gov/drugs/cder-small-business-industry-assistance-sbia/small-business-assistance-frequently-asked-questions-new-drug-product-exclusivity, visited on 20 January 2022。

③ 参见 FDA. Frequently Asked Questions on Patents and Exclusivity, https://www.fda.gov/drugs/development-approval-process-drugs/frequently-asked-questions-patents-and-exclusivity#notification, visited on 20 January 2022。

在 FDA 就是否给予药品试验数据以专有保护进行审查期间，无论新药上市许可申请人还是公众，都没有正式固定的途径提出陈述意见或异议。但是，如果 FDA 拒绝给予药品试验数据专有保护，新药上市许可持有人可以通过"公民请愿"（citizen petition）要求 FDA 改变这一决定，并且在 FDA 拒绝后可以向法院提起诉讼。① 在 FDA 作出给予药品试验数据专有保护的决定后，利益相关方也可以通过"公民请愿"方式要求 FDA 改变相关决定；如果 FDA 维持该决定，利益相关方还可以将 FDA 作为被告向法院提起诉讼。②

例如，2007 年惠氏公司（Wyeth）取得了治疗肾细胞癌药物托瑞赛尔（Torisel）的上市许可，并获得新化学实体药品试验数据专有保护。2011 年，山德士（Sandoz）对托瑞赛尔的药品试验数据专有保护提出挑战，认为托瑞赛尔的活性成分替西罗莫司（temsirolimus）是此前已批准上市药品西罗莫司（sirolimus）的酯形式，因此不属于新化学实体，不能获得新化学实体药品试验数据专有保护。FDA 审查后，认可了山德士提出的挑战理由，取消了所给予的试验数据专有保护，并更改了橙皮书中的记录。③

此外，在仿制药申请人提出 ANDA 申请时，也需要就参比制剂是否可以获得试验数据专有保护提出书面声明，此时仿制药申请人也可提出异议和挑战。④ 阿特维斯（Actavis）制药公司对赖氨酸安非他命（Vyvanse）新化学实体药品试验数据专有保护提出的挑战即是一例。赖氨酸安非他命是 2007 年经美国 FDA 批准上市的药品，并获得了新化学实体药品试验数据专有保护。2009 年，阿特维斯

① 参见 AstraZeneca Pharmaceuticals LP v. Food & Drug Administration，872 F. Supp. 2d 60 (D. D. C. 2012)。

② 参见 Valerie Junod，*Drug Marketing Exclusivity Under United States and European Union Law*，59 Food and Drug Law Journal 479-518 (2004)。

③ 参见 Center for Drug Evaluation and Research. Administrative and Correspondence Documents Part 2: Torisel Exclusivity Determination，https://www. accessdata. fda. gov/drugsatfda _ docs/nda/2007/022088Orig1s000Admincorres _Part%202. pdf，visited on 20 January 2022。

④ 参见 21. C. F. R. § 314. 94。

向 FDA 提出赖氨酸安非他命的仿制药申请，但 FDA 以参比原研药受到药品试验数据专有保护为由拒绝受理其申请。阿特维斯认为 FDA 给予该药品的试验数据专有保护存在错误，应当予以纠正和撤销，并因此向法院提起诉讼。[①]

四、对药品安全性、有效性信息专有的意义

药品试验数据是对开展临床前试验、临床试验等试验研究结果的记录，药品安全性、有效性信息则是对这些记录按照一定方式进行分析后得出的结论。针对相同的药品，不同医药企业可以获得不同的药品试验数据，但从这些不同试验数据可以得出相同的安全性、有效性信息。在药品获得上市许可后，即便药品试验数据本身仍保持保密状态，药品安全性、有效性信息也即成为公开信息。此时，药品安全性、有效性信息既可通过药品试验数据所证实，也可通过药品获得上市许可这一事实本身得以证实。药品安全性、有效性信息与试验数据本身的上述这些区别，也是分析和完善药品试验数据专有保护制度的基础。

首先，对药品安全性、有效性信息的专有是形成药品市场独占的基础。如果仅仅是对试验数据的专有而非对药品安全性、有效性信息的专有，则仿制药企业完全可以在不直接利用原研药试验数据的情况下，仅仅依赖药品上市许可证据，甚至仅仅是依赖已成为公开信息的安全性、有效性信息本身即可以获得上市许可，从而"架空"药品试验数据专有保护。在对药品安全性、有效性信息提供专有保护的情况下，尽管从理论上来说，对于他人通过自行获得药品试验数据证实药品安全性、有效性并以此为基础提出的药品上市许可申请，并不在药品试验数据专有保护的禁止范围之内，但在实践中由于成本、伦理等方面的考量，此种情形并不多见。尤为重要的是，即便在后申请人通过自行获取的药品试验数据获得上市许可，

---

① 参见 Actavis Elizabeth v. U. S. Food Drug Admin., 625 F. 3d 760 (D. C. Cir. 2010)。

其上市药品的安全性、有效性信息也不能被他人用于申请仿制药上市。① 其原因在于，在后上市药品的安全性、有效性信息与首个上市药品的安全性、有效性信息本质上是同一信息，而这一信息已为首个上市药品上市许可持有人在一定期限内所专有。因此，如果仅仅是对药品试验数据的专有，则其不会产生对安全性、有效性信息的专有，也更难以形成产品或市场的独占。②

其次，对药品安全性、有效性信息的专有与药品上市许可申请人所作贡献相匹配。尽管一般认为药品试验数据专有制度的目的在于保护原研药企业获得相关数据所付出的投资，但事实上更应当将这一制度理解为对原研药企业获得药品安全性、有效性这一信息所作贡献的"奖励"，与专利制度类似。这是因为，药品试验数据的获取固然需要付出大量的投资，但大量的投资并不一定能获得药品安全性、有效性信息。在药品研发过程中，在最后阶段的临床三期试验中宣告研发失败的案例不胜枚举，更不要说在其他研发环节失败的情形。首个药品上市许可申请人的贡献不仅仅在于通过大量投资获得了试验数据，而更重要的是通过这些数据获得药品安全性、有效性信息，即"含有特定含量的药品活性成分以及具有特定剂型、规格等特征的药品，以一定的给药途径用于治疗特定疾病，是安全且有效的"。原研药企业所付出的成本也不仅仅是获得该药品试验数据的成本，而是还包括其他失败案例中的"试错成本"。在后申请相同药品上市许可的申请人，即便通过自行开展相关试验获得所需数据，也仅是对已被证实的药品安全性、有效性信息的验证，不需要承担"试错成本"，对人类社会知识增量的贡献也极为有限。也正因如此，在后申请相同药品上市许可的申请人自行获得的试验数据，仅能豁免该申请人自己不受在先药品试验数据专有保护的限制，但不能导致首个获得药品上市的原研药企业丧失其对药

---

① 参见 Valerie Junod, *Drug Marketing Exclusivity Under United States and European Union Law*, 59 Food and Drug Law Journal 491-492（2004）。

② 参见 Nuno Pires de Carvalho, *The TRIPS Regime of Antitrust and Undisclosed Information*, Kluwer Law International, 2008, pp. 284-286。

品安全性、有效性的专有。而如果仅赋予首个获得药品上市的原研药企业对其试验数据的专有，则第三人很容易通过依赖他人自行获得的试验数据、依赖已公开试验数据、依赖上市许可证明文件等，"绕开"对试验数据本身的专有保护，导致对该原研药企业利益的损害。

最后，也尤为重要的是，对药品安全性、有效性信息的专有，而非对药品试验数据本身保护，也是药品试验数据专有制度与TRIPS协定第39条第3款规定的药品试验数据保护义务的主要区别之一。协定第39条第3款保护的是试验数据，无论是"不披露"还是"免于不正当商业使用"保护义务，其针对的都是试验数据本身，而非通过分析这些数据所得到的信息。[1] 因此，就协定第39条第3款规定而言，药品上市审批机构基于已证实的药品安全性、有效性信息批准仿制药上市是允许的。[2] 药品试验数据专有保护则与此不同，其所赋予的是对药品安全性、有效性信息的专有，只要仿制药企业未经权利人许可，就不得以任何形式利用受保护的药品安全性、有效性信息获得上市许可，除非其自行获得上市所需的全部试验数据。

第三节　药品试验数据专有的权利属性

关于药品试验数据专有保护权利属性的争议主要围绕其是否属于一种知识产权"权利"，为此对照知识产权的权利属性，从排他性、私权属性和财产权属性三个方面对其进行分析。

一、排他性

排他性是知识产权的本质属性之一，知识产权的排他性主要体

---

[1] 参见 Nuno Pires de Carvalho, *The TRIPS Regime of Antitrust and Undisclosed Information*, Kluwer Law International, 2008, pp. 284-286。

[2] 参见 Pamela Andanda, *Managing Intellectual Property Rights over Clinical Trial Data to Promote Access and Benefit Sharing in Public Health*, 44 IIC-International Review of Intellectual Property and Competition Law 174 (2013)。

现在两个方面：第一，知识财产为权利人所独占，没有法律规定或未经权利人许可，任何人不得使用受保护的知识产品；第二，对于同一项知识产品，不允许存在两个或两个以上同一属性的知识产权。①

药品试验数据专有保护赋予了原研药企业对其药品安全性、有效性信息的排他性权利，这是区别于反不正当竞争保护的一个重要方面。药品试验数据专有保护的排他性主要体现在以下两个方面：第一，原研药企业对其药品安全性、有效性信息在一定期限内享有独占性的权利，未经其许可或没有法律规定，他人均不得依赖该信息获得仿制药上市许可。这种独占性权利与不正当竞争保护不同，其并不是从规范竞争者行为的角度出发，在个案中考察他人依赖相关信息申请或取得上市许可的行为是否具有不正当性、是否会损害原研药企业利益以及市场竞争秩序等；而是在对相关信息赋予权利的基础上，对侵害此种权利的行为一概予以禁止，除非有法定事由或获得权利人许可。第二，药品安全性、有效性信息可以受到药品试验数据专有保护的前提是药品属于"新药"（包括新化学成分药物、新适应证、新生物制品等），这也就意味着，对于相同的药品安全性、有效性信息，仅有最早提交给药品上市审批机关的信息可以获得保护，再后提交的信息则不能享受同等待遇，从而确保了对于相同的信息不会存在两个或两个以上的排他权保护。

排他权保护模式立足于确立的可以受保护的权利，而反不正当竞争保护则立足于制止符合不正当竞争条件的特定行为，受害者因不正当竞争行为得以制止而受到保护；排他权具有更强的稳定性和固定性，而反不正当竞争法所保护的利益则没有那么稳定和固定，能否得到保护往往需要取决于具体情况。② WIPO 在区分工业产权保护与反不正当竞争保护时指出，工业产权是由相关主管机构对相

---

① 参见吴汉东：《知识产权总论》（第三版），中国人民大学出版社 2013 年版，第 27 页。

② 参见孔祥俊：《反不正当竞争法新原理·总论》，法律出版社 2019 年版，第 290~299 页。

关客体授予的专有权,而反不正当竞争保护则不是基于授权,而是基于违反诚实商业惯例的行为应予以禁止。① 以此为标准,也可发现,药品试验数据专有属于相关主管机关(药品上市审批机关)授予的一项排他性权利,并通过公示明确其权利边界和保护期限,禁止他人未经许可在此期限内依赖受保护的药品安全性、有效性信息获得仿制药上市许可,而不需要针对竞争者的具体行为分析是否违反诚实商业惯例,比反不正当竞争保护具有更强的稳定性和固定性。

但与同样作为排他权的专利权不同的是,药品试验数据专有保护并不能限制他人通过自行获得安全性、有效性数据以获得药品上市许可。从这一意义上来说,权利人对药品安全性、有效性信息的独占或垄断并不绝对。这在一定程度上与商业秘密类似。商业秘密权利人享有禁止他人非法获取和使用其商业秘密的权利,但不能阻止他人通过反向工程和独立研发获得相关技术和信息。但这只是表明不同知识产权类型的排他性范围和程度存在不同,而不是对排他权的否认。② 事实上,药品试验数据专有的排他性程度比商业秘密更高,这主要体现在,商业秘密保护不能排除在后合法获得相同技术或信息的人也享有商业秘密保护,但药品试验数据专有保护则能够排除在后申请人获得相同的排他性权利。

虽然药品试验数据专有保护并不能禁止他人通过自行获得安全性、有效性试验数据以获得药品上市许可,但是在后自行获得试验数据的人也仅能豁免自己的药品上市许可不受在先药品试验数据专有保护的限制。在后上市申请人自行获得的药品试验数据或其药品上市许可信息不能作为他人仿制药上市申请所依赖的对象,这使得首个上市许可持有人享有的药品试验数据专有保护仍然能够阻止其

---

① 参见 Protection Against Unfair Competition: Analysis of the Present World Situation, presented by the International Bureau of WIPO (Geneva, 1994). 转引自:孔祥俊:《反不正当竞争法新原理·总论》,法律出版社 2019 年版,第 290~291 页。

② 参见林秀芹:《商业秘密知识产权化的理论基础》,载《甘肃社会科学》2020 年第 2 期,第 12 页。

他仿制药上市。① 美国 FDA 对此解释称，如果允许他人依赖第二个取得上市的药品获得仿制药上市许可，则将剥夺首个上市药品所享有的试验数据专有保护的有效保护期。②

美国 FDA 对药品试验数据专有范围的上述解释和实践，也体现了排他权和反不正当竞争保护的区别。如果首个上市药品的试验数据通过反不正当竞争模式进行保护，则其只能禁止他人对相关试验数据的"不正当利用"。即便将他人未经许可依赖原研药安全性、有效性信息申请和获得仿制药上市许可的行为认定为"不正当商业使用"而被列入禁止之列，其保护边界也不应延伸至禁止他人依赖第二个取得上市药品的试验数据来获得仿制药上市许可。易言之，由于第二个上市的药品也拥有独立获得的证实药品安全性、有效性的试验数据，他人将第二个上市的药品作为参比制剂，依赖第二个取得上市药品的安全性、有效性信息申请和获得仿制药上市的行为，并不会构成对首个上市药品试验数据的利用，更不用说"不正当商业使用"。只有对药品试验数据所证实的安全性、有效性信息赋予排他权，才能将其保护范围延伸到利用第二个通过完整新药申请取得上市许可药品的安全性、有效性信息来获得仿制药上市许可的行为。

二、私权属性

私权与公权相对应，是指在私法上规定的赋予私人以对抗其他私人的权利，其目的是保护私人利益而非国家利益或公共利益。③ TRIPS 协定在前言中开宗明义地规定了知识产权的私权属性。知识产权的私权属性主要体现在以下几个方面：第一，知识产权是"私人的权利"，即民事法律关系主体的权利；第二，知识产权是"私

---

① 参见 Valerie Junod, *Drug Marketing Exclusivity Under United States and European Union Law*, 59 Food and Drug Law Journal 491-492（2004）。

② 参见 Valerie Junod, *Drug Marketing Exclusivity Under United States and European Union Law*, 59 Food and Drug Law Journal 491-492（2004）。

③ 参见王涌：《私权的分析与构建：民法的分析法学基础》，北京大学出版社 2019 年版，第 60 页。

有的权利"，即特定民事主体所享有的权利，而非所有人共同享有的权利；第三，知识产权是"私益的权利"，即追求合法私人利益的权利。① 概言之，作为私权的知识产权为特定民事主体所享有的私益性权利，也是关于平等民事主体相互之间的权利。药品试验数据专有保护也同样符合私权的一般标准。

第一，药品试验数据专有是以法律的名义赋予特定民事主体所享有，允许民事主体为追求其私益而享有和处分的权利。药品试验数据专有制度的直接目的在于保护原研药企业为获取药品试验数据所付出的投资，其追求的是合法的私人利益。药品试验数据专有也不是所有民事主体所共享的权利，而是为权利人所独占。权利人可以根据个人意愿，在法定范围内对其享有的药品试验数据专有权利进行处分，包括许可、转移、放弃等。与专利权等其他知识产权一样，虽然药品试验数据专有为国家所赋予，但不能据此认为其具有公权属性。②

第二，药品试验数据专有制度调整的是平等民事主体之间的关系。药品试验数据专有不仅为民事主体所享有，而且其调整的是平等民事主体之间的关系。也就是说，权利人行使权利的对象是不特定的民事主体，即与其有竞争或潜在竞争关系的制药企业，以阻止这些企业在未经许可的情况下依赖其药品安全性、有效性信息获得药品上市许可。例如，在美国法下，对新化学实体药品试验数据专有制度的规定是，在作为参比制剂的原研药获得上市许可之日起五年内，他人不得提交仿制药申请。③ 显然，该条规定直接针对的可能提交仿制药上市许可申请的其他制药企业。而对于新临床试验数据专有保护，虽然规定的是上市审批机关在参比制剂获得上市许可之日起三年内不得让仿制药上市许可申请生效④，但其影响的仍然

---

① 参见吴汉东：《知识产权总论》(第三版)，中国人民大学出版社2013年版，第10~11页。

② 参见吴汉东：《关于知识产权私权属性的再认识——兼评"知识产权公权化"理论》，载《社会科学》2005年第10期，第59页。

③ 参见21 U.S.C. § 355(j)(5)(F)(ii)。

④ 参见21 U.S.C. § 355(j)(5)(F)(iii)。

是仿制药企业的利益，而非上市审批机关的利益。无论是"不受理"还是"不批准"，都仅是药品上市审批机关提供药品试验数据专有保护的方式，其调整的仍然是原研药企业和仿制药企业这两个平等民事主体之间的权利义务关系，而非民事主体和行政机关之间的权利义务关系。

从这一意义上来说，药品试验数据专有保护的实施与救济方式与其他民事权利，尤其是著作权、专利权等知识产权的行政保护并无本质区别。"民法侵权行为法上的救济权是为救济私益而设，但对私益的保护并不仅仅体现在民法中，同样也体现在行政法、刑法等公法之中，所以，这些公法中所设定的某些公权其目的除了保护公益外，也保护私益"。① 无论是通过民事、行政还是刑事保护，均不能改变私权属性。就知识产权而言，"知识产权的私权本质，不以对该权利的法律保护手段不同而改变"。② 与专利权等知识产权不同的是，药品试验数据专有权利人不需要针对每一可能的侵权行为(即，每一个仿制药上市许可申请)单独向药品上市审批机关提出行政处理请求，而是由行政机关主动给予保护。但是，行政机关的主动保护也并非药品试验数据专有保护所特有，例如 TRIPS 协定"边境措施"规定，成员可以规定主管机关依职权自行采取行动，并对有初步证据证明存在侵犯知识产权情形的货物中止放行。③

事实上，药品专利链接制度与药品试验数据专有保护在这一方面存在类似之处。在药品专利链接制度中，仿制药上市许可申请人如果不对原研药专利提出挑战，药品上市审批机关在专利保护期限内不会批准仿制药上市；即便仿制药上市许可申请人提出专利挑战，只要专利权人在法定期限内向法院提起专利侵权之诉，药品上

---

① 王涌：《私权的分析与构建：民法的分析法学基础》，北京大学出版社 2019 年版，第 385 页。

② 刘春田：《知识财产权解析》，载《中国社会科学》2003 年第 4 期，第 118 页。

③ 参见 TRIPS 协定第 58 条。

市审批机关也在一定期限内(称为"等待期")不会批准仿制药上市,除非原研药专利被宣告无效或者仿制药被有权机关(法院或行政机关)认定为不侵犯专利权。显然,在这一制度中,表面上也是限制了作为行政机关的药品上市审批机关在专利保护期限内批准仿制药上市的权力,但事实上专利权作为一种民事权利,限制的是仿制药在权利保护期限内获得上市许可,药品上市审批机关仅仅是保护专利权的执法机关。

从救济方式来说,药品上市审批机关"不受理"或"不批准"仿制药上市,其效果就是让仿制药上市许可申请人承担"停止侵权"这一民事责任。在美国,在药品上市审批机关审批过程当中乃至批准仿制药上市之后,原研药企业还能通过向法院寻求临时或永久禁令的方式,阻止药品上市审批机关给予仿制药许可甚至撤销已给予的仿制药上市许可。[1] 欧盟制度也与美国类似,在药品上市审批机关批准仿制药上市后,原研药企业既可以针对药品上市审批机关提起诉讼,也可以针对仿制药上市许可申请人提起诉讼,并且均可以请求法院给予临时禁令。[2]

由上述分析可知,药品试验数据专有的实施和救济与其他民事权利相比并没有本质区别。其特殊性主要在于,权利的实施和救济都与药品上市审批程序相关,这也是由这一权利内容及设立目的所决定的。药品试验数据专有保护的目的在于通过在一定期限内限制依赖受保护信息的仿制药获得上市许可从而给予原研药一定的市场独占期,这一权利的内容与仿制药上市许可程序密切相关,由药品上市审批机关来进行执法保护是最为经济、有效的方式。但是,由药品上市审批机关在仿制药上市审批过程中对药品试验数据专有保护进行执法,并不能否定药品试验数据专有的私权属性。在仿制药

---

[1] 参见 AstraZeneca Pharmaceuticals LP v. Food & Drug Administration,872 F. Supp. 2d 60 (D. D. C. 2012)。

[2] 参见 Competition D G, Pharmaceutical Sector Inquiry-Preliminary Report,https：//ec. europa. eu/competition/sectors/pharmaceuticals/inquiry/preliminary _ report. pdf, visited on 18 February 2022。

上市审批程序中，药品上市审批机关扮演着双重角色：一是审查药品是否符合安全性、有效性等上市要求，目的是为公众健康和用药安全提供保障，保护的是公共利益；二是对药品试验数据专有权利进行保护，以及通过药品专利链接制度对专利权进行保护等，保护的是原研药企业的私权。

与其他民事权利相比，药品试验数据专有权利被侵犯（即仿制药企业依赖受保护安全性、有效性信息获得上市许可）的，当前主要国家和地区的立法中均没有明确规定损害赔偿等民事侵权责任，也没有查找到请求损害赔偿的诉讼案例。但这并不意味着药品试验数据专有权利人在其权利被侵犯后不能获得损害赔偿。TPP 即明确规定，针对知识产权章节所规定的所有知识产权类型，各成员均应当规定权利人在民事程序中获得损害赔偿的权利。① 这一规定显然也适用于该章规定的药品试验数据专有保护。仿制药上市许可申请人以侵犯药品试验数据专有权利的方式获得上市许可并销售其仿制药的，作为权利人的原研药企业必将因其原研药销量的下降而遭受经济损失，权利人也应当有权获得赔偿，这与其他民事侵权从本质上来说也并无区别。

三、财产权属性

财产权是指"以财产利益为直接内容的权利"，其不具有专属性，可以转让、抛弃和继承。② 与反不正当竞争保护相比，药品试验数据专有保护给受保护的药品安全性、有效性信息赋予了财产权。作为一种财产权，权利人可以通过许可、转让等方式处置其权利，并获得一定的经济收益。

权利人可以许可他人使用其受保护的药品安全性、有效性信息，即允许他人依赖其药品安全性、有效性信息获得仿制药上市许可。在美国和欧盟等国家和地区签订的 FTA 中，均规定了许可他

① 参见 TPP，Article 18. 74. 3。
② 参见王利明、杨立新等：《民法学》（第四版），法律出版社 2015 年版，第 33 页。

人使用受保护信息的权利。例如，TPP 规定，在药品试验数据专有保护期内，缔约方不得批准第三方在未经在先提交原研药安全性、有效性信息之人同意的情况下基于此类信息上市销售相同或类似药物。① 也就是说，只要获得药品试验数据专有权利人（在先提交原研药安全性有效性信息之人）的同意，第三人即可基于受保护的药品安全性、有效性信息获得药品上市许可。许可权也规定在了相关国家和地区的立法当中。例如，美国 CFR 规定，药品上市许可申请人可以经得许可参照或利用他人为新药上市审批获得的药品试验数据申请上市许可②，此种情况下需要向 FDA 提供试验数据所有者的书面声明。③ 加拿大食品和药品条例规定，其他人可以在经得原研药生产者同意的情况下，参照其药品安全性、有效性信息提交仿制药上市许可申请或者获得上市许可。④ 此种情况下，仿制药上市许可申请人需要提交原研药生产者的书面同意书。⑤ 中国《药品管理法实施条例》也规定，"自药品生产者或者销售者获得生产、销售新型化学成分药品的许可证明文件之日起 6 年内，对其他申请人未经已获得许可的申请人同意，使用前款数据申请生产、销售新型化学成分药品许可的，药品监督管理部门不予许可"，明确了权利人也即"已获得许可的申请人"可以许可他人使用其受保护信息。⑥

除了许可他人使用外，权利人还可放弃或豁免其权利。美国实践中，存在多个放弃药品试验数据专有保护的案例。例如，1998年 Stuart 医药公司豁免其新化学实体药品试验数据专有以允许 FDA批准 ICI 医药集团的阿替洛尔（atenolol）仿制药上市；2002 年百时

① 参见 TPP, Article 18.50。

② 参见 21. C. F. R. § 314.3(b)。

③ 参见 21. C. F. R. § 314.50(g)。

④ 参见 Food and Drug Regulations (last amended on 2023-11-24), C.08.004.1。

⑤ 参见 Guidance Document: Data Protection under C.08.004.1 of the Food and Drug Regulations (Date adopted: 2009/03/11; Revised date: 2021/04/08), Secciton 3.3-3.4。

⑥ 《中华人民共和国药品管理法实施条例》第 34 条第 2 款。

美施贵宝(Bristol-Myers Squibb)公司豁免其儿科用药专有保护和新临床试验数据专有保护，以允许 FDA 批准带有儿科用药标签的二甲双胍(metformin)和丁螺环酮(buspirone)仿制药获得上市许可。①

　　药品试验数据专有权利还可以在一定条件下转让。药品试验数据专有的原始权利归属于药品上市许可申请人。在药品上市许可申请人或持有人发生变更的情况下，药品试验数据专有也应当随之转移。在实施药品上市许可持有人制度的国家和地区，药品上市许可可以依法转让。② 如果药品上市许可所涉药品还受到药品试验数据专有保护，为保障受让人的市场利益，药品试验数据专有也应当一并转移给受让人。因此，药品试验数据专有保护对于药品上市许可具有一定的依附性，一般通过药品上市许可的转移一并发生转移。由于药品试验数据专有实质上赋予了药品一定期间的市场独占期，其价值也必然会体现在药品上市许可转让的对价当中。此外，药品试验数据专有还可以在公司收购、合并和分立等过程中发生转移，并体现其经济价值。③

　　药品试验数据专有的财产权属性并非来源于商业秘密保护。虽然通过商业秘密保护的未披露药品试验数据也具有财产权属性，但药品试验数据专有保护的药品安全性、有效性信息具有公开性，药品一旦获得批准上市，这一信息即被公开而不能再作为商业秘密保护。因此，药品试验数据专有的财产权与未披露药品试验数据的财产权是两种完全不同且相互独立的财产权。

　　还需要说明的是，药品试验数据专有保护的是药品安全性、有效性这一技术信息，其并没有如同作品那样体现"作者独特的人

---

①　参见 FDA Response to Citizen Petition by Messrs. Rein and McGrath (on Behalf of Pfizer)，https：//paragraphfour. com/uploads/educ/04p0227FDAC. pdf，visited on 20 January 2022。

②　参见赵娜、胡晓抒：《欧盟药品上市许可人制度研析及对我国的启示》，载《药学与临床研究》2016 年第 5 期，第 430 页。

③　参见 Robin Feldman, *Regulatory Property*：*The New IP*, 40 The Columbia Journal of Law & the Arts 63（2016）。

格、思想、意识、情感等精神状态"①，因此不像著作权那样享有精神权利或人身权。在这一点上，同为保护技术方案信息的制度，药品试验数据专有制度与专利制度更为接近。

四、民事权利属性证成

关于权利的法学理论研究并未形成充分的共识，但"意志理论"和"利益理论"仍然是"权利理论的主角"。② 意志理论认为，"一项权利首先要实现或保护权利人就特定事项的自由意志"③；利益理论则认为"权利的单一功能在于促进权利人的利益"。④ 王利明等认为，"民事权利本质上是指法律为了保障民事主体的特定利益而提供法律之力的保护，是法律之力和特定利益的结合，是类型化了的利益"。⑤ 因此，权利一方面要有"利益"这一内核，另一方面，利益需要得到法律的认可和保护。⑥ 也即，权利的本质是"正当利益的法律化或制度化"。⑦ 显然，如前文所分析的那样，药品试验数据专有完全符合权利的本质属性，具有正当利益这一内容"内核"，也具有法律化或制度化这一"形式"。

首先，从权利内容来看，药品试验数据专有能给原研药企业带来正当的财产性利益。通过给予原研药一定的市场独占期，药品试验数据专有制度能使作为权利人的原研药企业获得垄断性利益，这

---

① 王迁：《著作权法》，中国人民大学出版社 2015 年版，第 144 页。

② 彭诚信：《现代权利理论研究——基于"意志理论"与"利益理论"的评析》，法律出版社 2017 年版，第 13 页。

③ 彭诚信：《现代权利理论研究——基于"意志理论"与"利益理论"的评析》，法律出版社 2017 年版，第 20 页。

④ 彭诚信：《现代权利理论研究——基于"意志理论"与"利益理论"的评析》，法律出版社 2017 年版，第 56 页。

⑤ 王利明、杨立新等：《民法学》（第四版），法律出版社 2015 年版，第 32 页。

⑥ 参见林秀芹：《商业秘密知识产权化的理论基础》，载《甘肃社会科学》2020 年第 2 期，第 18 页。

⑦ 彭诚信：《现代权利理论研究——基于"意志理论"与"利益理论"的评析》，法律出版社 2017 年版，第 296 页。

通过原研药的价格等得以实现。而且，通过许可、转让等方式，原研药企业也能够获得相应的财产性利益。这一利益来源于原研药企业在药品研发过程中付出的大量投资和一定的智力劳动，也为社会带来了增量知识和财富，具有正当性。

其次，从形式上来看，采取这一制度的国家和地区无不是通过成文规定药品试验数据专有保护，对原研药安全性、有效性信息提供法律保护。而且，不同国家和地区所提供的保护方式高度统一，即在仿制药上市审批程序中，"不受理"或"不批准"依赖受保护的药品安全性、有效性信息的仿制药上市许可申请。因此，虽然在相关法律中没有明确提出"药品试验数据专有权"这一概念，但法律为受保护的利益清晰地划定了边界、规定了保护方式，从而使得其成为一种类型化的权利。

有观点认为，药品试验数据专有保护并未授予任何人任何权利，而仅仅是在一定期限内不为仿制药提供简略新药上市审批途径，药品试验数据专有保护并不阻止他人进行相同的试验以取得相关安全性、有效性试验数据并获得上市许可，创新者并不能从药品试验数据专有保护中获得什么。① 对这一观点的辨析需要回归到药品试验数据专有保护客体的属性。如前文所述，该制度保护的客体是药品安全性、有效性信息。信息一旦被公开后就不能为任何人在事实上占有和控制，在法律未作出禁止性规定的情况下，任何人均有权利用这一信息。具体到药品安全性、有效性信息，一旦相关药品获得上市许可，这一信息就会被公开，也就不再可能为原研药企业所占有和控制。在没有法律安排的情况下，无论是仿制药企业还是药品上市审批机构，均可以自由地利用这一信息申请或批准仿制药的上市许可。而药品试验数据专有保护则通过赋予权利的方式，使得原研药企业有权在一定期限内禁止仿制药企业利用该受保护的信息申请或获得仿制药上市许可。

———————

① 参见 Erika Lietzan, *The Myths of Data Exclusivity*, 20 Lewis & Clark Law Review 111, 119（2016）。

第四节　自成一体的知识产权特性

一、知识产权属性证成

(一)与知识产权客体特征的一致

有关知识产权客体的表述在理论界未完全达成一致。比较有代表性的理论包括：刘春田认为知识产权的对象是专有知识①；郑成思等认为知识产权的客体是智力成果这种特定信息②；吴汉东则主张将知识产权客体概括为"知识产品"。③ 尽管如此，学术界普遍认可知识产权客体具有非物质性、创造性和公开性的特点。④ 药品试验数据专有保护客体是药品"安全性、有效性信息"，其本质上属于一种智力成果信息，也可以说是一种知识或知识产品，具有非物质性、创造性和公开性特点。

第一，作为药品试验数据专有保护客体的"安全性、有效性信息"具有非物质性。所谓非物质性，是与具有一定物理形态、占据一定物理空间"有体"物性质相对应的一个概念。⑤ 药品安全性、有效性信息与其他信息或者知识产品一样，不具有物理形态、也不占据物理空间，"不发生有形控制的占有""不发生有形损耗的使

---

① 参见刘春田：《知识财产权解析》，载《中国社会科学》2003 年第 4 期，第 110 页。

② 参见郑成思、朱谢群：《信息与知识产权的基本概念》，载《中国社会科学院研究生院学报》2004 年第 5 期，第 41~49 页。

③ 参见吴汉东：《知识产权总论》(第三版)，中国人民大学出版社 2013 年版，第 46 页。

④ 参见吴汉东：《知识产权总论》(第三版)，中国人民大学出版社 2013 年版，第 49~51 页。

⑤ 参见吴汉东：《知识产权总论》(第三版)，中国人民大学出版社 2013 年版，第 50 页。

用"、也"不发生消灭知识产品的事实处分与有形交付的法律处分"。①　药品上市申请人所提交的药品试验数据以及药品获得的上市许可，则属于药品安全性、有效性信息的客观表现形式或载体，目的在于使他人了解相关信息②，而非药品试验数据专有所保护的客体本身。

第二，作为药品试验数据专有保护客体的"安全性、有效性信息"具有创造性。创造性也可称为创新性，是指相关信息不应当是对已有信息或知识的简单重复，而是要在已有信息或知识的基础上有所创新和突破。③　虽然药品试验数据专有并非如同有些学者声称的那样属于"一种新的专利保护"④，但其与专利制度一样，保护的也是具有创新性的信息。能够获得药品试验数据专有保护的药品安全性、有效性信息需要符合以下创造性要求：一是该信息是关于新活性成分、新适应证、新剂型等"新"的安全性、有效性信息。尽管不同国家和地区对于新活性成分等的判断标准有所不同，例如存在"国内新"和"全球新"的区别，但均对"新"提出了要求。二是该信息是应当是按照药品上市审批要求，通过包括临床试验在内的相关试验和研究证实的信息。其既不是从现有知识和信息中通过简单推理推断出来的信息，不是简单地声称或论断性信息，也不同于申请专利时用以证明相关发明"非显而易见性"和"充分公开"的数据，而是需要通过专门的试验研究获得的信息。为获得这些信息，新药上市许可申请人需要投入大量的资本，也同时需要付出一定的智力劳动。

第三，作为药品试验数据专有保护客体的"安全性、有效性信

---

①　吴汉东主编：《知识产权法学》（第七版），北京大学出版社 2019 年版，第 9~10 页。

②　参见吴汉东：《知识产权总论》（第三版），中国人民大学出版社 2013 年版，第 50 页。

③　参见吴汉东：《知识产权总论》（第三版），中国人民大学出版社 2013 年版，第 49 页。

④　Peter J. Pitts, *Why Data Exclusivity is the New Patent Protection*, 16 Journal of Commercial Biotechnology 3-4 (2010).

息"具有公开性。在药品经上市审批机关审批上市之后，该药品安全性、有效性信息即被公开。无论是药品的活性成分及其含量、剂型、规格、给药途径、用法用量等药品信息，还是可安全、有效地用于治疗特定疾病的信息，都不再具有秘密性。即便药品上市申请人提交的相关试验数据等仍处于未公开状态，也无法阻止这些药品安全性、有效性信息的公开。因此药品试验数据专有与专利制度类似，其价值在于保护可被上市药品本身公开的药品安全性、有效性信息，保护方式是禁止他人未经许可依赖这一公开信息获得药品上市许可。这也是药品试验数据专有保护制度的价值所在，因为对于那些不会被产品本身公开的信息，权利人通过商业秘密保护更为有利。①

（二）与知识产权权利特征的一致

知识产权作为一种私权和财产权，其权利特征主要包括独占性、地域性和时间性。② 药品试验数据专有保护的私权属性、财产权属性以及独占性前文已有论及，以下重点就其地域性和时间性进行分析。

所谓地域性，是指根据一国法律所产生的知识产权的效力仅限于该国境内。知识产权地域性原则有其历史根源③，但同时也与作为其保护客体的信息具有可共享性相关。④ 由于信息是可共享的，其可以同时在不同的国家或地区同时享有知识产权保护。但是，不同国家针对该信息所设定的知识产权之间相互独立、互不影响。这与物权存在明显区别，任何一个特定物不可能同时存在于多个国

---

① 参见 Frank H. Easterbrook, *Intellectual Property is Still Property*, 13 Harvard Journal of Law & Public Policy 109-110 (1990)。

② 参见吴汉东主编：《知识产权法学》(第七版)，北京大学出版社 2019 年版，第 10 页。

③ 参见吴汉东：《知识产权总论》(第三版)，中国人民大学出版社 2013 年版，第 29~30 页。

④ 参见郑成思、朱谢群：《信息与知识产权的基本概念》，载《中国社会科学院研究生院学报》2004 年第 5 期，第 42 页。

家，因此任何一个时间点仅可能在某一特定国家获得物权保护。虽然各国物权法也存在地域效力，但物权却没有地域性的特点，知识产权的地域性作为一种权利的特点并不等同于法律的地域效力。①

药品试验数据专有保护也具有鲜明的地域性特征。这可从以下两个方面考察：一是从权利产生来看，药品试验数据专有保护根据一国法律及相关审批程序产生。以美国为例，无论是化学药还是生物制品的药品试验数据专有，都是依据美国法律所产生，其保护客体、权利范围、保护期限等均由美国法律规定。二是从权利的效力上来看，在一个国家获得的药品试验数据专有保护仅能禁止他人在该国依赖受保护的安全性、有效性信息获得药品上市许可，而不能禁止在其他国家或地区依赖该信息获得上市许可。仍以美国为例，在没有其他国际条约作出明确规定的情况下，在美国获得药品试验数据专有保护的相关药品安全性、有效性信息并不能当然地在其他国家和地区获得保护。

近年来美国通过其签订的 FTA 中规定药品试验数据专有制度，限制甚至禁止对药品安全性、有效性信息的"国际依赖"，从而在一定程度上突破了药品试验数据专有的地域性限制。例如，TPP 第 18.50 条第 1 款 b 项规定："如果缔约方允许提交药品在其他领土已获得上市许可的证据作为批准新药上市许可的条件，则自该新药在该缔约方领土内获得上市许可之日起至少五年内，该缔约方不得批准第三方未经此前提交该产品安全性和有效性信息之人的同意而基于与该其他领土此前上市许可相关的证据上市销售相同或类似的产品"。这一规定要求 TPP 缔约方对在"其他领土"上市原研药品的安全性、有效性信息提供保护，在一定程度上突破了地域性限制，因为对境外上市药品安全性、有效性信息保护是对境外药品上市审批机关相关审批结论的认可。也就是说，从权利产生的程序来说，有赖于境外的药品审批程序、审批标准和审批结论。然而即便如此，就所给予的权利而言也仍然是根据缔约方国内法所产生的，而

---

① 参见郑成思、朱谢群：《信息与知识产权的基本概念》，载《中国社会科学院研究生院学报》2004 年第 5 期，第 42 页。

非"其他领土"药品试验数据专有权利的延伸或对"其他领土"药品试验数据专有权利的承认，因此仍然遵循地域性的基本原则。而且，根据TPP相关规定，缔约方给予此种药品试验数据专有保护，与相关信息在该"其他领土"是否获得药品试验数据专有保护无关。缔约方根据国内法所提供的药品试验数据专有保护，也仅在该缔约方境内有效，即仅能限制他人未经许可在该缔约方境内利用受保护的药品安全性、有效性信息获得药品上市许可。此外，在符合TPP相关规定的情况下，保护期限、保护方式等也是由提供此种保护的TPP成员国内法规定，而非由批准参比制剂上市的"其他领土"国内法规定。

知识产权的时间性是指，知识产权仅在法律规定的期限内受到保护，一旦超过这一期限，权利即自行消灭，相关信息则成为社会的公有知识，社会公众可以自由使用。药品试验数据专有也具有时间性特征。无论是美国、欧盟等国内立法，还是相关国际条约，均对药品试验数据专有的保护期限作出了规定。在保护期限内，他人未经权利人许可不得依赖受保护的药品安全性、有效性信息获得药品上市许可；而在专有保护期限届满后，专有权归于消灭，作为保护客体的药品安全性、有效性信息则可被他人自由利用。

然而，药品试验数据专有保护的时间性也在一定程度上受到美国相关FTA规定的冲击和挑战。在美国与巴林、韩国、阿曼签订的FTA以及TPP、美墨加协定中规定的药品试验数据专有制度，对境外上市原研药提供的药品试验数据专有保护期限为自药品在缔约方获得上市许可之日起五年内。如果相关原研药一直不在某缔约方申请上市许可，则该原研药将一直在该缔约方获得保护，可能形成理论上不受期限限制的保护。虽然这种制度安排的目的是便于原研药在不同国家和地区均能获得充分的保护，其本意不是对药品试验数据专有保护时间性的否定，但确有必要通过制度的国际协调加以完善。

(三) 结论

由上述分析可知，药品试验数据专有作为一种民事权利，其保护客体与专利等其他知识产权一样，具有非物质性、创造性和公开性的特点，其权利具有排他性、财产权属性、地域性和时间性特点，因此显然属于一种知识产权。

二、自成一体性

药品试验数据专有保护虽然与药品试验数据的反不正当竞争保护、商业秘密保护以及药品专利保护存在一定的联系，但也与这些制度存在明显区别。药品试验数据专有不能归类为任何传统的知识产权类型，而是自成一体的一种知识产权类型。此外，药品试验数据专有保护与当前理论和实务界讨论的"大数据保护"也在保护客体、保护方式等方面存在区别，两者也不等同。

（一）药品试验数据专有保护与反不正当竞争保护

TRIPS 协定第 39 条第 3 款规定，WTO 成员应当保护药品试验数据或其他数据"免于不正当商业使用"，即要求对药品试验数据提供反不正当竞争保护。前文已论述，药品试验数据专有作为一类知识产权，赋予了权利人一定期限的排他权，其不同于 TRIPS 协定所要求的反不正当竞争保护。两者的区别主要体现在以下几个方面。

从保护方式来看，药品试验数据专有赋予了排他性权利；而TRIPS 协定规定的反不正当竞争保护，则是通过遏制"违反诚实的习惯做法"[1]的行为，使提交药品试验数据之人的利益得到保护，但这种保护方式并未赋予任何权利。通过赋予专有权进行保护，还是通过规制行为的方式对"利益"给予保护，是这两种保护方式最本质的区别。专有权具有主体明确、内容确定和边界清晰的特点，任何人均可事先加以预见并应予以尊重；而反不正当竞争保护的利益则存在内容不确定、边界不清晰、缺乏公示性等特点，是否受到侵害往往需要通过个案来判断。[2] 也正是由于反不正当竞争保护这

---

① 《保护工业产权巴黎公约》(1979 年 9 月 28 日修正)第 10 条之二第 2 款。

② 参见孔祥俊：《反不正当竞争法新原理·原论》，法律出版社 2019 年版，第 59~60 页。

一特点，TRIPS 协定第 39 条第 3 款规定在各成员实施过程中充满争议，难以形成一致。而反观药品试验数据专有保护，则由于其权利内容、边界和保护方式的确定性，美国和欧盟等通过 FTA 等方式，逐步在其贸易伙伴国形成了相对统一的制度。

从保护客体来看，药品试验数据专有保护的是药品安全性、有效性信息，而 TRIPS 协定第 39 条第 3 款规定的反不正当竞争保护的则是药品试验数据。更具体地说，药品试验数据专有保护禁止他人未经许可依赖受保护的药品安全性、有效性信息获得药品上市许可；而试验数据的反不正当竞争保护则是防止他人通过"违反诚实的习惯做法"的行为使用这些数据，例如通过欺诈、贿赂、窃取等方式获得他人试验数据，并将其包含在药品上市许可申请文件中，试图以此方式取得药品上市许可。就两者关系而言，试验数据是药品安全性、有效性信息的载体之一（如前文所述，药品上市许可也是安全性、有效性信息的载体），两者虽然关系密切，但并不等同。因此，药品试验数据专有保护和试验数据反不正当竞争保护这两种制度的区别不仅在于保护方式，而且保护客体也存在区别。这也决定了这两种保护途径不是可以相互替代的关系，更不是相同或者上下位概念的关系。

从保护强度来看，药品试验数据专有能够为原研药企业提供更加有力、更加确定的保护。专有权作为一种绝对权，内容明确、边界清晰，可以按照过错责任进行全面保护。"侵害绝对权行为的构成更为强调对于权利本身的损害，是以权利损害作为构成侵权的基础，在此基础上再以过错和违法阻却的明确条件加以限制，其边界清晰，构成侵权的范围比较广泛，权利保护的强度大。"①专有权也可能因为社会政策等原因受到限制，但这种限制的前提也是绝对权具有清晰的边界，立法者可以对需要限制的情形加以预判并明确

① 孔祥俊：《反不正当竞争法新原理·原论》，法律出版社 2019 年版，第 79 页。

作出规定。① 而行为谴责式的反不正当竞争保护，"着重通过对侵害行为方式方法的评判"加以保护。② 其所保护的利益内容不确定、边界不清晰、缺乏公示性和弱排他性，是否受到侵害只能根据个案在司法中进行利益衡量之后进行判断。③

由以上分析可知，药品试验数据专有保护和药品试验数据的反不正当竞争保护本质上是两项平行的制度，两者并不等同。由于这两个制度无论是从保护客体还是保护方式上都存在区别，即便药品"安全性、有效性信息"可以通过专有权保护模式禁止他人未经许可依赖该信息获得上市许可，但其不能禁止他人通过欺诈、贿赂、窃取等不诚信的手段取得药品试验数据并据此申请药品上市许可。反之亦然。在原研药上市许可持有人的药品试验数据专有保护期届满后，他人可以合法地通过参比该原研药从而依赖其安全性、有效性信息获得仿制药上市许可，但此时药品试验数据本身仍然应当受到反不正当竞争的保护，以防止他人对该试验数据的不正当商业使用。因此，药品试验数据专有保护和反不正当竞争保护也存在互为补充的关系。

（二）药品试验数据专有保护与商业秘密保护

药品试验数据本身可以作为商业秘密保护。TRIPS 协定第 39 条第 2 款规定了"未披露信息"的保护。根据该规定，只要相关信息符合以下条件，自然人和法人就应当能够防止其合法控制的信息在未经其同意的情况下以违反诚实商业行为的方式对他人披露，或由他人获得或使用：具有秘密性；因具有秘密性而具有商业价值；信息的合法控制人采取合理的步骤以保持其秘密性。对于原研药品上市许可申请人而言，药品试验数据需要付出大量的投资和努力才

① 参见孔祥俊：《反不正当竞争法新原理·原论》，法律出版社 2019 年版，第 81 页。

② 孔祥俊：《反不正当竞争法新原理·原论》，法律出版社 2019 年版，第 79 页。

③ 参见孔祥俊：《反不正当竞争法新原理·原论》，法律出版社 2019 年版，第 81 页。

能获得，且具有极高的商业价值，也因此会采取严格的措施予以保密，以通过商业秘密制度对其进行保护。这种通过商业秘密对药品试验数据等信息的保护，与针对其他技术和商业信息的商业秘密保护没有本质区别。

TRIPS 协定第 39 条第 3 款则进一步将未披露信息限定为未披露的药品试验数据①，规定了药品上市审批机关对于药品上市许可申请人提交的试验数据或其他数据等保密信息负有"不披露"的义务。这种义务可以理解为对药品试验数据商业秘密保护中政府机关保密义务的进一步强调。此外，该款还规定了药品上市审批机关在两种情况下可以披露药品试验数据：一是为了保护公众所必需，二是已采取措施确保这些数据不被不正当地商业利用。

药品试验数据专有保护和商业秘密保护两者之间也没有直接关联。首先，药品试验数据专有保护并非通过商业秘密保护的方式得以实现。药品一旦获得上市许可，即便药品试验数据仍处于未披露状态，其安全性、有效性信息也即被公开，不存在作为商业秘密保护的可能性。而且，即便在药品获得上市许可之后，其安全性、有效性信息已被公开，也并不影响药品试验数据本身作为商业秘密保护。其次，药品试验数据是否处于"未披露"的商业秘密保护状态，原则上也不直接影响该药品是否可以获得药品试验数据专有保护。在药品试验数据专有保护期间，即便是药品试验数据被公开而不再受到商业秘密保护，也不当然地意味着他人就可以通过参比该药品的方式获得仿制药上市许可。② 在美国③和欧盟④的立法当中，并

---

① 参见 UNCTAD-ICTSD, *Resource Book on TRIPS and Development*, Cambridge University Press, 2005, p. 521。

② 参见 Aaron X. Fellmeth, *Secrecy, Monopoly, and Access to Pharmaceuticals in International Trade Law: Protection of Marketing Approval Data Under the TRIPS Agreement*, 45 Harvard International Law Journal 469, 476 (2004)。

③ 参见 21 U. S. C. § 355(j)(5)(F)(ii); 21 U. S. C. § 355(c)(3)(E)(ii)。

④ 参见 Directive 2001/83/EC, as amended by Directive 2004/27/EC, Article 10。

未将药品试验数据"未披露"作为获得药品试验数据专有保护的前提。在美国、欧盟、EFTA 等签订的部分 FTA 中，也同样没有将药品试验数据"未公开"作为药品获得试验数据专有保护的前提条件。

与此密切相关的是药品试验数据公开问题。药品试验数据不仅涉及原研药企业的经济利益，还涉及用药安全等重要公共利益。对药品试验数据提供商业秘密保护虽然能够维护原研药企业的利益，但数据公开对于"保障公众用药安全与知情权、维护医学伦理和促进科技进步具有重要的意义"。① 正因如此，国际社会对药品试验数据公开高度关注，呼吁建立有效的药品试验数据公开机制。有观点认为，在药品试验数据专有制度基础之上的试验数据公开，能够防止公开的药品试验数据被不公平商业利用，因为在此期间仿制药完全不能进入市场。②

然而，药品试验数据专有保护虽然禁止他人未经许可依赖受保护的安全性、有效性信息获得上市许可，即禁止他人通过参比原研药的方式获得仿制药上市许可，但不能禁止他人通过其他违反诚信原则的方式利用公开的试验数据，例如将公开的药品试验数据包含在所提交的上市许可申请文件当中，试图以欺诈的手段获得上市许可。这种利用药品试验数据的方式显然属于"不正当商业使用"，为 TRIPS 协定第 39 条第 3 款所禁止。因此，如果仅仅是建立药品试验数据专有制度，而不对药品试验数据提供反不正当竞争的补充保护，仍然难以对公开的药品试验数据提供有效保护。

2014 年，欧盟医药管理局（EMA）通过了"欧洲医药管理局关于公开人用药临床数据的政策"（European Medicines Agency Policy on Publication of Clinical Data for Medicinal Products for Human Use, Policy/0070），并于 2015 年 1 月正式实施，在此前临床试验数据

---

① 杨莉、田丽娟、林琳：《药物临床试验数据公开制度研究及启示》，载《中国新药杂志》2017 年第 9 期，第 990 页。

② 参见梁志文：《药品数据的公开与专有权保护》，载《法学》2013 年第 9 期，第 111~112 页。

公开的基础之上进一步要求公开临床研究报告（Clinical Study Report，CSR），极大地推动了药品临床试验数据公开制度的发展。① 为了解决公开的临床试验数据可能被他人不正当地用于商业目的问题，Policy/0070通过"使用条款"（Terms of Use）对试验数据的获取和利用进行了限制，主要包括：只有在登录后才能通过"仅屏幕可见"的方式获取临床报告，不得下载、保存、编辑、拍照、打印临床报告，也不能通过破坏或绕开相关技术保护措施的方式访问临床报告；不得将临床报告用于在全球任何地方支持其药品上市许可申请，也不得将其用于任何不正当的商业用途。②

在建立了完善的药品试验数据专有制度的欧盟，建立药品试验数据公开相关制度时，仍然需要通过"使用条款"以及相关技术保护措施，来确保这些数据不会被不正当地用于商业目的，也从另外一个侧面表明，药品试验数据专有保护并不能替代药品试验数据的商业秘密保护，也不能替代反不正当竞争保护。这三种制度之间虽然密切相关，但并不等同，而是相互平行的关系。TRIPS协定谈判的历史文本也充分体现了这一点，例如，布鲁塞尔文本就将"保护此类数据不会被不正当地商业使用""保护此类信息不被披露"、未经提交人同意"在合理期限内不得依赖该数据批准竞争产品"并列规定。③

（三）药品试验数据专有保护与专利制度

药品试验数据专有与专利制度本质上是两个平行、互不干扰的制度。专利制度保护的是具有新颖性、创造性和实用性的技术方案。可以获得专利保护的药品相关技术方案包括药品活性成分、剂型、组合物、生产工艺、新适应证等。为满足专利授权的有关新颖

---

① 参见杨莉、田丽娟、林琳：《药物临床试验数据公开制度研究及启示》，载《中国新药杂志》2017年第9期，第992页。

② 参见 European Medicines Agency，European Medicines Agency Policy on Publication of Clinical Data for Medicinal Products for Human Use（EMA/144064/2019），2019，Annex 1。

③ 参见 UNCTAD-ICTSD，*Resource Book on TRIPS and Development*，Cambridge University Press，2005，p. 525。

性、创造性以及说明书充分公开等要求，申请人需要在说明书中记载和披露相关试验数据。尤其是对于药品活性成分、剂型、组合物、新适应证专利申请而言，申请人需要提交有关证明"有效性"的试验数据。例如，如果要申请获得药品活性成分化合物专利，除了公开化合物结构、合成或提取方法外，还需要公开该化合物的至少一种有试验数据支撑的用途。但是，与药品试验数据专有制度中作为药品安全性、有效性信息证据和载体之一的药品试验数据不同，专利申请说明书中记载和披露的可以是较为初步的数据和结论，其目的在于证明技术方案的创造性和说明书的充分公开，而不需要达到证明可作为药品上市销售的程度。因此，原研药企业往往在药品开发早期阶段申请专利，取得对活性成分、适应证、剂型等的专利权，并在此基础上继续开发。如果通过后续临床前和临床试验，药品得以获得上市许可，则可进一步获得药品试验数据专有保护。如果此时相关专利权保护期限尚未届满，专利权和药品试验数据专有保护共同为原研药提供市场独占期。原研药的市场独占期将持续至专利权和药品试验数据专有保护期限均届满为止。

随着制度的发展，药品专利制度和试验数据专有制度在效力上也存在一定程度上的趋同现象。专利权的效力是禁止他人未经权利人实施其专利。实施专利行为一般包括制造、使用、销售、许诺销售和进口专利产品，以及使用专利方法或使用、销售、许诺销售和进口通过专利方法直接获得的产品。药品试验数据专有保护则禁止他人未经许可依赖受保护的安全性、有效性信息获得药品上市许可。两者相比较，专利权禁止的是药品的制造、销售、进口等行为，而不能禁止侵犯专利权的药品获得上市许可。而药品试验数据专有保护则禁止仿制药获得上市许可，但并不禁止药品的制造、销售、进口等。但由于药品的特殊性，只有在药品获得上市审批后才能够进行生产、销售和进口，药品试验数据专有保护事实上也能够禁止药品的生产、销售和进口等行为。而在建立了药品专利链接制度的国家，将专利侵权纠纷与药品上市审批程序相"挂钩"，也可以阻止侵犯专利权的仿制药获得药品上市许可。

（四）药品试验数据专有保护与"大数据保护"

与药品试验数据专有保护不同，"大数据保护"目前尚未成为一项单独的制度。无论是 TRIPS 协定及相关 FTA 等国际条约，还是各国国内立法，均没有对大数据构建成熟的保护制度。但大数据作为数字经济时代最为重要的资源和市场要素，如何通过法律对其提供保护以激励大数据的产生、流通和利用，已成为理论和实务界的关注重点。

当前在各国司法实践中，对大数据提供保护的方式主要包括反不正当竞争、商业秘密、著作权以及数据库保护等。① 事实上，反不正当竞争、商业秘密和著作权制度并不是为大数据保护而专门设计，而仅是在大数据满足相关保护门槛的情况下通过已有制度对其提供保护。从对大数据（或者"大数据集合"）提供专门保护立法来看，主要包括欧盟 1996 年通过的《欧洲议会与欧盟理事会数据库法律保护指令》②规定的数据库特殊权利（*sui generis* right）保护，以及日本于 2018 年 5 月 30 日在《日本反不正当竞争法》中增设的"限定提供数据"条款。③

国内学者也对大数据保护提出了不同的立法设想，例如包括通过给予工业产权④、"有限排他权"⑤、数据财产权⑥、数据用益

---

①　参见崔国斌：《大数据有限排他权的基础理论》，载《法学研究》2019年第 5 期，第 3~10 页。

②　参见 Directive 96/9/EC of the European Parliament and of the Council of 11 March 1996 on the Legal Protection of Databases。

③　参见刘影、眭纪刚：《日本大数据立法增设"限定提供数据"条款及其对我国的启示》，载《知识产权》2019 年第 4 期，第 88~96 页。

④　参见孔祥俊：《商业数据权：数字时代的新型工业产权——工业产权的归入与权属界定三原则》，载《比较法研究》2022 年第 1 期，第 83~100 页。

⑤　崔国斌：《大数据有限排他权的基础理论》，载《法学研究》2019 年第 5 期，第 3~24 页。

⑥　参见钱子瑜：《论数据财产权的构建》，载《法学家》2021 年第 6 期，第 75~91、193 页。

权①等方式给予保护，但未形成共识。

无论是前述各国司法和立法实践，还是学者对大数据保护立法建议，均与药品试验数据专有保护不同。对大数据提供的商业秘密、不正当竞争保护自不待言，如前文所述，其保护方式与赋予专有权的药品试验数据专有保护存在明显区别。而即便是赋予了专有权的著作权、数据库特殊权利保护，以及可能的工业产权、数据财产权保护等，也与药品试验数据专有保护模式存在本质区别。撇开具体权利类型的差别，上述几种专有权保护模式与药品试验数据专有的主要区别在于保护客体的不同。

在大数据保护立法探讨中，对于"数据"与"信息"区分是其中的关键。例如就个人数据而言，"个人信息属于人格权益的范畴……而个人数据则是将个人信息以电子化形式记录的客观存在作为保护对象"。② 更普遍地，"信息是事物的客观属性与规则，智慧主体通过对客观信息的识别，并将对信息的认识通过一种符号进行记录，就形成了数据"。③ 作为财产权保护客体的，并不是客观的信息，而是对信息进行记录的数据。

由于在不同语境下，数据和信息的定义存在区别，导致这两者之间的边界模糊，也有观点认为应当从符号（syntactic）信息和语义（semantic）信息这两个层面来对"数据"进行定义。对大数据提供知识产权等财产权保护的一个重要原则是，其保护范围不应及于语义信息层面。④

保护客体的"数据"与"信息"区分，或者说"符号信息"与"语

① 参见申卫星：《论数据用益权》，载《中国社会科学》2020 年第 11 期，第 110~131、207 页。

② 申卫星：《论数据用益权》，载《中国社会科学》2020 年第 11 期，第 113 页。

③ 钱子瑜：《论数据财产权的构建》，载《法学家》2021 年第 6 期，第 80 页。

④ 参见 Herbert Zech, *A Legal Framework for a Data Economy in the European Digital Single Market: Rights to Use Data*, 11 Journal of Intellectual Property Law & Practice 467（2016）。

义信息"区分，是当前讨论的"大数据保护"和药品试验数据专有保护之间最本质的区别之一。药品试验数据专有保护客体是药品安全性、有效性信息，也就是通过对药品试验数据的分析得出的药品安全性、有效性"结论"，而不是药品试验数据本身。易言之，药品试验数据专有保护客体是"语义"层面的信息，而非"符号"层面的信息。"大数据保护"则与此恰恰相反，无论是通过著作权、"自成一体"的知识产权、财产权还是用益权保护，其保护的都是大数据本身，或者说"符号"层面的信息，而不及于通过数据所记录的"客观信息"，也不及于对大数据进行"挖掘"、分析得出的相关结论性、内容性信息。

(五)药品试验数据专有保护的定位

综上所述，药品试验数据专有保护与反不正当竞争保护、商业秘密保护、专利保护以及讨论当中的"大数据保护"均不相同，其构成了一项自成一体的知识产权。这几项制度之间的关系如表 3-1 所示。

表 3-1　　药品试验数据专有保护及相关制度对比简表

制度类型	保护客体	保护方式	保护期限	TRIPS 义务
药品试验数据专有保护	药品安全性、有效性信息	给予专有权	药品获得上市许可后一定期限	否
商业秘密保护	未披露药品试验数据	不披露	无限制	是
反不正当竞争保护	药品试验数据	制止违反诚信原则的行为	无限制	是
专利权	药品相关技术方案	给予专有权	申请日起至少20 年	是
"大数据保护"（尚无成熟制度）	大数据（"符号层面"信息）	—	—	否

　　药品试验数据专有保护与商业秘密、反不正当竞争保护之间的区别，对于厘清这一制度与 TRIPS 协定之间的关系尤为重要。TRIPS 协定第 39 条第 3 款规定了通过商业秘密和反不正当竞争方式对新化学实体药品的试验数据提供保护的义务。[①] 但无论是商业秘密、反不正当竞争还是这两者的结合，均不包含对药品安全性、有效性信息赋予专有权的要求，也即不包含建立药品试验数据专有制度的义务。而且，作为与商业秘密保护、反不正当竞争保护相平行的制度，药品试验数据专有制度也不是落实 TRIPS 协定第 39 条第 3 款义务的可选方式之一。WTO 成员建立药品试验数据专有制度也并不意味着履行了 TRIPS 协定的药品试验数据保护义务，而是仍然需要履行保护数据"不披露"以及"免于不正当商业使用"的义务。但是，在建立了药品试验数据专有制度以在一定期限内禁止他人未经许可依赖受保护药品安全性、有效性信息获得仿制药上市许可，并通过反不正当竞争方式避免他人以违反诚实信用原则的手段商业利用药品试验数据的情况下，将药品试验数据进行公开并不会对原研药企业的利益造成损害，此时再将药品试验数据作为商业秘密保护并无实际必要。

　　当然，作为规定成员最低知识产权保护义务的国际协定，TRIPS 协定并不禁止成员建立药品试验数据专有制度，但成员建立这一制度与落实 TRIPS 协定义务没有直接关联，也不以 TRIPS 协定相关义务为基础。

三、权利正当性解释及不足

　　英国著名哲学家洛克的劳动理论是讨论知识产权正当性的传统"首要原则"之一。[②] 洛克在《政府论(下篇)》中提出："我将设法说

---

① 参见 Carlos M. Correa, *Protecting Test Data for Pharmaceutical and Agrochemical Products Under Free Trade Agreements*, in Pedro Roffe, *et al.* eds. , Negotiating Health: Intellectual Property and Access to Medicines, Earthscan, 2006, pp. 84-85。

② 参见[美]罗伯特·P. 莫杰思：《知识产权正当性解释》，金海军、史兆欢、寇海侠译，商务印书馆 2019 年版，第 34 页。

明，在上帝给予人类为人类共有的东西之中，人们如何能使其中的某些部分成为他们的财产，并且这还不必经过全体世人的明确协议。"①他认为，个人可以通过劳动将财产合法地从自然界中分离出来。"……每人对他自己的人身享有一种所有权……他的身体所从事的劳动和他的双手所进行的工作……是正当地属于他的"，"所以只要他使任何东西脱离自然所提供的和那个东西所处的状态，他就已经掺进他的劳动，在这上面参加他自己所有的某些东西，因而使它成为他的财产"。② 也就是说，洛克劳动理论中的财产，需要"掺进"劳动，即"要求劳动必须与被发现的某件东西相结合"。③药品试验数据专有保护的药品安全性、有效性信息具有技术方案属性，需要通过大量的早期研究和临床试验获得相关数据，并对这些数据进行分析才能获得，显然"掺进"了开展药品试验的研究人员的劳动，从劳动理论来看具备作为知识产权保护的基础。

但根据洛克劳动理论，通过劳动获得财产权应当受到两个附加条件的限制。第一个是充分性附加条件，即当一个人通过劳动把自然界共有东西的一部分划归私有财产后，必须给其他人留足够的同样好的东西。④ 第二个是反糟蹋或反浪费附加条件，其核心意思是财产权的获得应当有一个限度，以不造成所获财产的糟蹋、浪费为限。⑤ 除了这两项限制外，还有学者主张洛克的劳动理论对劳动取得的财产权还存在"仁爱附加条件"，即任何财产所有人都不具备完全凌驾于他人生死之上的权力，处于极度贫困中的人们可以对他

---

①　[英]洛克：《政府论(下篇)》，叶启芳、瞿菊农译，商务印书馆2009年版，第17页。

②　[英]洛克：《政府论(下篇)》，叶启芳、瞿菊农译，商务印书馆2009年版，第18页。

③　[美]罗伯特·P.莫杰思：《知识产权正当性解释》，金海军、史兆欢、寇海侠译，商务印书馆2019年版，第80页。

④　参见[英]洛克：《政府论(下篇)》，叶启芳、瞿菊农译，商务印书馆2009年版，第21~22页。

⑤　参见[英]洛克：《政府论(下篇)》，叶启芳、瞿菊农译，商务印书馆2009年版，第20页。

人合法拥有的财产提出某种主张。① 与专利等其他知识产权制度一样，药品试验数据专有保护符合其中的充分性附加条件，权利人在"拨归取得自己所需的财产后，仍可以给其他人留下'足够并且同样好'的东西"。② 反糟蹋和仁爱附加性条件则要求药品试验数据专有权利必须要受到一定限制，因此根据公共健康等需求对这一权利进行必要的限制也构成了药品试验数据专有作为一种知识产权的正当性基础。但如前文所述，当前国际上以美国和欧盟制度为基础的药品试验数据专有制度，片面强调对权利的保护，但对权利的限制明显不足，这也将导致这一权利正当性的不足。

18 世纪法国启蒙思想家卢梭则对自然状态和社会契约下的自由、权利进行了严格区分，认为自然状态下对物的支配和控制仅仅是一种事实而无"权利"可言。③ 他指出："我们必须很好地区别仅仅以个人的力量为其界限的自然的自由，和被公意所约束着的社会的自由；并区别仅仅是由于强力的结果或者是最先占有权而形成的享有权，和只能是根据正式的权利而奠定的所有权。"④因此在卢梭看来，财产权产生的基础是体现社会公意的法律对占有事实的承认。与其他知识产权保护客体一样，药品安全性、有效性信息无法被事实上占有，只能通过为其设定专有权的方式提供保护。卢梭的社会契约论通过国家法律乃至国际条约规定药品试验数据专有制度，为原研药企业赋予对药品安全性、有效性信息一定期间的专有权，也提供了正当性解释。

但卢梭还提出了财产权的正义理念，包括财产权利义务的对

---

① 参见[美]罗伯特·P. 莫杰思：《知识产权正当性解释》，金海军、史兆欢、寇海侠译，商务印书馆 2019 年版，第 123~124 页。

② [美]罗伯特·P. 莫杰思：《知识产权正当性解释》，金海军、史兆欢、寇海侠译，商务印书馆 2019 年版，第 110 页。

③ 参见吴汉东：《法哲学家对知识产权法的哲学解读》，载《法商研究》2003 年第 5 期，第 78 页。

④ [法]卢梭：《社会契约论》，何兆武译，商务印书馆 2017 年版，第 26 页。

等、财产权利的平等以及财产权制度的目标三个方面。① 在卢梭看来，法律在确定财产权利的同时也对财产权进行限制，即权利义务的对等。"每个人都天然有权取得为自己所必需的一切；但是使他成为某项财富的所有者这一积极行为，便排除了他对其余一切财富的所有权。他的那份一经确定，他就应该以此为限，并且对集体不能再有任何更多的权利。"②财产权的平等是指"财产者地位的平等、财产权保护的平等"③，基于公意的财产权制度"同等地约束着或照顾着全体公民"。④ 财产权制度的目标则要求财产权与其他"一切事务"一样，"应该以全体的最大幸福为依归"⑤，"除了公共的幸福而外就不能再有任何其他目的"。⑥ 卢梭的财产权正义理念也构成药品试验数据专有作为知识产权的正当性基础，即只有在符合上述三个方面正义理念要求的药品试验数据专有保护才能被认为是正当的。当前以美国和欧盟制度为基础的药品试验数据专有制度在这方面所存在欠缺，也将导致其正当性的不足。

　　药品试验数据专有作为一种知识产权的正当性还可从其与分配正义原则的符合性得到解释。罗尔斯提出了社会正义的两个原则："第一个原则：每个人对与其他人所拥有的最广泛的基本自由体系相容的类似自由体系都应有一种平等的权利；第二个原则：社会的和经济的不平等应这样安排，使它们①被合理地期望适合于每一个

---

　　①　参见吴汉东：《法哲学家对知识产权法的哲学解读》，载《法商研究》2003 年第 5 期，第 78 页。

　　②　[法]卢梭：《社会契约论》，何兆武译，商务印书馆 2017 年版，第 27 页。

　　③　吴汉东：《法哲学家对知识产权法的哲学解读》，载《法商研究》2003 年第 5 期，第 78 页。

　　④　[法]卢梭：《社会契约论》，何兆武译，商务印书馆 2017 年版，第 40 页。

　　⑤　[法]卢梭：《社会契约论》，何兆武译，商务印书馆 2017 年版，第 39 页。

　　⑥　[法]卢梭：《社会契约论》，何兆武译，商务印书馆 2017 年版，第 40 页。

人的利益；并且②依系于地位和职务向所有人开放。"①罗尔斯的第一个原则称之为自由原则，其关系到基本公民权利；第二个原则往往被称为"差别原则"，根据该原则，只有当有益于最少受益者的情况下，资源的不平等才是允许的。② 罗尔斯对此的表述为："所有的社会基本善——自由和机会、收入和财富及自尊的基础——都应被平等地分配，除非对一些或所有社会基本善的一种不平等分配有利于最不利者。"③这两个原则均与知识产权的讨论相关。④

　　虽然将药品试验数据专有认为是一种基本自由的主张可能难以得到普遍认同⑤，但从罗尔斯第二原则视角考察，药品试验数据专有保护所产生的不平等可以从"为社会最贫困成员提供的最低维持水平达到最大化——即'最大最小原则'（maximin principle）"⑥而得到正当性解释。先进药品的研发和引入，从长远来看能够为贫困患者带来益处，全球平均寿命的延长正是其带来的结果。⑦ 据统计，1961—2017 年间发展中国家的预期寿命总体上向发达国家趋同，发展中国家的预期寿命的增幅是发达国家的 2 倍，药品创新对此功不可没。⑧ 药品试验数据专有保护与专利制度一样，能够激励更多

---

① ［美］约翰·罗尔斯：《正义论》，何怀宏、何包钢、廖申白译，中国社会科学出版社 1988 年版，第 60~61 页。

②　参见［美］罗伯特·P. 莫杰思：《知识产权正当性解释》，金海军、史兆欢、寇海侠译，商务印书馆 2019 年版，第 208 页。

③　［美］约翰·罗尔斯：《正义论》，何怀宏、何包钢、廖申白译，中国社会科学出版社 1988 年版，第 303 页。

④　参见［美］罗伯特·P. 莫杰思：《知识产权正当性解释》，金海军、史兆欢、寇海侠译，商务印书馆 2019 年版，第 209 页。

⑤　参见［美］罗伯特·P. 莫杰思：《知识产权正当性解释》，金海军、史兆欢、寇海侠译，商务印书馆 2019 年版，第 235 页。

⑥　［美］罗伯特·P. 莫杰思：《知识产权正当性解释》，金海军、史兆欢、寇海侠译，商务印书馆 2019 年版，第 236 页。

⑦　参见［美］罗伯特·P. 莫杰思：《知识产权正当性解释》，金海军、史兆欢、寇海侠译，商务印书馆 2019 年版，第 240 页。

⑧　参见［法］菲利普·阿吉翁、［法］赛利娜·安托南、［法］西蒙·比内尔：《创造性破坏的力量》，余江、赵建航译，中信出版社 2021 年版，第 222~224 页。

的药品创新，因此这种制度所可能产生的不平等在一定程度上是情有可原的。但是，在罗尔斯看来，财产权属于第二位权利，当面临严重威胁到他人生存主张时，财产权必须让位①，这也是药品试验数据专有保护可谓正当的前提。但显然，当前美国和欧盟制度仍缺乏这样一种确保药品试验数据专有财产权在一定情形下让位于他人生存主张的机制。

本 章 小 结

本章从药品试验数据专有保护的客体、权利属性、与其他相关知识产权制度的关系几个方面对这一制度的法律性质进行了分析，明确药品试验数据专有的知识产权属性，并同时进一步分析其与TRIPS 协定第 39 条第 3 款义务的关系以及制度正当性解释，奠定了制度完善的理论基础。

就保护客体而言，对欧美等国内实践、相关 FTA 规定等进行分析发现，药品试验数据专有保护的客体并非药品试验数据，而是药品安全性、有效性信息。药品试验数据、药品上市许可信息等均是药品安全性、有效性信息的载体，而非药品试验数据专有保护的客体。药品安全性、有效性信息具有技术方案属性，可以表述为：含有特定含量的药品活性成分以及具有特定剂型、规格等特征的药品，以一定的给药途径用于治疗特定疾病，是安全且有效的。对药品安全性、有效性信息的专有，而非对试验数据的专有，是形成药品市场独占期的基础，也是这一制度与 TRIPS 协定义务的主要区别之一。

药品试验数据专有保护赋予了原研药企业对其药品安全性、有效性信息的排他性权利；其调整的是原研药企业和仿制药企业平等民事主体之间的关系，具有私权属性；这一权利能给权利人带来经济利益，且可由权利人进行处置，具有财产权属性。药品试验数据

①　参见［美］罗伯特·P. 莫杰思：《知识产权正当性解释》，金海军、史兆欢、寇海侠译，商务印书馆 2019 年版，第 495 页。

专有具有正当利益这一内容"内核"，也具有法律化或制度化这一"形式"，因此符合权利的本质属性。法律为受保护的利益清晰地划定了边界、规定了保护方式，从而使得其成为了一种类型化的权利。

鉴于药品试验数据专有保护客体的非物质性、创造性和公开性特点，以及权利的独占性、地域性和时间性等特点，药品试验数据专有属于一种知识产权。药品试验数据专有保护与商业秘密保护、反不正当竞争保护、专利保护、"大数据保护"等在客体、保护方式上均存在差异，构成自成一体的知识产权。也正是由于这一制度与商业秘密保护、反不正当竞争保护的差异，药品试验数据专有制度既不是 TRIPS 协定第 39 条第 3 款规定的强制性义务，也不是落实该款义务的方式之一。洛克的劳动理论、卢梭的社会契约论以及罗尔斯的正义论均能为药品试验数据专有保护提供正当性解释，但其也同样要求这一权利应当受到一定的限制。当前制度对权利限制的缺失也将导致药品试验数据专有保护正当性的不足。

第四章 药品试验数据专有制度的矫正

第一节 制度矫正的政策目标和法理基础

一、制度矫正的政策目标

药品试验数据专有制度的目的是给予原研药一定的市场独占期，以促进和激励更多的药品创新。与专利制度相比，药品试验数据专有保护为原研药在国际上确立了市场独占期期限和地域范围的"保底方案"，更有利于药物研发的国际合作，也有利于提高相关国家和地区创新药的可获得性。但这一制度也会给药品全球可及性带来一定的负面影响，主要体现在灵活度的缺乏将导致相关国家在面临公共健康危机时难以采取必要措施来维护公共健康。

从这一制度诞生起至今的过去近40年间，国际社会对该制度存在很大的争议。印度、巴西等发展中国家普遍对这一制度持反对立场，许多学者也对该制度持反对态度，主要理由是认为该制度会对药品可及性带来负面影响。但如前文所述，药品试验数据专有保护对于解决药品研发过程当中面临的国际合作问题、激励更多市场主体进行医药创新领域投资、促进药品研发产出具有重要意义。而且，合理的药品试验数据专有制度还有利于提高创新药的可获得性。为在激励药品创新的同时，进一步促进药品可及性，保障公共健康这一全球公共产品的充分有效供给，关键在于对现行药品试验数据专有制度的矫正，而不是对这一制度的否定。对制度进行矫正的目标是，推动药品试验数据专有保护更为平衡，既能发挥其激励医药创新的正面作用，又能减轻其对全球药品可及性可能带来的负面影响。从全球公共产品供给视角来看，就是要在作为单一最大努力型全球公共产品的药品研发与作为最薄弱环节型全球公共产品的药品全球可及性这两种全球公共产品的供给之间形成平衡。

更具体而言，在美欧推动的制度国际化强化保护力度的情况下，对这一制度进行矫正的关键在于通过完善限制与例外制度对权利进行必要的限制以实现各方利益的平衡，解决片面强化保护所带来的药品全球可及性问题。构建限制与例外制度，是在对药品安全性、有效性信息赋予排他性"绝对权利"的基础上，对权利范围以及权利的行使等进行必要的限制，避免过于绝对的权利保护对社会公共利益造成不利影响。构建限制与例外制度，并不是对药品试验数据专有制度的否定，也不会影响药品试验数据专有保护发挥其应有的激励药品研发创新的作用，而是在为创新提供知识产权保护的同时，防止因权利滥用导致的药品可及性问题。事实上，当前欧洲国家、美国所签订的 FTA 以及相关国家实践中，已存在一些药品试验数据专有保护的限制与例外制度，包括对保护客体、保护期限的限制等。例如，美国新化学实体药品试验数据专有制度中，在仿制药上市许可申请人提出专利挑战的情况下将导致 5 年"不受理"保护期减少至 4 年，也被视为限制与例外制度的一种。[①] 但这些限制与例外主要是对获权条件及保护方式的限制，而没有对权利行使作出有效且必要的限制，从而导致所赋予的药品试验数据专有权利过于绝对，没有形成平衡。因此，构建完善的限制与例外制度，不仅需要在已有制度基础上进一步对获权条件进行完善，而且更关键的是对药品试验数据专有权利的行使进行限制并规定必要的例外情形。

从制度的国际协调来看，通过构建更加完善的限制与例外制度对当前药品试验数据专有制度进行矫正，是在美欧推动的强化保护

---

① 参见 WTO, WIPO & WHO, *Promoting Access to Medical Technologies and Innovation: Intersections between Public Health*, *Intellectual Property and Trade* (*2nd Edition*), World Health Organization, 2020, pp. 59-60。

和发展中国家对这一制度的反对之间寻求的"第三条道路"。构建完善的限制与例外制度，可以给予发展中国家更多的灵活空间，在一定程度上消除或减轻发展中国家对这一制度的疑虑和抵触，从而更容易在相关国际性条约或 FTA 等双多边国际条约的谈判磋商中达成共识，从而推动更多的国际和地区建立这一制度。在国际谈判过程中，"有分歧的部分共识形态才是社会的主流形态"①，对于能够形成国际共识的部分可以作出明确规定，而对于分歧部分则可以通过限制与例外的方式进行处理，从而更好地推动制度的国际协调。

二、制度矫正的法理基础

(一) 与知识产权属性相符

从法律性质上来说，药品试验数据专有是一种知识产权。有权利就会有限制和例外，原则上没有权利是不受到限制的。② 诚实信用原则、权利不得滥用原则等权利限制与例外制度是解决权利冲突、平衡当事人利益的重要机制。③ 知识产权作为一项民事权利，其权利行使也同样应当受到适当的限制。知识产权制度在激励创新的同时还要维护社会公正，因此权利人对知识产品拥有的独占权就"不应该是绝对的、无限的，而应是有一定限制的，以调节社会个体与社会整体之间的利益平衡"。④ 知识产权的"实施"绝不是一个单向的概念，其不仅包括对权利的实施，还包括对限制与例外等平

---

① 黄晖：《知识产权的国际保护例外研究》，法律出版社 2015 年版，第 81 页。

② 参见［德］卡尔·拉伦茨：《德国民法通论》（上册），王晓晔、邵建东等译，法律出版社 2013 年版，第 304 页。

③ 参见杨立新、曹英博：《论人格权的冲突与协调》，载《河北法学》2011 年第 8 期，第 37 页。

④ 王先林等：《知识产权滥用及其法律规制》，中国法律出版社 2008 年版，第 7 页。

衡制度的实施。① 为此，在知识产权制度中，除了包含权利保护措施外，还应当制定完善的包括防止知识产权滥用在内的权利限制与例外制度。

限制与例外是专利、商标、著作权等成熟知识产权制度的重要组成部分。这些限制与例外不仅为各国国内法所包含，而且也在TRIPS 协定等国际条约中得到了充分体现。TRIPS 协定中，不仅对专利、商标、著作权、地理标志、工业品外观设计等不同类型的知识产权分别设置了相应的限制与例外制度，而且还在第 8 条"原则"、第 73 条"安全例外"以及第六部分"过渡性安排"中规定了一般性的限制与例外条款。② 知识产权限制与例外制度的主要目的在于平衡不同主体之间的利益，"权利的限制与例外反映了利益平衡的要求，构成了独占性权利与公共利益之间的检验标准，即在一定范围内和一定程度上，公共利益优先于知识产权人的独占权"。③

在当前主要知识产权制度中，专利制度与药品试验数据专有制度最为类似。从客体来说，专利保护客体是技术方案，而作为药品试验数据专有保护客体的药品安全性、有效性信息也同样具有技术方案属性；从权利内容上来说，专利和药品试验数据专有保护均仅包含财产权，而不像著作权那样还包括精神权利；从制度功能和实施效果来看，这两种制度均能给予药品一定期限的市场独占期，并通过给予市场独占期来激励药品创新，但同时也会因此而影响药品的全球可及性，从而对全球公共健康所造成的影响也类似。专利制度经过长期的实践和各方利益博弈，在主要国家立法和国际条约中形成了包括限制与例外制度在内的平衡机制，也为通过完善限制与例外制度来矫正药品试验数据专有制度提供了重要的法理依据和制度借鉴。

---

① 参见 Susan K. Sell, *TRIPS was Never Enough*: *Vertical Forum Shifting*, *FTAs*, *ACTA*, *and TPP*, 18 Journal of Intellectual Property Law 478（2010）。

② 参见黄晖:《知识产权的国际保护例外研究》，法律出版社 2015 年版，第 27~39 页。

③ 薛虹:《十字路口的国际知识产权法》，法律出版社 2012 年版，第271 页。

（二）与相关国际条约精神一致

知识产权与公共健康是国际社会长期以来关注的一个重点议题，为维护公共健康而对药品相关知识产权构建必要的限制与例外制度是国际条约和国内立法的重要方面。对于药品试验数据保护，TRIPS 协定第 39 条第 3 款也规定了有限的例外："各成员应当保护这些数据不被披露，除非为保护公众所必需，或者采取措施以保证该数据不被不正当商业使用。"虽然这仅是针对"不披露"保护的例外，而不涉及"不依赖"的药品试验数据专有保护例外，但其明白无误地表明药品试验数据相关的知识产权制度也与其他知识产权制度一样，需要并且允许设置必要的限制与例外措施。

2001 年 11 月达成的多哈宣言重申 WTO 成员有权充分运用 TRIPS 协定为保护公共健康，尤其是促进药品可及性而给予的灵活性条款。① 这些灵活措施主要包括：根据协定规定的目标和原则来理解协定条款；成员有权批准专利实施强制许可，并且自由决定批准强制许可的理由；成员有权决定构成国家紧急状况或其他紧急情况的条件；成员可以在不违反最惠国待遇和国民待遇原则的前提下，自由确定权利用尽规则。② 由于 TRIPS 协定没有规定药品试验数据专有制度，多哈宣言没有直接涉及药品试验数据专有制度③，也不可能对药品试验数据专有保护的限制与例外作出规定。然而，多哈宣言中对公共健康重要性的强调，以及"TRIPS 协定没有、也不应当妨碍成员采取措施维护公共健康"等精神和原则，对通过完善限制与例外制度等灵活措施来矫正药品试验数据专有制度仍具有重要的指引作用。

---

① 参见 WTO, Declaration on the TRIPS agreement and public health (WT/MIN(01)/DEC/2), 20 November 2001, para. 4。

② 参见 WTO, Declaration on the TRIPS agreement and public health (WT/MIN(01)/DEC/2), 20 November 2001, para. 5。

③ 参见 Carlos M. Correa, Implications of the Doha Declaration on the TRIPS Agreement and Public Health, https://apps. who. int/iris/bitstream/handle/10665/67345/WHO_EDM_PAR_2002. 3. pdf, visited on 20 January 2022。

此外，由于药品试验数据专有不是一项 TRIPS 协定义务，成员通过国内法或双多边协定规定必要的限制与例外措施，也并不会违反 TRIPS 协定规定。

(三) 与权利正当性解释相符

如前文所述，药品试验数据专有和其他知识产权一样，可以从洛克劳动理论、卢梭社会契约论以及罗尔斯正义论等理论中找到正当性解释，但是对财产权进行必要的限制也同样是药品试验数据专有保护具有正当性的重要基础。

洛克劳动理论提供了关于财产权取得的理论基础，但与此同时也对财产权进行了一系列的限制。这些限制包括充分性附加条件、反糟蹋或反浪费附加条件以及仁爱附加条件。其中的仁爱附加条件对于与公共健康密切相关的药品试验数据专有保护尤为相关。在洛克看来，财产不是绝对的，必须受到必要的限制，任何财产权都不得凌驾于他人生死之上。[①] 药品试验数据专有保护作为一种与人类生命健康甚至生存直接相关的财产权，应当受到更多的限制。

卢梭的财产权正义理念也同样要求财产权受到限制。财产权正义理念对财产权的限制主要体现在权利义务对等以及制度目标两个方面。在卢梭看来，法律在确定财产权利的同时也对财产权进行了限制，"(权利人)的那份一经确定，他就应该以此为限，并且对集体不能再有任何更多的权利"。[②] 药品试验数据专有所保护的财产权也同样应当受到与其权利相应的限制。从制度目标来看，药品试验数据专有保护的目标应当其他"一切事务"一样，"以全体的最大幸福为依归"。[③] 要实现"全体的最大幸福"，药品试验数据专有的限制与例外制度也就必不可少。

---

① 参见[美]罗伯特·P. 莫杰思：《知识产权正当性解释》，金海军、史兆欢、寇海侠译，商务印书馆 2019 年版，第 123~124 页。

② [法]卢梭：《社会契约论》，何兆武译，商务印书馆 2017 年版，第 27 页。

③ [法]卢梭：《社会契约论》，何兆武译，商务印书馆 2017 年版，第 39 页。

从罗尔斯正义论来看，药品试验数据专有制度所保护的财产权属于第二位权利，居于其哲学思想上较低的位置上。在罗尔斯看来，与食品、住所和基本健康保健的获取不同，财产权并不是一种"基本的善"，因此当药品试验数据专有制度保护的财产权严重威胁到他人生存主张时，"财产权必须让位，这是无可置疑的"。①为药品试验数据专有保护构建完善的限制与例外制度以矫正这一制度，是确保分配正义的重要方式，也只有这样才能认为这一制度是正当的。

对财产的工具论立场也同样要求药品试验数据专有权利人在享有财产性权利的同时应当承担特定的义务。工具论知识财产理论认为，"对知识财产法的解释将依据该法之目的有系统地进行"②，"知识财产特权的持有人受限于某些义务，这些义务能够将实现最初设立该特权的目的的可能性最大化"。③ 设立药品试验数据专有制度的直接目的在于通过给予市场独占期方式激励更多的药品创新，而药品创新的最终目的则是要解决人类社会共同面临的公共健康问题。因此，药品试验数据专有权利人在享有专有权利的同时，也负有通过提高药品可及性来解决公共健康问题的义务。而如果权利人以与解决公共健康问题这一目的相悖的方式行使其权利，构成权利滥用的，则应当通过相关限制与例外制度来进行补救。

（四）与公共产品理念相一致

如前文所述，药品研发和药品全球公平可及均属于全球公共产品，通过构建合理的限制与例外制度对药品试验数据专有制度进行矫正，从国际上来说是平衡作为单一最大努力型全球公共产品的药品研发与作为最薄弱环节型全球公共产品的药品全球可及性这两种

---

① ［美］罗伯特·P. 莫杰思：《知识产权正当性解释》，金海军、史兆欢、寇海侠译，商务印书馆 2019 年版，第 495 页。

② ［澳］彼得·德霍斯：《知识财产法哲学》，周林译，商务印书馆，2017 年版，第 302 页。

③ ［澳］彼得·德霍斯：《知识财产法哲学》，周林译，商务印书馆，2017 年版，第 303 页。

全球公共产品供给所需国际合作的最佳方式。

　　设置完善的限制与例外制度对药品试验数据专有制度进行矫正，也是避免和防范"反公地悲剧"的重要措施。哈丁（Hardin）于1968年提出"公地悲剧"（the tragedy of the commons），即针对特定资源不存在排他性财产权的情况下，人人都可以利用该资源但不能排除他人使用，将导致资源被过度利用而最终妨碍大家对该资源的使用。① 在哈丁描述的公共牧场上，每个牧民均可自由放牧。这样导致的结果就是每一牧民为了寻求自身利益的最大化，均会不断增加奶牛的数量，从而导致牧场的退化并最终毁灭。对资源赋予财产权是解决"公地悲剧"的有效途径之一，因此"公地悲剧"也是支持包括知识产权在内的财产权制度必要性和重要性的重要理论之一。

　　"反公地悲剧"是与"公地悲剧"相对应的一种情形，其于1998年由美国经济学家赫勒（Helter）正式提出。赫勒对莫斯科街道摊贩和店铺的研究发现，当众多权利人均拥有对稀缺资源的排他权、但没有人享有使用权的情况下，将导致稀缺资源难以得到有效利用。② 同一年，赫勒和艾森伯格（Eisenberg）将"反公地悲剧"理论用于生物医药专利制度分析当中，认为过多的上游权利、过高的交易成本以及不同主体利益考量的不同，将导致下游对人类健康有利的产品供给减少。③ 专利制度中，强制许可是降低交易成本，解决专利药品"反公地悲剧"的重要方式之一。④ 在对药品相关技术提供专利保护的情况下，再提供"叠床架屋"式的药品试验数据专有保护，将导致在药品生产中需要取得更多的排他权许可，有可能进

---

　　① 参见 Garrett Hardin, *The Tragedy of the Commons*, 162 Science 1243-1248（1968）。

　　② 参见 Michael A. Heller, *The Tragedy of the Anti-commons: Property in the Transition from Marx to Markets*, 111 Harvard Law Review 621-688（1998）。

　　③ 参见 Michael A. Heller & Rebecca S. Eisenberg, *Can Patents Deter Innovation? The Anticommons in Biomedical Research*, 280 Science 698-701（1998）。

　　④ 参见余翔、陈欣：《专利药品"反公地悲剧"探析》，载《科技与法律》2006年第2期，第116页。

一步加剧"反公地悲剧"。为避免和解决可能的"反公地悲剧",也有必要对药品试验数据专有保护设置更加完善的限制与例外制度。

第二节 "等待期"制度的构建

一、对境外上市药品信息的保护与"等待期"

(一)相关自贸协定"国际依赖"限制条款带来的问题

在美国与巴林、韩国、阿曼等签订的 FTA 以及 TPP、美墨加协定等中,规定了缔约方对境外上市药品安全性、有效性信息提供专有保护的义务,即要求缔约方在一定期限内不得依赖境外上市药品信息批准仿制药上市,该保护期限自原研药于缔约方本国上市之日起计算。

以 TPP 中规定的新化学实体药品试验数据专有保护条款为例,根据该规定,在新化学实体药品于全球其他任何一个国家或地区获得上市许可之日起,直到该药品在缔约方领土上获得上市之日起五年,其在境外上市药品的安全性、有效性信息在该缔约方均受到药品试验数据专有保护。[①] 这种期限计算方式不利于缔约方尤其是市场较小的发展中缔约方及时获得最新上市的药品。这是因为,只要原研药在任何一个国家或地区上市后,就可以在 TPP 所有缔约方就该药品安全性、有效性信息获得药品试验数据专有保护,而且原研药企业无论何时在缔约方上市其原研药,均还可以继续在该缔约方获得至少五年的市场独占期,因此也没有动力及时在各缔约方上市其原研药。[②] 而且尤为关键的是,在原研药于缔约方上市之前,缔约方也不能未经原研药企业许可通过"国际依赖"的方式批准仿制药上市。极端情况下,如果原研药一直不在某缔约方申请并获得

---

① 参见 TPP, Article 18.50.1(b)。

② 参见 Owais H. Shaikh, *Access to Medicine Versus Test Data Exclusivity*: *Safeguarding Flexibilities Under International Law*, Springer, 2016, pp. 211-212。

上市许可，则其可以在该缔约方获得不受期限限制的药品试验数据专有保护。这样导致的后果是，该缔约方既无法获得原研药又无法批准仿制药上市。

(二)有关自贸协定及国内法"等待期"规定

在美国在与中美洲-多米尼加签订的 FTA 中，规定了对境外上市新化学实体药品提供试验数据专有保护的 5 年"等待期"制度。[1] 根据该 FTA 规定，缔约方对新化学实体药品境外上市许可信息提供的专有保护期限为自该药品在该缔约方获得上市许可之日起 5 年，但缔约方可要求数据所有者在国外获得上市许可后 5 年内在该缔约方本国申请上市，否则不再给予保护。虽然该 FTA 对"等待期"作出了规定，避免出现"无限期"保护，但 5 年的"等待期"将导致最长达 10 年的药品试验数据专有保护，严重影响缔约方尤其是发展中缔约方的药品可获得性和可负担性。

在 TPP 中，也分别以附件的形式允许智利、马来西亚和秘鲁对保护境外上市药品信息进行必要的限制。其中，马来西亚可以要求新药在其他任何国家首次获得上市之日起 18 个月内在马来西亚启动上市许可申请的程序，其保护期限自马来西亚获得上市许可之日起计算。[2] 智利被允许保留其工业产权法第 91 条相关规定[3]，其中该条规定新药自其获得首个境外上市许可之日起超过 12 个月未在智利申请上市许可的，将不再能够获得药品试验数据专有保护。[4] 秘鲁则可以保留其与美国签订的 FTA 规定，如果秘鲁在 6 个月内完成上市审批程序，则其对境外上市药品信息提供的药品试验数据专有保护期自该药品在全球首次获得上市许可之日起计算。[5]

---

[1] 参见 Carlos M. Correa, *Implications of Bilateral Free Trade Agreements on Access to Medicines*, 84 Bulletin of the World Health Organization 401 (2006)。

[2] 参见 TPP, Annex 18 C。

[3] 参见 TPP, Annex 18 B。

[4] 参见 Law No. 19.039 on Industrial Property (Latest version Date: 26 January 2007)。

[5] 参见 TPP, Annex 18 D。

在上述针对智利、马来西亚和秘鲁的例外性规定中，智利和马来西亚被允许设置一定的"等待期"，原研药自全球任何国家首次获得上市之日起在"等待期"内未在本国申请上市的，将导致该药品不能在本国获得药品试验数据专有保护。上述等待期也适用于TPP 第 18.50 条第 1 款(b)项，即适用于对境外上市药品信息的保护。

(三)境外上市药品信息保护"等待期"制度的完善

对境外上市药品安全性、有效性信息提供保护是药品试验数据专有制度国际协调的重点之一。这是因为，如果不对境外上市药品的这些信息提供保护，各国将能够自由地依赖境外上市药品批准仿制药上市，从而导致相同药品在该国所享有的药品试验数据专有保护形同虚设，影响原研药企业的利益。但是，如果对境外上市药品相关信息的保护没有任何限制，又可能会使得原研药企业"有恃无恐"，根据其商业利益最大化延缓原研药在相关国家的上市，影响药品的可获得性，从而对公共健康造成不利影响。

"等待期"制度可以较好地平衡上述不同利益。在"等待期"制度下，各国对境外上市药品安全性、有效性信息提供的专有保护，以该药品全球首次上市后一定期限(即"等待期"期间)内在本国申请上市许可作为前提。也就是说，原研药在全球任何国家或地区获得上市许可后，即能够在本国获得试验数据专有保护；但是如果该原研药在"等待期"内未在本国申请上市许可，则其境外上市药品安全性、有效性信息将不再能获得保护。

在当前相关 FTA 等国际条约中，药品试验数据专有保护"等待期"制度仅在美国-中美洲-多米尼加 FTA 以及 TPP 针对马来西亚、智利的附件条款中作出了规定。而且这些"等待期"期限长短不一，远未形成共识性制度。为此，有必要针对药品试验数据专有制度的国际协调，就境外上市药品信息的保护作出统一的"等待期"规定，以在保护原研药企业合法利益的同时有效地促进原研药在不同国家尽早上市。

二、"新药"标准与"等待期"

(一) 相关自贸协定中的"新药"标准

药品试验数据专有保护的是"新药"试验数据，而其中最为关键的是"新药"认定标准。以新化学实体判断标准为例，其中最为核心的是判断"新"的地域范围，即所谓的"全球新"("绝对新")和"国内新"("相对新")之争。在美国签订的多数 FTA 中，明确规定了"国内新"标准。例如，TPP 对新药的定义是：不包含已在该缔约方批准上市化学实体的药品。① 也就是说，对于已在其他国家或地区上市的药品，只要其未在缔约方本国上市，仍然符合新药要求，缔约方仍然应该在该药品在本国上市后给予药品试验数据专有保护。

一般认为，"国内新"标准不利于促进原研药在全球其他国家或地区首次上市后，尽早进入缔约方本国上市，因为无论原研药何时在缔约方上市，都仍然能满足"新药"的定义，从而获得至少五年的市场独占期，原研药企业从最大化经济利益出发，可能会采取推迟在相关发展中国家上市其新药的策略。

但是，"全球新"标准也具有不合理性且可能影响药品创新以及原研药的可及性。全球新标准要求原研药企业在所有国家和地区同步上市才能够在这些国家和地区获得药品试验数据专有保护。但这对原研药企业提出了过高的要求，也不完全符合药品研发和上市规律。由于药品研发与上市需要经历漫长的时间、需要付出高昂的成本且需要承担高风险，加上不同国家和地区对药品上市的要求并不完全相同，原研药企业难以做到在所有国家和地区同步申请上市。如果主要国家和地区都采取全球新标准，在原研药企业不能做到在这些国家和地区同步上市的情况下，其必然只能选择对其最为有利的市场首发上市，这导致其无法从全球市场中获得相应的利益回报，从而最终影响药品创新的国际合作。

---

① 参见 TPP, Article 18. 52。

而且，对于未成为其首发上市地的国家或地区，由于原研药企业已无法再获得药品试验数据保护，从而缺乏促进其尽快在该国家或地区上市的激励措施。这反而会对原研药的可获得性带来不利影响。此外，"全球新"标准还可能构成对外国产品事实上的歧视性待遇①。

(二)相关国家和地区的"等待期"实践

为促进新药在境外首次上市后尽早进入本土市场，部分国家和地区对"新药"标准也采取了"等待期"制度，即规定新药在全球首次上市后一定期限(即"等待期"期间)内在本国或地区申请上市许可的，才能认为是"新药"。但在"等待期"之后再在本国或地区申请上市许可的，则不再给予试验数据专有保护。对于新适应证、新剂型等新临床试验数据保护，也适用类似规则。

马来西亚、智利和中国台湾地区即有类似的规定。例如，中国台湾地区"药事法"规定，新成分新药在域外取得上市后三年内，新适应证在域外取得上市后两年内，向台湾地区主管机关申请查验登记的，才能适用药品试验数据专有保护规定。② 与中国台湾地区类似，马来西亚也分别针对新化学实体药品和新适应证规定了不同的"等待期"期间，分别为18个月和12个月。③ 而智利仅对新化学实体药品提供试验数据专有保护，其规定了为期12个月的"等待期"。④ 约旦2009年修改药品试验数据专有制度，规定了认定新化学实体的为期18个月的"等待期"，这一制度加上将异构体、新晶

---

① 参见 European Commission, Report on the Protection and Enforcement of Intellectual Property Rights in Third Countries (SWD (2021) 97 final), https://trade. ec. europa. eu/doclib/docs/2021/april/tradoc _ 159553. pdf, visited on 28 January 2022。

② 参见中国台湾地区"药事法"第40-2条第4款、第40-3条第3款。

③ 参见 Arahan Bagi Melaksanakan Data Eksklusiviti Di Malaysia (Bilangan 2 Tahun 2011), Article 4. 2。

④ 参见 Law 19. 039 on Industrial Property (Latest version Date: 26 January 2007), Article 91(e)。

型排除出新化学实体的范畴，大大减少了获得新化学实体药品试验数据专有保护的药品数量，由 2000—2009 年的 335 个下降至 2010—2013 年的 22 个。[①]

但这种通过国内法确定的"等待期"也受到了原研药企业和发达国家的挑战。例如，在欧盟委员会 2021 年发布的针对第三国知识产权保护与实施的报告中指出，马来西亚的药品试验数据专有保护是"受限"的，因为原研药在全球任何地方首次上市后 18 个月内没有在马来西亚上市的，将不能获得保护。[②]

(三)"新药"标准"等待期"制度的完善

"新药"判断标准也是药品试验数据专有制度国际协调的重点。为促进药品尽快进入本国市场，马来西亚、智利及中国台湾地区等国家和地区规定了"等待期"制度。但是就国际条约而言，仅在 TPP 中以附件的形式认可了马来西亚和智利的此类国内法实践，远未形成统一的国际规则。

为平衡不同主体的利益，进一步推动和完善药品试验数据专有制度，有必要在制度的国际协调中对"新药"认定标准设置必要的"等待期"制度。根据这一制度，原研药在全球任何国家或地区首次获得上市许可之日起，在"等待期"内向其他国家或地区申请药品上市许可的，仍然应当在该后申请上市许可的国家或地区视为"新药"从而获得药品试验数据专有保护，而超过这一"等待期"才申请上市的，可以(但非必须)认为其不再符合"新药"标准从而不给予保护。

---

① 参见 Wael Armouti & Mohammad F. A. Nsour, *Data Exclusivity for Pharmaceuticals: Was It the Best Choice for Jordan under the US-Jordan Free Trade Agreement*, 17 Oregon Review of International Law 292, 295 (2015)。

② 参见 European Commission, Report on the Protection and Enforcement of Intellectual Property Rights in Third Countries (SWD (2021) 97 final), https://trade.ec.europa.eu/doclib/docs/2021/april/tradoc _ 159553.pdf, visited on 28 January 2022。

三、不同制度目的下"等待期"制度的协调

(一)"等待期"及其期限协调

为对境外上市药品信息提供药品试验数据专有保护的"等待期"制度和"新药"认定标准的"等待期"制度所针对的对象并不相同,从表面上来看它们实现的目标也不完全一致。前者是对境外上市药品安全性、有效性信息提供保护的前提条件,后者则是对本国上市药品安全性、有效性信息提供保护的前提条件。但它们所最终希望实现的目标又具有一致性,那就是在提供药品试验数据专有保护的同时,促使在境外首次上市的药品尽快进入本国市场。因此这两个不同制度目的下的"等待期"需要协调一致,否则将导致制度目标的落空。例如,如果在未设置"等待期"的情况下为境外上市药品安全性、有效性信息提供药品试验数据专有保护,即便为"新药"判断标准设置了"等待期",也可能仍然无法促使原研药企业尽快在该国申请上市其已在境外上市的原研药。因为只要其不在该国上市其原研药品,该国就不能依赖其境外上市药品安全性、有效性信息批准仿制药上市。反之,如果仅设置了对境外上市药品信息提供药品试验数据专有保护的"等待期"制度,而没有设置"新药"判断标准"等待期",则任何时候进入该国上市的原研药品都可以作为新药获得药品试验数据专有保护。但如果原研药在境外上市药品信息保护"等待期"届满后才进入该国,则会出现境外上市药品信息已无法获得保护,但境内上市药品信息仍然能获得保护的局面,在批准仿制药上市时引发不必要的争端。

在相关国家和地区实践中,马来西亚、智利和中国台湾地区设置的"等待期"并未明确属于哪种"等待期"类型。但从上下文表述来看,这几个国家和地区并没有直接规定对境外上市药品安全性、有效性信息的保护,因此有理由相信其"等待期"是针对境内上市药品安全性、有效性信息保护所设置的,也就是"新药"判断标准

的"等待期"。①

而在相关国际条约中，TPP 在针对马来西亚和智利的有关药品试验数据专有保护义务的附件中规定，认可其国内法中规定的"等待期"同时适用于境内和境外上市药品。也就是说，自"等待期"届满之后才进入马来西亚或智利的原研药，无论是其境外上市药品，还是境内上市药品，均不能就其安全性、有效性信息获得药品试验数据专有保护。

从制度效果来看，药品试验数据专有制度"等待期"类似于专利等工业产权的优先权制度。优先权制度是工业产权国际制度协调的基础。以专利制度为例，优先权制度一方面有利于申请人在不同国家获得专利保护，申请人只需要在一个国家提交专利申请就能获得优先权日，只要在优先权期限内向其他《巴黎公约》成员国（或WTO 成员）提交同主题申请，就不会因优先权日之后的公开而丧失其新颖性、创造性，也不会因优先权日后他人的同主题申请而导致其成为在后申请。而另一方面，有限的优先权期限又能促使申请人尽快决定是否进入相关国家，从而使公众能及早确定相关申请包含的技术方案的法律状态。例如，如果在优先权期限内未进入相关国家的，则该申请中所包含的技术方案在该国就成为公有知识。因此，优先权既是一项便利于申请人在不同国家获得专利权的制度，同时又是对其在不同国家获得专利保护的一项限制性条件。

药品试验数据专有"等待期"制度也发挥着与优先权制度类似的作用，既有利于原研药企业在不同国家获得药品试验数据专有保护，又能够促使原研药尽快进入相关国家市场。在"等待期"内申请获得进入相关国家市场的上市许可，也是原研药可以在该国家获得药品试验数据专有保护的限制性条件之一。如果原研药在"等待期"内未申请上市许可的，意味着原研药企业放弃在该国寻求保护，这一国家可以自由利用该原研药的相关安全性、有效性等信息。

---

① 参见梁志文：《药品数据保护的比较分析与立法选择》，载《政法论丛》2014 年第 5 期，第 83~84 页。

作为药品试验数据专有保护的一项重要限制与例外制度，"等待期"有必要在相关 FTA 等国际条约中予以规定和明确。这既有利于平衡各方利益，也有助于药品试验数据专有制度的进一步国际化。就"等待期"期限而言，可以借鉴马来西亚制度经验，区分新活性成分药品和新适应证等设置不同的"等待期"期限。但与专利等工业产权制度中的强制性优先权制度不同，在为境外上市药品相关信息提供试验数据专有保护以及采取"国内新"标准的前提下，"等待期"制度是可选的，相关国家可以采取这一制度，也可以不采取这一制度，还可以采取更长的"等待期"期限。更长的"等待期"乃至不设置等待期(即意味着等待期为"无限期")，也就意味着相关国家愿意承担更重的国际义务。

"等待期"的设置本质上是在"全球新"和"国内新"这两者之间寻求一个适当的折中点。在设置"等待期"的情况下，国内法对新药的定义以"全球新"还是"国内新"为基础并无本质区别，均不再是绝对的"全球新"或"本国新"。如果采取"全球新"标准，意味着相关药品在任何国家首次获得上市许可后在"等待期"内再到本国申请上市的，仍然符合"全球新"标准。而对于采取"本国新"标准为基础的国家，如果设置了"等待期"，则意味着相关药品在任何国家首次获得上市许可后，只有在"等待期"内再到本国申请上市才能认可为"本国新"。

(二) 保护期限起算点的协调

与"等待期"相关的另一个问题是药品试验数据专有保护期限的起算日。在相关国际条约和国内法实践中，存在两种方式：一是保护期限自药品在本国获得上市许可之日起计算；二是以药品在全球首次获得上次许可之日起计算。NAFTA 规定，如果缔约方依赖其他缔约方药品上市许可信息批准仿制药上市，则对该其他缔约方上市许可信息提供的药品试验数据专有保护期限自该药品首次上市之日起计算。[①] TPP 附件 18 D 规定，如果秘鲁在 6 个月内完成上

---

① 参见 NAFTA, Article 1711.7。

市审批程序，则秘鲁对境外上市药品信息提供的药品试验数据专有保护期自该药品在全球首次获得上市许可之日起计算。马来西亚国内法规定，其提供的药品试验数据专有保护期自该药品在境外首次上市之日起计算。① 但是，在 TPP 附件 18-C 中明确规定，虽然马来西亚可以实施 18 个月的"等待期"，但无论是对境外还是境内上市药品信息所提供的专有保护，其保护期限均自药品在马来西亚上市之日起计算。

　　TPP 中对马来西亚的这种处理方式更有利于制度的国际协调，也与药品试验数据专有保护的知识产权属性更为相符。在确立了"等待期"的情况下，只要原研药在"等待期"内进入相关国家市场，就能自该国家取得上市许可之日起获得药品试验数据专有保护。药品试验数据专有保护期不会因为原研药在合理期限内延迟进入该国家市场而被缩减，能够有效保障原研药企业的利益。"等待期"制度的存在，足以促使原研药企业在这一期限内尽快进入相关国家市场，不需要再通过缩减保护期的方式来实现这一目的。而从药品试验数据专有保护的知识产权属性来看，不同国家分别计算保护期限更符合地域性原则。以专利权为例，各国专利保护期自在该国实际申请日起算，而非从优先权日起计算。这种计算方式体现了专利独立性原则。专利独立性原则是对专利地域性特征的进一步明确、统一和固化。②《巴黎公约》第 4 条之二第 1 款规定，"本联盟国家的国民向本联盟各国申请的专利，与在其他国家，不论是否本联盟的成员国，就同一发明所取得的专利是相互独立的。"该条第 2 款进一步明确，"上述规定，应从不受限制的意义来理解，特别是指在优先权期间内申请的各项专利，就其无效和丧失权利的理由以及其正常的期间而言，是相互独立的"。专利独立性原则从权利的有效

---

　　① 　参见 Arahan Bagi Melaksanakan Data Eksklusiviti Di Malaysia（Bilangan 2 Tahun 2011），Article 4.6。

　　② 　参见张莉丽：《〈保护工业产权巴黎公约〉——专利国际协调新视角下的百年经典》，载国家知识产权局条法司编：载《专利法研究（2017）》，知识产权出版社 2019 年版，第 103 页。

性、权利的保护期间等方面充分体现了专利的地域性原则。①

因此，无论是从更好地平衡各方利益从而进一步推动药品试验数据专有制度国际协调出发，还是从基于药品试验数据专有保护地域性原则确立的权利独立性原则出发，在确立"等待期"制度基础上自药品在本国取得上市许可之日起计算药品试验数据专有保护期限，是更为合理的制度安排。

第三节　药品试验数据专有撤销和强制许可制度构建

一、国际条约及国内实践现状

(一)TRIPS 协定及相关 FTA 规定

无论是 TRIPS 协定还是相关 FTA，均没有规定药品试验数据专有的撤销和强制许可制度。

就 TRIPS 协定而言，虽然在第 39 条第 3 款中规定了药品试验数据保护"不披露"义务的例外，但由于 TRIPS 协定规定的药品试验数据保护不涉及以"不依赖"为基础的专有保护，该例外与药品试验数据专有保护并没有直接关联，更不是对药品试验数据专有保护的豁免。对于建立了药品试验数据专有制度的成员而言，即便根据 TRIPS 协定第 39 条第 3 款的例外规定披露了相关数据，在药品试验数据专有保护期限内仍然不能批准依赖该数据的仿制药上市，除非法律另有明确规定。2001 年 11 月达成的多哈宣言重申 WTO 成员有权充分运用 TRIPS 协定为保护公共健康，尤其是促进药品

---

① 参见江滢、郑友德：《知识产权特征新论——兼析知识产权与有形财产权的区别》，载《华中科技大学学报(社会科学版)》2001 年第 4 期，第 18~19 页。

可及性而给予的灵活性。① 但由于药品试验数据专有保护并非 TRIPS 协定规定的义务，多哈宣言没有直接涉及药品试验数据保护规定②，更不可能对药品试验数据专有的撤销或强制许可等制度作出规定。

在美国、欧盟和 EFTA 所签订的相关 FTA 中，也没有明确规定药品试验数据专有的撤销、强制许可或类似制度。虽然在 TPP 及其他部分 FTA 中，规定了缔约方可以依据多哈宣言等采取措施保护公共健康，但由于多哈宣言并没有直接涉及药品试验数据专有保护，更未直接规定药品试验数据专有保护的限制与例外制度，因此这些规定能在多大程度上给予缔约方设置药品试验数据专有保护撤销、强制许可等限制与例外，仍然存在较大的不确定性。

在 TPP 谈判过程中，也有谈判方建议明确规定与撤销、强制许可等相关的条款，但未获成功。在维基解密（wikileaks）2013 年 11 月 13 日公开的 TPP 谈判草案文本中，新西兰、加拿大、新加坡、智利、马来西亚和越南建议增加"各方可采取或保持鼓励药品及时进入其市场的措施"，以及各方可以豁免药品试验数据保护以在专利自愿或强制许可、或根据 TRIPS 协定以其他方式给予专利许可的情况下加快药品上市许可审批等规定。③ 但在最后达成的文本中，这些建议条款都不见踪影，这也表明了主导谈判的美国对药品试验数据专有保护限制与例外制度的态度。

(二) 相关国家和地区的实践

1. 发达国家和地区

在发达国家和地区中，欧盟和加拿大均对药品试验数据专有

---

① 参见 WTO, Declaration on the TRIPS agreement and public health（WT/MIN(01)/DEC/2）, 20 November 2001, Para. 4。

② 参见 Carlos M. Correa, Implications of the Doha Declaration on the TRIPS Agreement and Public Health, https：//apps. who. int/iris/bitstream/handle/10665/67345/WHO_EDM_PAR_2002. 3. pdf, visited on 20 January 2022。

③ 参见 Wikileaks, Secret Trans-Pacific Partnership Agreement（TPP）- IP Chapter, https：//wikileaks. org/tpp/, visited on 20 January 2022。

保护规定了有限的与强制许可或权利撤销相关的限制与例外制度。

　　加拿大规定了原研药未销售情况下的药品试验数据专有撤销制度，以及为出口药品目的实施专利强制许可情况下的药品试验数据专有保护例外制度。根据加拿大法律，药品试验数据专有保护应当以药品在加拿大本国销售为前提。① 如果批准上市的原研药在加拿大市场上不再销售，则不能获得药品试验数据专有保护；但是原研药恢复销售的，仍然能就剩余期限获得保护。在未受保护期间已提交的仿制药上市许可申请，仍然可以继续审查并获得上市许可。此外，加拿大还规定，在为出口药品目的实施专利强制许可生产仿制药的情况下，可以不受6年"不受理"的药品试验数据专有保护的限制。② 此种情况下，仿制药申请提交日视为6年"不受理"保护期届满日。

　　欧盟针对利用专利实施强制许可制造并出口到符合条件的WTO成员的药品规定了药品试验数据专有的豁免制度③，但这一制度并不适用于在欧盟境内上市的药品。欧盟委员会在答复欧洲仿制药协会（European Generic Medicines Association）有关给予药品专利实施强制许可的情况下药品试验数据专有保护相关问题时指出，"欧盟当前药品相关制度没有包含任何允许豁免数据专有和市场保

---

　　① 参见 Food and Drug Regulations（last amended on 2023-11-24），C. 08. 004. 1（5）；Guidance Document：Data Protection under C. 08. 004. 1 of the Food and Drug Regulations.（Date adopted：2009/03/11；Revised date：2021/04/08）。

　　② 参见 Food and Drug Regulations（last amended on 2023-11-24），C. 08. 004. 1（7）；Guidance Document：Data Protection under C. 08. 004. 1 of the Food and Drug Regulations.（Date adopted：2009/03/11；Revised date：2021/04/08）。

　　③ 参见 Regulation（EC）No 816/2006 of the European Parliament and of the Council of 17 May 2006 on compulsory licensing of patents relating to the manufacture of pharmaceutical products for export to countries with public health problems，Article 18。

护期的规定"。① 为此，尽管法国、荷兰、挪威、罗马尼亚、瑞典等多个欧盟成员国曾考虑通过给予专利实施强制许可，进口可负担的丙肝和癌症药品等，但考虑到这些药品因仍在药品试验数据专有保护期内而无法获得上市许可，最终放弃了这一计划。②

美国没有在国内法中规定药品试验数据专有制度的撤销、强制许可制度或类似制度。

2. 发展中国家和地区

在建立了药品试验数据专有制度的部分发展中国家和地区，包括马来西亚、智利和哥伦比亚等国家，在国内法中规定了药品试验数据专有制度的撤销等限制与例外制度。

马来西亚 2011 年颁发的药品试验数据专有指令（Directive of Data Exclusivity）③第五条规定了限制与例外制度，其内容包括：(i)在给予专利强制许可或实施保护公共健康和确保药品可及性所需任何其他措施的情况下，药品试验数据专有保护不再适用；(ii)药品试验数据专有保护不得妨碍政府采取保护公共健康、国家安全、非商业性公共使用、国家紧急状态、公共健康危机或政府宣布的其他极端紧急情况所需要的措施。

智利工业产权法④第 89 条至第 91 条规定了药品试验数据专有制度，其中第 91 条规定了药品试验数据专有保护"不再适用"的情

---

① European Commission, Letter from the European Commission to Mr Greg Perry, EGA-European Generic Medicines Association on the Subject of Tamiflu Application and Data Exclusivity in an Emergency Compulsory License Situation, https://www. keionline. org/wp-content/uploads/ec-de-tamiflu. pdf, visited on 20 January 2022.

② 参见 Pascale Boulet, et al., European Union Review of Pharmaceutical Incentives: Suggestions for Change, https://medicineslawandpolicy. org/wp-content/uploads/2019/06/MLP-European-Union-Review-of-Pharma-Incentives-Suggestions-for-Change. pdf, visited on 20 January 2022。

③ 参见 Arahan Bagi Melaksanakan Data Eksklusiviti Di Malaysia (Bilangan 2 Tahun 2011)。

④ 参见 Law 19. 039 on Industrial Property (Latest version Date: 26 January 2007)。

形，包括：a）根据法院终审或可执行决定，第 89 条中规定的试验数据的所有者与该信息使用或利用直接相关的行为或做法被认定为违反自由竞争；b）因公共卫生、国家安全、非商业性公共使用、国家紧急状态或主管机关宣布的其他极端紧急情况，有理由终止第 89 条规定的保护；c）依照本法规定，该药品需要给予专利强制许可的；d)在智利获得注册或卫生许可之日起，该药品 12 个月后仍未在本国境内销售的；e)首次在国外获得注册或卫生许可之日起 12 个月后才在智利提交药品注册或卫生许可申请。

哥伦比亚数据保护法令①第 4 条规定了药品试验数据专有保护"不再适用"的情形，包括：(a)新化学实体药品注册持有人许可使用未披露信息用于支持后续申请；(b)申请注册的新化学实体药品与已在哥伦比亚获得许可并销售的其他药品相似，且后者的保护期限已届满；(c)如卫生部确定的那样需要保护公共健康的；(d)新化学实体药品获得上市许可 1 年后仍未在本国销售的。

以上三个国家均从保护公共健康等角度，规定了药品试验数据专有保护的限制与例外制度，为药品试验数据专有国际保护的完善提供了重要借鉴。尤其是智利，较为详细地列举了药品试验数据专有保护不再适用的多种情形。尤其是有关药品试验数据所有者行使权利的行为认定为违反自由竞争、药品需要给予专利强制许可这两种情形，不受药品试验数据专有保护限制的条件明确，具有较高的可操作性。

但是，上述三个国家的规定也存在规定不够明确、缺乏体系性等缺陷，具体包括：

其一，没有对不同的"不适用"情形法律后果作出区分，有些甚至还与获得保护的条件相混同，缺乏体系性。例如，智利和哥伦比亚均规定，药品获得上市许可后 1 年内未在本国销售的，将不再适用药品试验数据专有保护。这一规定的目的是促进获批上市药品在本国市场实际销售，以提高药品可及性。但此种情形与公共健康危机下的不适用情形在法律后果上显然存在区别：后者类似于紧急

---

① 参见 Decree Number 2085 of 2002。

状态下对财产的征用，而前者在性质上则属于一种惩罚措施；对于后者，公共健康危机结束后，药品试验数据专有保护应当恢复适用，而前者并不当然地应当恢复。智利还规定，药品在国外首次上市后12个月内未在本国申请上市许可的，将不适用药品试验数据专有制度获得保护，这实质上是提供保护的限制性条件，与撤销和强制许可制度法律后果也不相同。对于不符合保护条件的药品，自始不能获得药品试验数据专有保护；而撤销和强制许可制度，则是针对已经获得保护的药品，在特定情况下不再提供保护或不提供完整保护。

其二，未规定不同情形下不适用药品试验数据专有制度的程序及其他要件，导致缺乏操作性且容易导致不同主体间的利益失衡。例如，前述三个国家均规定了为保护公共健康目的，可以不适用药品试验数据专有保护。但是这一规定过于原则，未对诸如以下程序和其他要件作出规定："不适用"是应当事人请求还是依职权作出；仿制药上市申请人是否应该给予药品试验数据专有权利人补偿或使用费；在何种情况下可以终止"不适用"等。例如，为保护公共健康目的，依赖受保护药品安全性、有效性信息批准仿制药上市，将不当损害权利人也就是原研药企业的合法财产权，如果不给予适当的补偿或使用费，显然不利于对药品的试验数据专有保护，也不利于实现这一制度促进药品研发、增加全球公共产品供给的初衷和目的。此外，为保护公共健康目的，还可能涉及药品专利强制许可，而且马来西亚和智利也规定了给予药品专利强制许可的情形下，可以不适用药品试验数据专有制度。但是，这两个国家均没有规定这两个制度程序衔接等事项。这些规定的缺失，不仅导致操作上困境，也会导致不同主体间的权利义务失衡。

二、撤销制度的构建

(一) 撤销制度概述

撤销制度是指在法定情况下使相关权利归于消灭的制度。权利撤销与权利无效制度不同，撤销往往是由于权利人行使权利的方式不当所致；权利无效则是由于权利获得本身存在不符合法律规定之处，是对不当授权的纠正。① 权利撤销与强制许可制度也不一样，前者会导致权利的消灭，而后者仅是对权利人排他权行使的限制。在早期专利制度中，将撤销专利权作为专利不实施的惩罚措施是一项较为普遍的制度，但在此后逐渐被强制许可制度所替代。②

《巴黎公约》针对专利撤销和强制许可制度的条款几经修改完善，但最新文本仍然保留了有关专利撤销制度。公约（1979 年 9 月28 日修正）第 5 条 A 款第 1 项规定："专利权人将在本联盟任何国家内制造的物品进口到对该物品授予专利的国家的，不应导致该项专利的取消。"该款第 3 项则规定："除强制许可的授予不足以防止上述滥用外，不应规定专利的取消。自授予第一个强制许可之日起两年届满前不得提起取消或撤销专利的诉讼。"

（二）撤销制度构建必要性

在早期专利制度中，专利撤销作为惩罚不实施专利的一项措施被许多国家所采纳。从历史来看，这一制度随着《巴黎公约》的历次修改而逐渐被强制许可制度所取代。这一制度变迁的背后，既是《巴黎公约》不同成员国博弈的结果，也与专利制度本身的特点有关。从国际知识产权保护角度来看，撤销制度更有利于进口技术和产品的发展中国家而不利于出口技术和产品的发达国家，这一制度"式微"背后体现的是国际知识产权保护的进一步强化。而从制度本身来看，作为惩罚不实施专利的措施而言，强制许可制度是比撤销制度更为平衡合理的制度。尤其是随着技术和产品复杂程度的提高，许多新技术的实施存在技术和产业上的障碍，从技术研发成功到最终的产业应用需要较以往更长的时间。例如，就药品专利而言，从专利申请到药品成功上市，往往需要十年或更长的时间，甚

----

① 参见国家工商行政管理总局商标局、商标评审委员会编著：《商标法理解与适用》，中国工商出版社 2015 年版，第 177 页。

② 参见 Marketa Trimble, *Patent Working Requirements：Historical and Comparative Perspectives*, 6 UC Irvine Law Review 487-488（2016）。

至有些在专利保护期限届满后才上市。如果以专利未实施为由撤销专利，将导致专利权人在药品开发过程中的研发投入难以得到有效保护。此外，有些专利是"防御性"的，申请人申请专利的目的不在于实施，而在于防止他人通过开发与其产品类似的技术与其在市场上形成竞争。这种防御性专利策略在多数情况下并不会对社会公众利益和竞争造成影响，也不宜通过采取撤销这一惩罚性措施来要求专利权人必须实施。

但对于药品试验数据专有保护而言，仍然有必要引入撤销制度，作为规制原研药企业在获得上市许可后合理期限内不在本国销售相关药品的措施，提高药品可及性。与专利权不同，药品试验数据专有保护与药品上市许可紧密关联，获得药品上市许可是药品试验数据专有保护的前提，因此一般而言不存在获得保护后仍不能上市销售药品的技术障碍，也不存在"防御性"药品试验数据专有保护的必要。但如果获得上市许可的药品受到药品试验数据专有保护，则由于仿制药在专有保护期内不能获得上市许可，这将导致患者既不能获得原研药，又不能获得仿制药，严重妨碍药品可获得性。为保障药品可获得性，有必要通过一定措施要求获得药品试验数据专有保护的药品能够及时上市以满足患者的用药需求。

(三)相关国家撤销制度借鉴

如前文所述，加拿大规定了原研药未销售情况下的药品试验数据专有保护撤销制度。根据加拿大法律，药品试验数据专有保护应当以药品在加拿大本国销售为前提。[1] 如果批准上市的原研药在加拿大市场上不再销售，则不能获得药品试验数据专有保护；但是原研药恢复销售的，仍然能就剩余期限获得保护。在未受保护期间已提交的仿制药上市许可申请，仍然可以继续审查并获得上市许可。

---

[1]　参见 Food and Drug Regulations (last amended on 2023-11-24), C. 08. 004. 1(5)；Guidance Document: Data Protection under C. 08. 004. 1 of the Food and Drug Regulations (Date adopted: 2009/03/11；Revised date: 2021/04/08), Section 2. 5。

智利工业产权法①第 89 条至第 91 条规定了药品试验数据专有制度，其中第 91 条规定了药品试验数据专有保护"不再适用"的情形，包括"在智利获得注册或卫生许可之日起，该药品 12 个月后仍未在本国境内销售"。哥伦比亚数据保护法令②第 4 条规定的药品试验数据专有保护"不再适用"的情形也包括"新化学实体药品获得上市许可 1 年后仍未在本国销售的"。然而，这两个国家的上述规定仅考虑了药品获得上市许可后 1 年内未销售的情形，而未考虑药品在本国销售一段时间后又停止销售的情形。

(四) 制度设计及具体条款建议

借鉴《巴黎公约》中有关专利撤销制度的规定，以及智利、哥伦比亚和加拿大等国药品试验数据专有制度相关实践，建议在相关国际制度协调中明确规定药品试验数据专有保护撤销制度，作为对原研药企业不在获得上市许可的相关国家市场销售其药品的惩罚措施，以提高药品可获得性。基于药品的特殊性，影响药品可获得性的，不仅包括药品获得审批后合理期限内未上市销售，还包括上市销售后又停止销售并在合理期限内未恢复销售的情形。这两种情形的法律性质一样，对药品可及性所造成的不利后果也相同，因此也应当承担同样的法律后果。具体"合理期限"可参照智利、哥伦比亚等国家的实践情况。

当然，无论是药品获得审批后合理期限内未上市销售，还是上市销售后停止销售的，均可能存在正当合理的理由。例如，上市药品存在侵犯他人专利权等知识产权的问题等。对于这些因不能归咎于原研药企业的原因而导致药品未销售或停止销售的，不宜作为撤销药品试验数据专有保护的依据。

综上，建议在药品试验数据专有制度的国际协调中，在相关国际条约中明确规定撤销制度，以保障药品可获得性。例如明确缔约

---

① 参见 Law No. 19. 039 on Industrial Property（Latest version Date：26 January 2007）。

② 参见 Decree Number 2085 of 2002。

方可以规定，获得药品试验数据专有保护的药品取得上市许可后，无正当理由连续一定期限内没有在本国境内销售的，可以撤销该药品的试验数据专有保护。具体条文建议如下：

第 N 条：药品试验数据专有的撤销

缔约方可规定，获得药品试验数据专有保护的药品取得上市许可后，无正当理由连续至少 X 个月没有在本国境内销售的，可以撤销该药品的试验数据专有保护。与药品试验数据专有撤销有关的任何决定的法律效力均应经过司法审查或上一级主管机关的独立审查。

三、强制许可制度的构建

(一) 强制许可制度概述

强制许可是专利等知识产权的重要限制与例外制度，其目的在于平衡知识产权这一独占权对市场竞争、技术传播、公共健康等方面带来的负面影响。专利权、集成电路布图设计专用权、植物新品种权等制度中均规定了强制许可制度，其中尤以专利强制许可制度最为完善，也受到最多关注。专利和药品试验数据专有是影响药品全球可及性的最主要的两项知识产权制度。这两个制度在给予原研药市场独占期方面的作用相似，并且在很多情况下发挥着互补作用。以下通过对药品相关专利强制许可制度的分析，作为构建药品试验数据专有强制许可制度的借鉴。

在国际法层面，《巴黎公约》和 TRIPS 协定均规定了专利强制许可制度。《巴黎公约》第 5 条 A 款第 2 项规定："本联盟各国都有权采取立法措施规定授予强制许可，以防止由于行使专利所赋予的专有权而可能产生的滥用，例如：不实施。"TRIPS 协定在《巴黎公约》基础上对专利强制许可制度作出了规定。TRIPS 协定第 31 条"未经权利持有人授权的其他使用"对专利强制许可的授予规定了严格的条件，主要包括：对强制许可申请进行个案审查；经过申请人以合理的商业条件和专利权人进行协商后仍无法获得权利人许可（国家出现紧急状态或其他极端紧迫状态时，可不受该条件限制）；

主要为供应本国国内市场等。此外，该条还规定强制许可不得转让、使用者应当支付适当报酬、应当提供司法审查程序等。

由于 TRIPS 协定第 31 条规定通过专利强制许可生产的产品主要应当供应本国市场，导致没有制药能力或制药能力不足的成员在利用强制许可制度解决公共健康危机存在困难。为解决这一问题，WTO 总理事会于 2003 年 8 月 30 日通过了关于执行《关于 TRIPS 协定和公共健康多哈宣言》第 6 段的决定，对协定第 31 条有关"专利强制许可生产的产品主要应当供应本国国内市场"的规定作出了豁免。此后，2005 年 12 月 6 日总理事会通过了关于修改 TRIPS 协定的决定，并于 2017 年 1 月 23 日正式对协定进行了修改，增加了第 31 条之二。该条允许成员在符合一定条件的情况下，将通过专利强制许可生产的药品出口到制药能力缺乏或不足的成员。

根据 WIPO 于 2019 年的统计，共有 156 个国家或地区规定了专利强制许可制度。① 这些国家和地区给予专利强制许可的理由如表 4-1 所示。②

表 4-1　　　　　　　　各国家/地区的主要专利许可理由

-滥用专利权
-发明专利未得到实施或未充分实施
-从属专利
-反竞争行为和/或不公平竞争
-国家紧急状态/极端紧迫情况
-公共利益/公共的非商业性使用
-未能以合理的条件满足市场需求/公众的合理要求未得到满足

---

① 参见 WIPO 专利法常设委员会《关于强制许可例外的参考文件草案》（SCP/30/3），2019 年 5 月 21 日，附件第 16 页。

② 参见 WIPO 专利法常设委员会《关于强制许可例外的参考文件草案》（SCP/30/3），2019 年 5 月 21 日，附件第 20 页。

续表

-为向缺乏制药能力或制药能力不足的国家/地区出口药品而授予专利药品的强制许可
-在植物品种与专利发明相互依存的情况下授予交叉强制许可

（来源：WIPO 专利法常设委员会《关于强制许可例外的参考文件草案》（SCP/30/3），2019 年 5 月 21 日，附件第 20 页。）

对于药品而言，表 4-1 中所列强制许可理由，除最后一项"在植物品种与专利发明相互依存的情况下授予交叉强制许可"外，其他各种理由都可能适用。但从主要国家给予强制许可实践情况来看，给予药品专利强制许可的理由主要是公共利益、健康紧急状况、国家安全、药品可获得性和可负担性等(参见表 4-2)。[1]

表 4-2　　　　近年来主要国家给予强制许可的理由

国家	药　品	时间	理　由
俄罗斯	瑞德西韦（用于 Covid-19）	2021	国家安全
以色列	洛匹那韦/利托那韦（用于 Covid-19）	2020	国家安全，关键服务和供应
德国	拉替拉韦	2016	紧急需要，公共利益
厄瓜多尔	依托考昔	2014	公共利益
厄瓜多尔	霉酚酸钠	2014	公共利益
厄瓜多尔	舒尼替尼	2014	公共利益
厄瓜多尔	培塞利珠单抗	2014	公共利益
厄瓜多尔	利托那韦	2013	公共利益

---

[1]　参见 South Centre, Scope of Compulsory License and Government Use of Patented Medicines in the Context of the Covid-19 Pandemic, https：//www. southcentre. int/wp-content/uploads/2021/02/Compulsory-licenses-table-Covid-19-rev2021. pdf, visited on 20 January 2022。

国家	药 品	时间	理 由
厄瓜多尔	阿巴卡韦/拉米夫定	2013	公共利益
印度	对甲苯磺酸索拉非尼	2012	药品可获得性和可负担性
印度尼西亚	阿巴卡韦、去羟肌苷、依法韦仑、洛匹那韦/利托那韦、替诺福韦、替诺福韦/恩曲他滨、替诺福韦/恩曲他滨/依法韦仑	2012	健康紧急情况
厄瓜多尔	利托那韦	2010	公共利益
巴西	依法韦仑	2007	公共利益
意大利	非那雄胺	2007	滥用市场支配地位
加纳	ARVs	2005	健康紧急情况
意大利	亚胺培南西拉司他丁	2005	滥用市场支配地位
印度尼西亚	奈韦拉平、拉米夫定	2004	健康紧急情况

（来源：South Centre，Scope of Compulsory License and Government Use of Patented Medicines in the Context of the Covid-19 Pandemic，https：//www. southcentre. int/wp-content/uploads/2021/02/Compulsory-licenses-table-Covid-19-rev2021. pdf，visited on 20 January 2022. 本表仅收录其中明确了强制许可理由的强制许可。)

(二) 强制许可制度构建必要性

权利撤销是对权利滥用最严厉的惩罚措施，其将导致权利的完全丧失。正是由于措施的严厉性，其适用范围也应当受到严格限制。而对于其他可能影响药品可及性的权利滥用行为，更适宜通过更为灵活、也更为平衡的强制许可制度来规制和防范。与撤销制度不同，强制许可制度并不会导致药品试验数据专有权利的丧失，给予强制许可的情形不复存在或不可能再出现时应当终止强制许可，而且被许可人还应当给予权利人一定的经济补偿。

与专利类似，药品试验数据专有保护也同样可以给予原研药一定期限的市场独占期，从而可能影响药品可获得性和可负担性。与专利制度相比，药品试验数据专有保护影响到更多国家和地区的药品可及性。在没有强制许可制度的情况下，药品试验数据专有保护将导致面临公共健康危机等情况时，难以采取必要措施来予以应对。尤其是，当药品同时受到专利和药品试验数据专有保护的情况下，即便给予专利实施强制许可，药品试验数据专有保护的存在仍然会导致无法获得所需仿制药品。也就是说，没有设置强制许可制度的药品试验数据专有保护会"架空"专利强制许可制度，打破专利制度形成的脆弱平衡。因此，为防止药品试验数据专有权利的滥用，保障药品全球可及性，维持专利制度已形成的平衡机制，有必要对药品试验数据专有保护也设置类似于专利的强制许可制度。

规定强制许可制度的目的不仅仅是为了给予强制许可，更重要的是作为一种"威慑性"制度，规范权利人合理地行使其权利，并促进商业许可的达成。将专利强制许可作为"筹码"，通过与专利权人谈判要求其降低专利药价，已成为 WTO 成员解决药品价格过高问题的一种重要手段。而且，当存在专利强制许可的压力时，专利权人在确定药品价格时也会将此因素考虑在内，通过自愿许可或打折降低药品价格。[1] 许多案例表明，在相关国家宣布打算利用强制许可制度后，专利权人主动降低药品价格。[2]比尔（Beall）和库恩（Kuhn）研究了 17 个国家的 24 个强制许可案例，其中在 9 个案例中专利权人降低了药品价格，并且还有 3 个（其中的 1 个同时降

---

① 参见 Joe Chen, Balancing Intellectual Property Rights and Public Health to Cope with the COVID-19 Pandemic, https：//scholarship. shu. edu/cgi/viewcontent. cgi？article＝2197&context＝student_scholarship, visited on 20 January 2022。

② 参见 WIPO 专利法常设委员会《关于强制许可例外的参考文件草案》（SCP/30/3），2019 年 5 月 21 日，附件第 44 页。

低药品价格）达成了自愿许可。① 而且，在给予药品专利强制许可后，基于竞争压力以及可能的强制许可压力，也会有效地带动其他相关药品价格的降低。例如，2003 年马来西亚给予本国一家药企专利强制许可，以允许其进口用于治疗艾滋病的三种抗逆转录病毒仿制药，此举不仅降低了马来西亚这三种药品的价格，而且在强制许可实施后，其他一线和二线抗逆转录病毒原研药价格也有了明显下降。②

给予强制许可仍然需要支付相应的许可使用费，只不过其费率会低于商业许可费率或原研药企业销售原研药所获利润率。从全球卫生公共产品供给视角来看，在制度的国际协调中规定药品试验数据专有保护的强制许可制度体现了为保障药品全球可及性这一"最薄弱环节型全球公共产品"供给，对处于"最薄弱环节"的国家和地区的特殊关注。

但是，强制许可制度毕竟是对权利人合法财产性权利的限制，其不能作为一种常规性措施经常利用，只有在特定情形、符合特定程序性条件的情况下才能够适用。在药品试验数据专有保护制度的国际协调中，在为各国和地区提高灵活度、允许其建立强制许可制度的同时，为保障权利人的合法权益，也需要对可以适用这一制度的情形以及其他条件作出明确规定。

（三）相关国家强制许可制度借鉴
马来西亚、智利和哥伦比亚均就药品试验数据专有保护规定了与强制许可类似的制度。

---

① 参见 Reed Beall & Randall Kuhn, *Trends in Compulsory Licensing of Pharmaceuticals Since the Doha Declaration: A Database Analysis*, 9 Plos Medicine e1001154 (2012)。

② 参见朱贞艳、王玮：《全球公共卫生、药品专利与药品可及性：以马来西亚对索非布韦专利实施强制许可为例》，载《南大亚太评论》2020 年第 1 期，第 185 页。

马来西亚《药品试验数据专有指令》①第 5 条规定，在给予专利强制许可或实施保护公共健康和确保药品可及性所需任何其他措施的情况下，药品试验数据专有保护不再适用；药品试验数据专有保护不得妨碍政府采取保护公共健康、国家安全、非商业性公共使用、国家紧急状态、公共健康危机或政府宣布的其他极端紧急情况所需要的措施。智利《工业产权法》②第 91 条规定了药品试验数据专有保护"不再适用"的情形，包括：试验数据所有者利用信息的行为或做法被认定为违反自由竞争；因公共卫生、国家安全、非商业性公共使用、国家紧急状态或主管机关宣布的其他极端紧急情况，有理由终止药品试验数据专有保护；药品需要给予专利强制许可。哥伦比亚《试验数据保护法令》③第 4 条规定，在卫生部确定需要保护公共健康的情况下，药品试验数据专有保护"不再适用"。

上述三个国家均规定了为保护公共健康等情形下，药品试验数据专有保护"不再适用"。这与强制许可不同，不是在一定程度上限制权利人"不许可"的权利，而是不再提供保护，即导致药品试验数据专有权利的完全丧失。这种国内法规定虽然也能够解决公共健康危机等情况下保障药品可及性所面临的药品试验数据专有保护障碍，但其并不符合药品试验数据专有的权利属性，不利于保障作为权利人的原研药企业的合法权益，也背离了药品试验数据专有制度的目的和初衷，不利于充分发挥这一制度通过激励药品创新保障药品供给的作用。

而且，从药品试验数据专有制度的国际协调来看，这种对权利的直接否定也难以在国际上形成共识。实际上，虽然智利和哥伦比亚均在国内法中规定了相关制度，但这些制度在多大程度上与其和美国、EFTA 或欧盟签订的 FTA 药品试验数据专有保护义务相符，

---

① 参见 Arahan Bagi Melaksanakan Data Eksklusiviti Di Malaysia（Bilangan 2 Tahun 2011）。

② 参见 Law No. 19. 039 on Industrial Property（Latest version Date：26 January 2007）。

③ 参见 Decree Number 2085 of 2002。

仍然存在一定的疑问。也就是说，美国、欧盟和 EFTA 相关 FTA 规定是否允许缔约方作出此种规定，仍然存在较大不确定性。一个例证是，TPP 以附件形式明确规定其中的药品试验数据专有保护条款不会影响智利工业产权法第 91 条规定的保留和实施。① 从反向解读这一附件规定，对于没有专门通过此种方式作出安排的其他缔约方，似乎意味着不允许在国内法中作出类似规定，否则没必要专门就智利作出特殊安排。事实上，对于同为 TPP 谈判方的马来西亚，虽然国内法中也规定了"不适用"药品试验数据专有保护的情形，但在 TPP 中未就这些例外情形作出任何特殊安排。从 TPP 谈判历史来看，谈判过程中智利、马来西亚等国建议规定，各方可以豁免药品试验数据保护以在专利强制许可等情况下加快药品上市许可审批。② 但这一建议未体现在最终文本当中，也表明了主导谈判的美国对这一议题的态度。

从完善药品试验数据专有制度以及推动国际制度协调出发，有必要在相关国际条约中明确规定其强制许可制度，以更好地达成共识，形成更为平衡、包容的药品试验数据专有制度。

(四)制度设计建议

1. 给予强制许可的情形

根据药品试验数据专有保护滥用的可能情形，参考专利强制许可制度，建议规定可以适用药品试验数据专有强制许可制度的以下几种情形。

(1)公共健康危机下的强制许可

药品试验数据专有保护与公共健康问题密切相关。由于在药品试验数据专有保护期间，没有仿制药与原研药竞争，这可能导致原研药品价格过高，超出患者甚至国家医疗保障体系的承受能力，影响药的可负担性。除了价格问题外，限于原研药企业的生产能力

---

① 参见 TPP, Annex 18 B。

② 参见 Wikileaks, Secret Trans-Pacific Partnership Agreement (TPP) - IP Chapter, https：//wikileaks.org/tpp/, visited on 20 January 2022。

或商业考虑甚至其所在国的政治考量等因素，原研药的供应量可能会受到一定的限制。这可能导致在面临公共健康危机时，相关国家难以获得足够的、可负担的药品。此种情况下，可以通过给予药品试验数据专有强制许可的方式，提高药品可及性，解决公共健康危机。从相关国家立法例来看，马来西亚、智利和哥伦比亚均规定，为保护公共健康目的可以不适用药品试验数据专有保护。而保护公共健康也是主要国家给予专利强制许可的理由之一，并成为最主要的给予药品专利强制许可的理由（见表4-2）。

为此，有必要在药品试验数据专有制度的国际协调中，明确规定各国可以在面临公共健康危机的情况下实施药品试验数据专有强制许可制度。① 而对于公共健康危机的定义，则如同多哈宣言第5段所规定的那样，各国有权自行确定构成公共健康危机的情况。

在专利强制许可制度中，TRIPS协定规定了两种为公共健康目的的强制许可类型：一是为解决成员国内公共健康问题所给予的强制许可，二是为了出口给遭受公共健康问题但制药能力缺乏或不足的发展中或者最不发达成员所给予的强制许可。这两种强制许可类型分别规定在TRIPS协定第31条和第31条之二。事实上，TRIPS协定之所以增加第31条之二，主要目的是解决31条中有关给予强制许可生产的药品应当主要供应给成员本国市场这一限制性规定②所带来的问题。

欧盟和加拿大立法对为出口药品目的的药品试验数据专有保护豁免问题作出了规定。加拿大规定，在根据相关国际条约为出口药品目的实施专利强制许可生产仿制药的情况下，可以不受药品试验数据专有保护6年"不受理"的限制，但仍受限于2年的"不批准"

---

① 参见 Robert Weissman, *Data Protection: Options for Implementation*, in Pedro Roffe, *et al.* eds., Negotiating Health: Intellectual Property and Access to Medicines, Earthscan, 2006, p. 174。

② 参见 TRIPS 协定第31条(f)项。

保护。① 欧盟则在《关于专利强制许可用于生产药品出口至有公共健康问题国家的欧盟条例》②第 18 条规定，在成员国给予药品专利强制许可用于生产、出口药品给符合条件的 WTO 成员时，如果相关药品是受药品试验数据专有保护药品的仿制药，则药品试验数据专有保护不适用。但加拿大和欧盟的上述规定仅限于落实多哈宣言第六段决议给予专利强制许可以制造和出口药品的情形，而不是一项普遍性的规定。尤其是，在相关药品没有受到专利保护而仅受到药品试验数据专有保护的情况下，药品试验数据专有保护并不能单独得到豁免。

在药品进出口中，药品是否符合相关安全性、有效性要求一般由进口国主管机关进行审查和认定，而出口企业需要向出口国主管机关申请"出口销售证明"。出口销售证明是根据 WHO 国际贸易药品认证计划（WHO Certification Scheme on the Quality of Pharmaceutical Products Moving in International Commerce）的一项行政手段，旨在向进口国承诺"出口药品在质量、安全、有效方面已经符合公众认可的相关标准的严格评估，并且该药品经出口国政府主管部门审核后在该国政府管辖范围内上市销售，如未上市则应说明缘由；药品生产场地和操作应符合 WHO-GMP 规范。"③但是，出口销售证明并不属于国内上市许可，因此即便在发放出口销售证明时，主管机关利用或依赖了受专有保护的药品安全性、有效性相关信息，也并不在药品试验数据专有的效力范围之内。也就是说，药品试验数据专有保

① 参见 Food and Drug Regulations（last amended on 2023-11-24），C.08.004.1(7)；Guidance Document：Data Protection under C.08.004.1 of the Food and Drug Regulations（Date adopted：2009-03-11；Revised date：2021-04-08），Section 3.5。

② 参见 Regulation（EC）No 816/2006 of the European Parliament and of the Council of 17 May 2006 on compulsory licensing of patents relating to the manufacture of pharmaceutical products for export to countries with public health problems。

③ 毛晓芳、齐翔、周凤祥：《国内外药品出口销售证明发放制度比较研究》，载《中国药事》2018 年第 11 期，第 1550 页。

护并不能禁止他人未经许可利用或依赖受保护的药品安全性、有效性信息申请和取得出口销售证明。而且，依赖受保护的药品安全性、有效性信息批准出口销售证明，也不会对原研药企业在本国的商业利益造成任何损害。即便对原研药企业商业利益造成影响，也是发生在境外，而受地域性原则限制的药品试验数据专有保护效力并不能及于境外。因此也可以将此种情况下对药品试验数据安全性、有效性信息的利用理解为"非商业使用"。[1]

也就是说，药品试验数据专有权利的效力范围并不包括禁止他人未经许可利用受保护的安全性、有效信息获得药品出口销售证明，事实上并没有必要就出口药品目的规定强制许可制度。当然，从制度的国际协调目的出发，并不禁止各国根据自身情况对药品试验数据专有提供更高水平的保护，将为出口药品目的利用受保护的安全性、有效性信息也纳入药品试验数据专有保护范围之内。但是，在此种情况下不应限制这些国家为了出口药品目的给予药品试验数据专有强制许可的灵活度。也就是说，不应如同 TRIPS 协定第 31 条对专利强制许可所规定的那样，限制通过药品试验数据专有强制许可生产的药品主要供应国内市场。

无论是各国将出口药品目的使用相关安全性、有效性信息排除在药品试验数据专有保护范围之外，还是在将此种情形纳入专有权保护范围内但可给予出口药品目的的强制许可，均不会不当地损害药品试验数据专有权利人的利益。这是因为，在上述两种情形下，药品进口国在批准药品进口和上市时仍然会受到药品试验数据专有保护的限制。在药品进口国提供药品试验数据专有保护的情况下，药品进口企业需要获得药品试验数据专有权利人的许可或请求获得强制许可，才能获得进口仿制药品的上市许可。从制度国际协调角度，由最终负责药品安全性、有效性审查的药品进口国在药品上市许可审批中适用药品试验数据专有保护制度是更合适的选择，其既能保障药品试验数据专有权利人的合法权益，也能有利于进口国更

---

[1]　参见 Nuno Pires de Carvalho, *The TRIPS Regime of Antitrust and Undisclosed Information*, Kluwer Law International, 2008, p. 313。

加迅速地获得所需药品，更好地保障药品进口国的药品可及性。

（2）消除垄断行为后果的强制许可

医药企业尤其是原研药企业滥用市场支配地位对其药品确定过高的价格（也称为"剥削性定价"）也受到了各国反垄断执法的关注。例如，因辉瑞公司提高了提供给弗林公司的苯妥英钠胶囊批发价格，导致弗林公司大幅提高该药品的价格至辉瑞自行销售价格的26倍，英国竞争与市场管理局于2013年5月对两家公司展开调查，认定两者在英国苯妥英钠胶囊市场上滥用市场支配地位，并处以行政处罚，虽然英国竞争上诉法院撤销了英国竞争与市场管理局对剥削性定价的认定，但该案件仍受到广泛关注。[①]

在专利领域，因权利人行使专利权的行为被认定为垄断，为消除或减少该垄断行为对竞争带来的不利影响给予专利强制许可，也是一项非常重要的强制许可理由。在药品专利强制许可实践中也不乏相关案例。例如，2005年2月，意大利反垄断监管机构竞争和市场管理局（Autorità Garante della Concorrenza e del Mercato，简称AGCM）对葛兰素史克和默克两家公司拒绝许可药品活性成分专利的行为展开反垄断调查，并于同年6月针对使用了活性成分亚胺培南西拉司他丁（Imipenem Cilastatina）的抗生素相关专利授予强制许可；2007年3月，AGCM要求默克公司给予在意大利生产和销售活性成分非那雄胺的免费许可，以换取结束对该公司滥用市场支配地位的反垄断调查。[②]

与专利权类似，药品试验数据专有保护也同样会赋予相关药品的市场独占期，从而可能使得原研药企业在相关市场上具有支配地位。当具有市场支配地位的原研药企业因剥削性定价等行为被执法机构认定为滥用市场支配地位，从而构成垄断行为时，为减轻或消

[①]　参见张郁、王传辉：《医药专利制品剥削性高价行为之反垄断规制研究》，载《经济法论丛》2020年第2期，第6页。

[②]　参见James P. Love, Recent Examples of the Use of Compulsory Licenses on Patents, http：//www. keionline. org/misc-docs/recent_cls. pdf, visited on 5 January 2022。

除这种垄断行为对竞争所带来的不利影响，也应当允许各国相关主管机关给予药品试验数据专有的强制许可。① 当然，垄断行为不限于滥用市场支配地位，还包括达成横向或纵向垄断协议等。为减轻或消除垄断行为对竞争所带来不利影响的药品试验数据专有强制许可，应当适用于所有类型的垄断行为。

从相关国家立法实践来看，智利工业产权法②第 91 条规定，在法院或行政执法机关认定药品试验数据所有人利用相关信息的行为或做法违反自由竞争的，药品试验数据专有保护不适用。虽然该条没有规定强制许可制度，但作为药品试验数据专有限制与例外制度的一种情形，对药品试验数据专有制度的完善仍具有重要参考意义。

综上，借鉴专利强制许可制度立法和实践，以及相关国家立法例，并结合药品试验数据专有制度的特点，有必要在国际制度协调中允许各国将减轻或消除与药品试验数据专有保护滥用相关的垄断行为对竞争所带来的不利影响，作为给予药品试验数据专有强制许可的理由之一。

（3）新临床试验数据专有的交叉强制许可

在当前主要国家和地区立法以及相关 FTA 中，药品试验数据专有保护主要包括两类：一是新活性成分药品试验数据专有保护；二是新适应证、新制剂、新给药方法等新临床试验数据专有保护。对新适应证、新制剂、新给药方法等的开发，需要以已上市创新型新药为基础。相对于已上市创新型新药具有明显改进的新适应证、新制剂、新给药方法，能够更好地满足患者的需求，例如通过多个活性成分的组合形成新的疗效更好或副作用更小的制剂，通过改变给药方法(例如由注射改为口服等)提高患者对药品的接受度、提

---

① 参见 Robert Weissman, *Public Health-friendly Options for Protecting Pharmaceutical Registration Data*, 1 International Journal of Intellectual Property Management 126 (2006)。

② 参见 Law No. 19.039 on Industrial Property (Latest version Date: 26 January 2007)。

高疗效或减少副作用等，以及开发新的重要适应证等。

但是，如果是对他人在药品试验数据专有保护期内的创新型新药进行的改进，则在未经药品试验数据专有权利人同意的情况下，改良药品不能依赖创新型新药安全性、有效性信息获得上市许可，从而将推迟改良型新药的上市。而另一方面，改良型新药获得上市许可后，也可以获得新临床试验数据专有保护。以美国药品上市审批程序和试验数据专有制度为例，改良型新药可以通过 505(b)(2)途径，依赖已上市创新型新药的安全性、有效性信息以及申请人自行获得的支持药品改良的临床试验数据等，获得上市许可。但是，在创新型新药试验数据专有保护期内，505(b)(2)上市申请将不能被受理；而在 505(b)(2)药品获得上市许可后，其本身也可能获得为期 3 年的新临床试验数据专有保护。①

在创新型新药受到试验数据专有保护的情况下，将推迟改良型新药的上市许可，不利于改良型新药及时获得上市许可、满足患者需求。此种情况下，获得药品试验数据专有保护的创新型新药上市许可持有人基于商业利益考量，也往往不会许可他人利用其受保护的安全性、有效性信息获得改良型新药的上市许可，以避免其独占的市场被改良型新药瓜分甚至挤占。但这不仅会推迟患者获得改良型新药的时间，还会损害他人对已上市创新型新药进行改良性创新的积极性，不利于社会整体福祉的提高。

专利制度也存在与此类似的问题。对他人专利技术进行的改进，在符合新颖性、创造性等授权条件的情况下，也能获得专利授权，但对改进技术的实施仍然需要获得基础专利权利人的许可。基础专利权利人基于自身商业利益等考量，也往往不会给予商业许可。专利制度通过从属专利的"交叉强制许可"制度来解决这一问题，即在改进技术包含重要的、具有巨大经济意义的技术进步，但

---

① 参见 U. S. Department of Health and Human Services Food and Drug Administration Center for Drug Evaluation and Research（CDER），Guidance for Industry：Applications Covered by Section 505(b)(2)（DRAFT GUIDANCE），October 1999，Section VI。

从属专利权利人无法通过合理的商业条件谈判获得基础专利许可的情况下，可以请求给予其实施基础专利的强制许可；在给予前述强制许可的情况下，基础专利权人也可以请求获得实施改进型技术从属专利的强制许可。通过这种"交叉许可"方式，既能促进新技术的实施运用，也可以尽可能地平衡基础专利权人和从属专利权人之间的利益。

为更好地鼓励和促进对创新型新药的改良型创新，更好地满足患者需求，提高社会福祉，也有必要借鉴专利强制许可制度，在制度的国际协调中允许各国或地区规定改良型新药新临床试验数据专有保护和创新型新药新活性成分药品试验数据专有保护之间的交叉强制许可。但是，由于从药品研发难度来看，新活性成分药品的开发难度、所需成本等均远高于改良型新药，因此需要对此类强制许可的适用规定严格限制条件，以避免不合理地损害创新型新药试验数据专有权利人的合法权益。这些条件应当包括：一是，只有对于那些具有重大进步意义的改良型新药，才能适用此类强制许可制度，而并非对所有改良型新药均能适用。是否具有重大进步意义，需要在个案中根据实际情况加以认定。二是，只有在改良型新药上市许可申请人通过合理的商业许可条件无法获得创新型新药试验数据专有许可的情况下，才能给予强制许可。三是，在给予创新型新药试验数据专有强制许可的情况下，创新型新药试验数据专有权利人也有权获得对改良型新药试验数据专有的强制许可。

（4）药品专利与药品试验数据专有的交叉强制许可

专利和药品试验数据专有保护均能给予新药市场独占期，而且同一个药品可能同时受到专利和药品试验数据专有的保护。这样可能出现的问题是，在新药获得上市许可后，由于侵犯他人专利权而导致无法上市销售。尽管在药品开发过程中，研发企业会提前做好专利分析，以避免侵权的发生，但如果确实在最后临上市销售阶段因存在专利侵权而无法上市销售，不仅会对上市许可持有人造成经济上的损失，也会影响患者及时获得相关药品。而且，为了避免出现这种对自己不利的局面，原研药企业在研发早期就会放弃存在侵权可能的方案，这样会导致专利制度"圈地运动"的负面效果更加显现。实践中，专利权人出于商业策略考量，仅会对已获得专利保护的部分技术方案（例如受保护的成千上万种化合物中的少数几种）进行进一步开发，对其他的技术方案则"束之高阁"；而其他有研发能力的创新主体则由于这些技术方案均已被他人获得专利保护，也不愿意进行进一步开发。这样导致的后果是，这些技术方案虽然获得了专利保护，但最终难以转化实施。为避免这一情况的出现，激励无论是专利权人还是其他创新主体都能及早对有前景的药品进行深入研发并尽快推动上市，有必要建立药品专利权与药品试验数据专有保护之间的交叉强制许可制度。

具体而言，对于已取得上市许可且获得药品试验数据专有保护的新药，如果不侵犯在先专利权就无法制造、进口和销售相关药品，则可以请求实施相关专利的强制许可。为平衡专利权人和药品上市许可持有人（也是药品试验数据专有权利人）之间的利益，在给予新药上市许可持有人实施专利的强制许可后，专利权人也可以请求获得该药品试验数据专有保护的强制许可。对此类强制许可制度也需要规定相对严格的适用条件，包括仅适用于具有重大经济和社会价值的新活性成分药品，而不适用于改良型新药及普通的新活性成分药品等。

在现有相关国家和地区的立法例中，可与此类比的是欧盟植物新品种权和专利权之间的交叉强制许可。欧盟1998年生物技术发明法律保护指令（Directive on the legal protection of biotechnological inventions，98/44/EC）第12条规定：

"1. 育种人不侵犯在先专利权就无法获得或实施其植物品种权的，可以申请非独占性地使用受专利保护发明的强制许可，以实施受保护植物品种所必需为限，但应当支付适当的许可使用费。成员国应规定，授予此种许可的，专利权人有权以合理条件获得使用受保护品种的交叉许可。

2. 生物技术发明相关专利的权利人不侵犯在先植物品种权就无法实施其专利的，可申请非独占性地使用受保护的植物品种的强制许可，但须支付适当的许可使用费。成员国应规定，授予此种许可的，品种权人有权以合理条件获得使用受保护发明的交叉许可。"

该条第 3 款还规定了申请交叉强制许可的条件：一是申请人未能成功地与专利权人或品种权人达成协议许可；二是与受专利权保护的发明或受保护的植物新品种相比，植物新品种或发明构成具有显著经济利益的重大技术进步。

欧盟规定的上述交叉强制许可是"双向"的，即发起人既可以是专利权人，也可以是植物新品种权利人。但无论是谁启动，都需要证明其获得保护的品种或发明相对于请求实施的发明或品种具有"显著经济利益的重大技术进步"。但是，对于药品专利权与药品试验数据专有保护的交叉强制许可而言，获得上市许可的药品相比于较为初期的专利技术方案而言，更具有经济和社会价值，因此规定有权启动强制许可程序的是药品上市许可持有人为宜。由药品上市许可持有人决定是否请求获得专利强制许可，但在给予其专利强制许可后，专利人也有权以合理条件获得上市药品试验数据专有保护的强制许可。

2. 给予强制许可的其他条件

(1)程序性条件

为保障药品试验数据专有权利人的合法权益，应当在药品试验数据专有制度的国际协调中对强制许可的授予规定一定的程序性条件。借鉴专利强制许可制度，可以从以下几个方面对此作出规定：

一是在启动方式上，除了在面临公共健康危机情况下为保护公共健康目的给予强制许可外，其他类型的药品试验数据专有强制许可均应当由具备生产相关药品能力的市场主体向国家主管机关提出请求，从而启动程序。但是，在面临公共健康危机下给予药品试验数据专有强制许可的，可以由国家主管机关给予具备相关药品生产能力的市场主体强制许可。

二是在前置程序性要件上，除了为消除或减轻垄断行为对竞争带来的不利后果的，其他依请求启动强制许可的程序中，请求人应当在请求强制许可前以合理的条件请求、但未在合理期限内获得商业许可。

三是在救济程序上，对于给予强制许可或不给予强制许可的决定，当事人均可以要求司法审查或上一级主管机关的独立审查。

（2）强制许可使用费

与药品试验数据专有撤销制度不同，给予药品试验数据专有强制许可的，应当给予权利人一定许可使用费。① 使用费的具体计算方式应由不同国家和地区根据具体情况确定，国际条约中不宜作出限定。有关许可使用费的计算，在专利强制许可实践中已有相对成熟的经验，WHO 于 2005 年发布的《药品技术专利非自愿许可使用费指南》（"Remuneration Guidelines for Non-voluntary Use of a Patent on Medical Technologies"）②提供了重要参考。此外，如果相同药品的制造、进口和销售还涉及专利强制许可的，相关费用还应当考虑专利强制许可的使用费情况。

与专利强制许可类似，药品试验数据专有强制许可使用费具体费率可由当事人自行协商，协商不成的可以由行政或司法机关进行裁决。对于使用费的裁决，也应当提供救济程序，即当事人可以要求司法审查或上一级主管机关的独立审查。

（3）强制许可期限及终止

在给予药品试验数据专有强制许可时，国家主管机关可以根据实际情况规定强制许可期限，期限届满后强制许可不再有效。由于给予药品试验数据专有强制许可的直接结果是被许可人能够获得药品上市许可，因此药品试验数据专有强制许可的期限应当体现为药品上市许可的有效期限。强制许可期限届满后，基于强制许可获得的药品上市许可也随之失效。

除了规定具体期限外，还可以规定强制许可终止的条件。例如，可以将药品产量作为强制许可终止条件，在药品产品达到限额

---

① 参见 Ellen F. M. 't Hoen, *et al.*, *Data Exclusivity Exceptions and Compulsory Licensing to Promote Generic Medicines in The European Union: A Proposal for Greater Coherence in European Pharmaceutical Legislation*, 10 Journal of Pharmaceutical Policy and Practice 6（2017）。

② 参见 WHO, Remuneration Guidelines for Non-voluntary Use of a Patent on Medical Technologies, https: //apps. who. int/iris/bitstream/handle/10665/69199/WHO_TCM_2005. 1_eng. pdf, visited on 18 February 2022。

时，强制许可随之失效。此外，在给予强制许可的情形已不复存在且不可能再次出现时，也应当依权利人的请求终止强制许可。强制许可终止的，基于强制许可获得的药品上市许可也随之失效。

(4)其他限制

借鉴 TRIPS 协定第 31 条有关对专利强制许可的限制，为了平衡药品试验数据专有权利人、强制许可使用人和社会公众之间的利益，还应当在药品试验数据专有制度的国际协调中对强制许可制度作出如下限制：

一是，药品试验数据专有强制许可是非独占的，这与 TRIPS 协定有关专利强制许可的规定一致。[①] 也就是说，在给予强制许可后，药品试验数据专有权利人仍然可以许可其受保护的药品安全性、有效性信息给他人使用。之所以作出此种限制，是因为强制许可制度的目的就在于防止权利的滥用，其仅仅是在一定程度上限制权利人"不许可"的权利，而不是限制权利人自己使用或许可他人使用的权利。权利人许可他人使用的，将更有利于提高市场上相关药品的供给，能更好地解决药品可及性问题。因此，不应当在给予强制许可后，限制权利人给予其他商业许可的自由。但在权利人给予其他商业许可的情况下，可能会对获得强制许可的被许可人商业利益造成影响，从而影响市场主体请求获得强制许可的积极性。在为了公共健康目的给予强制许可的情况下，可以通过国家订单等方式来保障被许可人的利益。而在其他情况下，则应当属于被许可人在请求获得强制许可时应当考虑的商业风险之一。

二是，基于药品试验数据专有强制许可获得的仿制药品上市许可不可转让，除非与享有此种使用的那部分企业一同转让。该项要求与 TRIPS 协定第 31 条(e)项"专利强制许可不可转让，除非与享有此种使用的那部分企业一同转让"的规定类似。由于获得药品试验数据专有强制许可的目的是依赖受保护的药品安全性、有效性信息获得仿制药品上市许可，在获得上市许可后，已不存在强制许可转让的可能。但可与专利强制许可类比的是，药品上市许可是可以

---

① 参见 TRIPS 协定第 31 条(d)项。

转让的。为避免仅仅通过药品试验数据专有强制许可获得仿制药上市许可来牟取利益，应当借鉴 TRIPS 协定对专利强制许可的规定，限制通过药品试验数据专有强制许可获得的药品上市许可的转让。同时，与获得药品上市许可相关的企业或商誉一起转让的，则不在限制之列，以增加各国的灵活度。①

此外，如前文所述，与 TRIPS 协定第 31 条规定的专利强制许可制度不同，在制度的国际协调中不应就药品试验数据专有强制许可生产的药品是否可以出口作出限制性规定。

3. 与专利强制许可制度的协调

药品专利强制许可和药品试验数据专有强制许可在制度目的、适用情形等方面均存在很多相同点。在药品同时受到专利和试验数据专有保护的情况下，无论是单独给予专利强制许可，还是单独给予试验数据专有强制许可，均无法实现强制许可目的，即无法最终实现所需的仿制药品上市销售。因此，这两个制度的实施需要加以协调。对此，通常的建议是将给予专利强制许可作为给予药品试验数据专有强制许可的前提和充分条件。也就是说，在给予了药品专利强制许可的情况下，则应当同时给予药品试验数据专有强制许可，并且无须再额外支付药品试验数据专有许可使用费；在没有专利保护的情况下，则单独给予药品试验数据专有强制许可并支付使用费。②

这种协调方式虽然相对简单，但在理论和实践操作中都可能会

---

① 参见 UNCTAD-ICTSD, *Resource Book on TRIPS and Development*, Cambridge University Press, 2005, p. 473。

② 参见冯洁菡：《TRIPS 协议下对药品试验数据的保护及限制——以国际法和比较法为视角》，载《武大国际法评论》2010 年第 1 期，第 143 页；Ellen F. M.'t Hoen, et al., *Data Exclusivity Exceptions and Compulsory Licensing to Promote Generic Medicines in The European Union: A Proposal for Greater Coherence in European Pharmaceutical Legislation*, 10 Journal of Pharmaceutical Policy and Practice 6 (2017); Robert Weissman, *Public Health-friendly Options for Protecting Pharmaceutical Registration Data*, 1 International Journal of Intellectual Property Management 119 (2006)。

存在障碍和问题，主要包括：

第一，从制度本身来看，专利制度和药品试验数据专有制度是两个独立的制度，两者并不具有相互依存的关系，因此对两种权利给予的强制许可也应当进行独立审查后分别作出。虽然药品专利强制许可和药品试验数据专有强制许可的适用情形和理由具有许多共同点，但这仅能作为给予强制许可时需要考虑的因素，而不宜将实施其中一项制度作为实施另一制度的前提条件。在确定许可使用费时，虽然可以从强制许可药品的成本等方面对两项权利的许可使用费进行统筹考虑，但不宜仅给予专利强制许可费用。例如，当专利权人和药品试验数据专有权利人并不是同一主体时（例如药品上市许可持有人仅是专利权被许可人），将不合理地损害药品试验数据专有权利人的合法权益。此外，将专利强制许可作为药品试验数据专有强制许可的充分条件，也可能会削弱国家主管机关和公众对药品试验数据专有强制许可制度重要性的认知，甚至可能将专利强制许可错误地理解为药品试验数据专有强制许可的必要前提。

第二，在药品专利强制许可实践中，请求人具有相关药品的生产或进口资质和能力是获得强制许可的前提条件之一。例如，中国《专利法》及国家知识产权局部门规章《专利实施强制许可办法》（国家知识产权局令第六十四号）规定，专利实施强制许可的请求人应当"具备实施条件"。而获得药品上市许可是认定请求人具有相关资质和能力的重要依据。例如，印度专利局针对抗癌药物"多吉美"给予印度仿制药企业 Natco 制药公司专利强制许可时，认定其具有生产仿制药能力的依据是：2011 年 7 月 29 日申请强制许可前，其已于 2011 年 4 月获得了该药的药品生产许可。[①] 因此，实践中，往往需要以请求人获得药品上市许可作为给予专利强制许可的前提。如果因相关药品受到药品试验数据专有保护，而导致专利强制许可请求人无法获得上市许可，则可能因为难以证明"具备实施条件"而不能获得专利强制许可。从这一意义上来说，药品试验

---

① 参见 Natco Pharma Ltd. v. Bayer Corporation, Compulsory License Application No. 1/2011 (Controller of Patents, Mumbai)。

数据专有强制许可在程序上是专利强制许可的前提。

当然，在各国实践中，可以通过主管机关之间的协调，对专利强制许可和药品试验数据专有强制许可请求进行统筹考虑，甚至同时作出给予强制许可的决定。

(五)具体条款建议

基于上述分析，提出建议条款如下：

第 N 条 未经权利持有人授权的其他使用

N.1. 缔约方可以规定，在特定情况下未经药品试验数据专有权利人许可即可允许他人使用受保护的药品试验数据或其他安全性、有效性信息申请并获得药品上市许可，包括政府或经政府授权的第三方的使用。所述特定情况可以包括：

(一)为保护公共健康目的；

(二)权利人行使药品试验数据专有权利的行为被司法或行政程序确定为限制竞争的行为，为消除或减轻此种行为对竞争的损害的；

(三)如果一种药品的改良与被改良药品相比具有显著经济、社会价值及明显技术进步，且改良药品符合获得药品试验数据专有保护的条件，但改良药品的上市许可需要使用被改良药品受数据专有保护的试验数据或其他安全性、有效性信息的。

对于前款第三项情形给予改良药品上市许可申请人药品试验数据专有强制许可的，被改良药品上市许可持有人也有权以合理的条件通过交叉许可使用改良药品受保护的试验数据及其他安全性、有效性信息申请改良药品的上市许可。

N.2. 缔约方还可以规定，申请获得上市许可或已获得上市许可的药品，如果不侵犯他人专利权就无法制造、进口、销售的，上市许可申请人或持有人可以请求获得实施相关专利的强制许可。

在给予前款专利强制许可的情况下，专利权人也有权以合理的条件通过交叉许可使用该药品受保护的药品试验数据或其他安全性、有效性信息申请并获得上市许可。

缔约方应当规定适用本条的下列附加条件：(一)所述药品应

当具有显著经济、社会价值及明显技术进步；（二）所述药品可以获得药品试验数据专有保护。

N.3. 缔约方还应当规定，给予 N.1 和 N.2 条规定的使用应遵守下列规定：

（一）授权此种使用应进行个案审查；

（二）只有在拟使用者在此种使用之前已经按照合理商业条件努力取得权利持有人授权，但在合理期限内未获得成功的情况下，才可以允许此类使用。在因保护公共健康目的所需，或者补救经司法或行政程序确定为限制竞争的行为给予此种使用时，缔约方可豁免这一要求，但仍应尽快通知权利持有人；

（三）此类使用的范围和期限应仅限于被授权的目的；

（四）此种使用应当是非排他的；

（五）通过此种使用获得的药品上市许可不可转让，除非与享有此种使用的那部分企业一同转让；

（六）在充分保护被许可人合法权益的前提下，如果导致此类使用的情况已不存在且不可能再出现，应当终止此类使用的授权；

（七）在每一种情况下应当向权利人支付适当报酬，并在确定报酬时考虑授权的经济价值；

（八）与授权此种使用有关的任何决定的法律效力，以及与报酬有关的决定，均应经过司法审查或上一级主管机关的独立审查。

本 章 小 结

当前美欧推动下的药品试验数据专有制度缺乏必要的灵活度和平衡措施，可能会对药品全球可及性产生了负面影响，发展中国家也因此对该制度持反对立场。需要通过构建完善的限制与例外制度来对这一制度进行矫正，在激励药品创新的同时保障公共健康危机等情况下的药品全球可及性，并在发展中国家和发达国家对该制度立场"二元对立"之外寻求"第三条道路"。通过构建限制与例外制度矫正药品试验数据专有制度，与药品试验数据专有保护的知识产权属性相符，与相关国际条约精神一致，与权利正当性解释相符，也与全球公共产品理念相一致。

本章主要从构建"等待期"制度以及权利撤销和强制许可制度几个方面提出了矫正药品试验数据专有制度的建议。

在药品试验数据专有制度国际协调中，对境外上市药品信息的保护以及"新药"标准的确定是重要基础。这两个方面都需要通过设置合理的"等待期"来平衡不同主体、不同国家之间的利益。"等待期"制度有利于促进新药在全球任何国家首次上市后一定期间内进入其他国家，这既有利于平衡各方利益，也有助于药品试验数据专有制度的进一步国际化。建议区分新活性成分和新适应证等新临床试验数据设置不同的"等待期"。在设置了"等待期"制度的情况下，药品试验数据专有保护期应以药品在本国获得上市许可之日起计算，以体现药品试验数据专有保护的地域性以及平衡不同主体之间的利益。

权利撤销制度的目的在于规制原研药企业在获得上市许可后不在该国市场实际销售药品的行为，以提高药品可及性。建议在药品试验数据专有制度的国际协调中构建撤销制度，药品在获得上市许可之后，无正当理由连续一定期限内未上市销售的，可以撤销其享有的药品试验数据专有保护。

强制许可制度是在特定情形下对药品试验数据专有权利人"不许可"权的一种限制。借鉴专利等强制许可制度，建议构建应对公共健康危机的强制许可、消除垄断行为后果的强制许可、新临床试验数据专有保护交叉强制许可、药品专利与药品试验数据专有保护的交叉强制许可等强制许可制度，并明确许可程序、许可费等要求。药品试验数据专有保护强制许可还应与专利强制许可制度进行协调，但同时在强制许可程序、许可费用等方面也需要体现药品试验数据专有权利与专利权之间的相互独立性。

第五章 中国药品试验数据专有制度完善及参加国际谈判对策

第一节 中国医药产业及药品试验数据专有保护现状

一、中国医药产业发展现状及趋势

无论是国内制度还是国际谈判对策的调整、完善，均需要以国内产业为基础，使之与国内产业现状、产业政策以及发展趋势相适应。随着中国整体科技和经济的发展，医药产业也得到长足发展，新药自主创新和研究开发能力显著增强。但同时也应当注意到，与欧美国家相比，中国医药创新产业仍然存在企业研发投入偏少、创新能力仍然偏弱等问题，这也是困扰中国医药产业发展的关键问题。

（一）医药创新产业研发投入现状与趋势

2011—2022 年，中国医药制造业规模以上工业企业研究与试验发展（R&D）经费逐年提升，由 211.2 亿元①增长至 1048.9 亿元②；R&D 经费投入强度也逐年提升，到 2022 年达到 3.57%。③ 但与发

---

① 参见国家统计局、科学技术部、财政部《2011 年全国科技经费投入统计公报》。

② 参见国家统计局、科学技术部、财政部《2022 年全国科技经费投入统计公报》。

③ 参见国家统计局、科学技术部、财政部《2022 年全国科技经费投入统计公报》。

达国家相比，中国研究投入仍然偏低，2022 年全国总研发投入仅为美国药品研究与制造商协会（Pharmaceutical Research and Manufacturers of America）成员企业总研发投入 1008 亿美元①的 1/7 左右，甚至不及瑞士医药企业罗氏一家公司的研发投入（罗氏 2022 年的研发投入为 152 亿瑞士法郎②，约合 1239 亿元人民币）。

从单个企业情况来看，近年来中国头部医药企业也不断加大研发投入。2015 年中国药企中仅有中国生物制药一家企业年研发投入超过 10 亿元人民币③，而 2022 年研发投入排名前 10 的国内企业研发投入均超过 10 亿元人民币，排名第一的百济神州的研发投入更是达到了 111. 52 亿元人民币。④ 与全球制药巨头每年百亿美元级别的研发投入相比，中国医药企业研发投入仍然较低。但是，与其他发展中国家进行横向比较，中国主要药企的研发投入已超过印度制药巨头。2020 财年印度研发投入最高的 Lupin 制药研发投入为 2. 25 亿美元⑤（约合 14. 6 亿元人民币），与当年中国排在第九位

① 参见 Statista, Research and development expenditure of total U. S. pharmaceutical industry from 1995 to 2022 （in Billion U. S. Dollars）, https：// www. statista. com/statistics/265085/research-and-development-expenditure-us-pharmaceutical-industry//, visited on 30 January 2024。

② 参见 Statista, Roche's expenditure on research and development from 2011 to 2023 （in million Swiss francs）, https：//www. statista. com/statistics/266518/roches-expenditure-on-research-and-development-since-2007/, visited on 30 January 2024。

③ 参见中国医药创新促进会：《2016 竞争力：医药上市公司研发投入 10 强榜》, http：//www. phirda. com/artilce_14531. html？ cId=1, 2022 年 1 月 18 日访问。

④ 参见药智网公众号，《近 3 年药企研发投入 TOP 榜：百济神州猛砸百亿，恒瑞、复星紧追……》, https：//www. sohu. com/a/684580508_749427, 2024 年 1 月 30 日访问。

⑤ 参见 Statista, R&D Spending of Leading Indian Pharmaceutical Companies in India in Financial Year 2020, https：//www. statista. com/statistics/1128053/india-randd-spending-by-top-indian-pharmaceutical-companies, visited on 20 January 2022。

的再鼎医药(14.47 亿元人民币)①相当。

(二)新药研发产出现状及发展趋势

1. 上市新药现状及趋势

近 10 年来,随着中国市场主体药品创新投入的增加,在中国首发上市的创新药数量增长迅速。"十二五"期间(2011—2015 年)获得新药证书的 1 类新药(包括化药 1.1 类和治疗用生物 1 类)达到 17 个。② 此后,创新药更是迎来"收获期"。根据欧洲制药工业及协会联合会统计数据,2018—2022 年,中国企业(指母公司在中国的企业,下同)共计上市 50 个新化学或生物实体药物,占全球总量的 13.7%。这一数据虽然与美国(159 个)相比仍有较大差距,但超过了日本(46 个),与欧洲(74 个)接近。③

从对全球药品创新的贡献来看,以研发管线产品(即正处于研发过程的产品,包括临床前、临床 I 至 Ⅲ 期及上市注册前的产品)数量衡量,2020 年中国对全球药品创新的贡献占比已达到 13.9%,居于第二梯队之首,而且与美国的差距有所缩小(美国 2020 年占比49.3%)。④

虽然中国药企在创新药数量上增长速度明显,但在创新药

---

① 参见《国内药企研发投入 TOP 榜! 百济最"豪"恒瑞、复星、石药最"多"》, https://www.163.com/dy/article/G8EGMH0M0514PK2L.html, 2022年 1 月 18 日访问。

② 参见中国医药管理协会、中国化学制药工业协会、中国医药保健品进出口商会、中国外商投资企业协会药品研制和开发行业协会:《构建可持续发展的中国医药创新生态系统》, http://cnadmin.rdpac.org/upload/upload_file/1577871825.pdf, 2022 年 4 月 18 日访问。

③ 参见 EFPIA, The Pharmaceutical Industry in Figures (2023), https://www.efpia.eu/media/rm4kzdlx/the-pharmaceutical-industry-in-figures-2023.pdf, visited on 30 January 2024。

④ 参见中国医药创新促进会、中国外商投资企业协会药品研制和开发行业委员会:《构建中国医药创新生态系统—系列报告第一篇:2015—2020 年发展回顾及未来展望》, http://cnadmin.rdpac.org/upload/upload_file/1614646546.pdf, 2021 年 8 月 28 日访问。

"质"方面与发达国家制药巨头仍存在较大差距。中国药企已上市和在研药品大多数都是跟随性药物（me too 或 me better），即在已知药物靶点的基础上对已有药品某些缺陷进行改进或实现专利突破。美国上市药品则有很大比例属于首创性药物（first-in-class），即针对全新发现的靶标开发出的药品。例如，在 2020 年美国 FDA 批准上市的 53 个新药中，有 23 个（43.4%）都属于首创性药物。[①]而 2017—2020 年中国上市的 30 多个 1 类新药中，只有 3 个是存在对作用机制的创新，且这三个药品均尚未在美国上市。[②] 由于中国企业创新药的创新性不强，进入欧美国家市场的药品极少，直到 2019 年百济神州开发的泽布替尼才成为第一款完全由中国企业自主研发、获得美国 FDA 批准上市的新药（在美国首发上市）。[③] "相比之下，在美国首发上市的创新药中，高达 85% 的比例在欧洲或日本获批，日本首发的全球新药比例也达到了 25%。"[④]

2. 药品 PCT 专利申请现状与趋势

PCT 是《专利合作条约》（Patent Cooperation Treaty）的简称。根据 PCT 规定，申请人可以通过向一个受理局提交国际专利申请，同时向多个国家申请专利。之所以选择 PCT 专利申请作为统计指标，一方面是因为从中国国家知识产权局受理的专利申请来看，国内申请人提出的专利申请已超过了国外申请人。另一方面还在于，

---

① 参见王磊、尤启冬:《2020 年首创性小分子药物研究实例浅析》，载《药学学报》2021 年第 2 期，第 342 页。

② 参见中国医药创新促进会、中国外商投资企业协会药品研制和开发行业委员会:《构建中国医药创新生态系统—系列报告第一篇: 2015—2020 年发展回顾及未来展望》，http: //cnadmin. rdpac. org/upload/upload_file/1614646546. pdf，2021 年 8 月 28 日访问。

③ 参见成琳:《零的突破! 我国原研淋巴瘤新药泽布替尼获 FDA 批准》，https: //new. qq. com/omn/20191121/20191121A0L27400. html，2022 年 1 月 18 日访问。

④ 中国医药管理协会、中国化学制药工业协会、中国医药保健品进出口商会、中国外商投资企业协会药品研制和开发行业协会:《构建可持续发展的中国医药创新生态系统》，http: //cnadmin. rdpac. org/upload/upload_file/1577871825. pdf，2022 年 4 月 18 日访问。

PCT申请的目的是向多个国家提出专利申请，因此其在很大程度上可以代表高质量和高价值专利申请，并反映了对国际知识产权保护的需求。与国内专利申请量相比，PCT专利申请能最大限度地排除各国相关政策对申请量所带来的影响，尽可能客观且可比较地反映不同国家和地区的创新水平。

本书通过德温特世界专利索引（Derwent World Patents Index，简称DWPI）分别针对2012—2021年中国（CN）、美国（US）、欧洲（EP）、日本（JP）、印度（IN）、韩国（KR）申请人提交的药物化合物和生物制品PCT专利申请进行统计分析。以2021年作为时间截点进行检索是因为，截至检索日（2024年1月），2022年以后的PCT专利申请仍有较大一部分未公开。检索结果根据PCT申请号进行年度统计，以受理局统计专利申请来源国；以WIPO国际局作为受理局的申请，为统一统计口径，未将其统计在任何一个国家或地区的申请量当中。对于欧洲国家申请人，由于可能直接向欧洲专利局（EPO）提出申请，也可能向本国专利局提出专利申请，因此在统计时同时考虑了此两种情形。此外，考虑到欧洲国家数量多，但其中很多国家在药物领域并没有太多创新，对"欧洲"进行统计分析时，除EPO外还选取了以下13个在医药领域具有较强创新能力的国家：英国（GB）、法国（FR）、德国（DE）、瑞士（CH）、瑞典（SE）、荷兰（NL）、芬兰（FI）、丹麦（DK）、挪威（NO）、意大利（IT）、西班牙（ES）、爱尔兰（IE）、比利时（BE）。

（1）药物化合物PCT专利申请

从广义上来说，化学药专利包括化合物专利、用途专利、制备方法专利、剂型专利、组合物专利等，但其中最能代表创新水平的是药物化合物专利。考虑到化合物专利主要涉及小分子化合物，因此检索了IPC国际分类号C07C、C07D、C07F、C07H和C07J项下所涉及药物用途（IPC国际分类号：A61P和A61K）的药物化合物专利申请。经统计，2012—2021年药物化合物PCT专利申请中，来源于中国（CN）、美国（US）、欧洲（EP）、日本（JP）、印度（IN）、韩国（KR）的申请数量如图5-1所示。

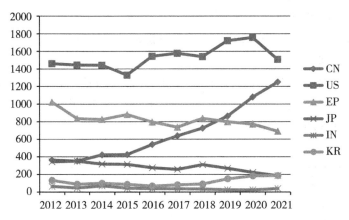

图 5-1　2012—2021 年药物化合物 PCT 申请来源国家/地区情况

　　如图 5-1 所示，2012—2021 年药物化合物 PCT 申请量总体上呈缓慢增长趋势。从申请来源情况看，除来自中国的 PCT 申请量逐年快速增长外，来自其他各主要国家和地区的申请量均呈缓慢增长（美国和韩国）甚至下降（欧洲、日本）趋势。这一方面表明了美国、欧洲和日本这几个医药创新传统国家和地区创新重点的转移，另一方面也证明了中国创新主体在药物化合物创新领域的快速发展。2014 年，来自中国的药物化合物 PCT 申请超过了日本，并在此后逐渐拉开差距；2019 年，来自中国的药物化合物 PCT 申请量首次超过了欧洲国家，并逐渐缩小与美国的差距。与仿制药产业发达的印度，以及新兴创新国家韩国相比，来自中国的 PCT 申请量已与这两个国家拉开了差距。从 PCT 专利申请量来看，中国已经成为了这一领域的第二大创新来源地。

　　（2）生物制品 PCT 专利申请

　　生物制品是指包括病毒、治疗性血清、毒素、抗毒素、疫苗、血液、血液制品或其衍生物、抗原、蛋白质或类似物等适用于预防和/或治疗人类疾病的药物。考虑到近十几年来生物制品的创新重点以肽类（包括蛋白质、多肽等）药物和疫苗为主，为此主要针对肽类药物（包括 IPC 分类号为 A61K38 的"含肽的医药配制品"和分类号为 C07K 且有治疗用途的多肽)以及疫苗(包括 IPC 分类号为 A61K39 的"含有抗原或抗体的医药配制品"和分类号为 C07K 且有预防用途的多肽)分别进行检索,对检索结果求并集,以此作为分析的基础。

经统计,2012—2021 年 10 年间生物制品 PCT 专利申请中,来源于中国(CN)、美国(US)、欧洲(EP)、日本(JP)、印度(IN)、韩国(KR)的申请数量如图 5-2 所示。

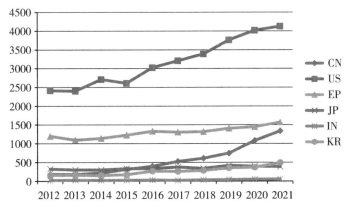

图 5-2　2012—2021 年生物制品 PCT 申请来源国家/地区情况

与药物化合物专利 PCT 申请趋势不同,主要国家和地区生物制品 PCT 专利申请量 10 年间总体上呈增长趋势,尤其是美国和中国均呈现快速增长趋势,欧洲、日本、韩国的申请量也有所增长。中国 PCT 申请量增长迅速,在 2016 年超越了日本,并逐渐缩小与欧洲的差距,但与美国相比仍然存在较大差距。韩国的申请量也呈现明显增长趋势,但增长速度低于中国。这些数据表明,生物制品已取代化学药,成为各主要创新国家近十年来的研发重点领域。但印度在生物制品领域的 PCT 申请量很少,也没有呈现增长趋势,表明印度在生物制品领域创新也不活跃。

与药物化合物 PCT 申请情况类似,中国生物制品 PCT 专利申请量也已超越日本,并与日本以及新兴创新国家韩国拉开了差距,成为了这一领域的第三大创新来源地。

（3）中国医药领域 PCT 申请进入国家阶段情况

PCT 专利申请体现了创新主体对境外知识产权保护的需求，但 PCT 仅是一种国际申请途径，其本身并不授予专利权，更未授予"国际专利"。相关申请能否获得授权仍然需要由 PCT 各成员国进行审查，因此 PCT 申请进入国家阶段情况能更好地反映 PCT 申请价值以及申请人在境外获得保护的实际需求。图 5-3 显示了2012—2021 年中国医药领域 PCT 专利申请（包括药物化合物专利和生物制品专利申请）进入相关国家和地区的情形，并与美国进行比较。

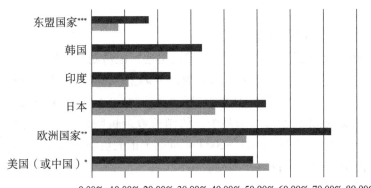

图 5-3　中国和美国医药领域 PCT 专利申请进入国家阶段情况

数据来源：自行统计。＊对于中国 PCT 专利申请统计进入美国国家阶段情况；对于美国 PCT 专利申请则统计进入中国国家阶段情况；＊＊ 指进入欧洲专利局（EPO）或欧洲任一主要国家的情况，欧洲主要国家是指：英国（GB）、法国（FR）、德国（DE）、瑞士（CH）、瑞典（SE）、荷兰（NL）、芬兰（FI）、丹麦（DK）、挪威（NO）、意大利（IT）、西班牙（ES）、爱尔兰（IE）、比利时（BE）；＊＊＊ 进入东盟国家是指进入马来西亚（MY）、印度尼西亚（ID）、泰国（TH）、菲律宾（PH）、文莱（BN）、新加坡（SG）、越南（VN）、老挝（LA）、柬埔寨（KH）任一个东盟成员国的申请，东盟成员国缅甸目前还不是 PCT 成员国。

中国医药领域的 PCT 专利申请中，超过半数进入了其他 PCT 成员国的国家阶段，其中以美国、欧洲和日本为主要目的国。而对于韩国、东盟国家、印度等国家，也有一定比例的进入量。这表明中国国内创新主体对于国外知识产权保护有切实的需求，除了美日欧等传统医药大国外，对于其他相关国家和地区也有知识产权布局需求。但与美国相比，中国进入这些国家的 PCT 申请无论是从绝对数量上还是从占比情况来看，均存在一定差距。中国对于药品知识产权国际保护的需求，与美国存在一定程度上的共同点，但也存在差异。但可以预见的是，随着中国医药创新产业的进一步发展，中国对于药品知识产权国际保护的需求也会变得更加强烈。

(三) 仿制药产业情况

虽然中国创新药产业近年来发展迅速，但仿制药仍然占据中国医药工业市场 60% 以上的市场份额，90% 以上的制药企业为仿制药企业，已有药品批准文号中 95% 以上是仿制药。[①] 近年来国家药品监督管理局批准上市的药品中，仿制药数量也明显高于原研药数量。以化学药为例，2021—2023 年批准上市的仿制药(ANDA)是原研药(NDA)的 8 倍左右(参见表 5-1)。

表 5-1 **2021—2023 年中国获批上市化学药情况**

年度	2021 年	2022 年	2023 年
NDA(件)	160	153	186
ANDA(件)	1003	1069	1815

(数据来源：根据中国国家药品监督管理局 2021—2023 年各年度药品审评报告整理。)

[①] 参见头豹研究院：《仿制药研究——利好政策推动，行业市场潜力巨大》，https：//pdf. dfcfw. com/pdf/H3_AP202010301424878935_1. pdf? 1604068901000. pdf，2022 年 1 月 18 日访问。

　　根据中国医药工业信息中心统计，以市场规模测算，中国本土企业在 2020 年中国化学仿制药市场中占 91.3%，占据了绝对优势，但近年来美日欧及印度的仿制药在中国的市场份额也有较大幅度的增长。① 另一方面，中国仿制药也不断走向国际化。2018—2021年一季度，中国企业获得美国仿制药（ANDA）上市许可文号共 308个。② 除美国市场外，不少中国仿制药企业也不断布局共建"一带一路"国家和地区。③

（四）药品进出口情况

　　从中国海关总署进出口数据来看，中国近年来医药品进出口总额总体呈上升趋势，但长期处于贸易逆差趋势当中。以 2020 年为例，该年度中国医药品进出口总额达到 591 亿美元，但贸易逆差达到 149.01 亿美元。④ 从中国国家药品监督管理局批准上市的创新药情况来看，中国国内药企上市原研药数量仍然落后于进口原研药（参见表 5-2），也就是说中国上市的创新药仍然以进口药为主。从国外进口创新药也是中国药品进出口呈现较大贸易逆差的主要原因之一。

　　中国药品出口以原料药为主，西药制剂出口额虽然不断增长，但占西药类药品出口额比重仍然较低，仅为 10% 左右；中国西药

---

　　① 参见中国医学科学院药物研究所、中国医药工业信息中心、中国食品药品检定研究院编著：《中国仿制药蓝皮书 2021 年版》，中国协和医科大学出版社 2021 年版，第 102~106 页。

　　② 参见中国医学科学院药物研究所、中国医药工业信息中心、中国食品药品检定研究院编著：《中国仿制药蓝皮书 2021 年版》，中国协和医科大学出版社 2021 年版，第 95 页。

　　③ 参见中国医学科学院药物研究所、中国医药工业信息中心、中国食品药品检定研究院编著：《中国仿制药蓝皮书 2021 年版》，中国协和医科大学出版社 2021 年版，第 97~98 页。

　　④ 参见《2021 年中国医药品行业进出口现状分析 医药品进出口规模扩大》，https://www.163.com/dy/article/G8RGA70G051480KF.html，2022 年 1月 18 日访问。

制剂出口主要集中于新兴市场国家，但近年来也在不断开拓欧美市场。①

表 5-2　　　　　　　**2019—2020 年中国获批上市原研药情况**

年度	2021 年	2022 年	2023 年
国内企业 1 类创新药 （化学药 & 生物制品）	34	12	31
进口原研药(不含新增适应证) *	55	61	66

（数据来源：根据中国国家药品监督管理局 2019—2020 年各年度药品审评报告整理。* 本书中统计的进口原研药包括 5.1 类化学药、3.1 类生物制品以及国外企业的 1 类创新药。）

在创新药国外注册方面，中国在国外上市的创新药数量仍然非常有限。2019 年百济神州抗癌新药"泽布替尼"在美国获得上市，是首个中国本土公司自主研发并获得美国 FDA 批准上市的创新药。② 此后 12 月 20 日，石药集团的马来酸左旋氨氯地平获得 FDA 新药上市申请(NDA)，是首个获得 FDA 批准的中国本土改良型新药。③ 但随着中国制药企业的发展和"走出去"战略的实施，越来越多的中国企业在美国、欧洲以及新兴市场国家开展临床试验、寻求海外上市。2019 年，中国企业在海外开展临床试验的数量达到 103 项，是 2015 年(48 项)的两倍之多；除了海外临床试验数量增长以外，中国企业在海外开展临床试验的国家范围也在不断扩大，2019 年海外临床试验分布于 51 个国家，除了传统的美国、澳大利

---

① 参见中国医药保健品进出口商会、科睿唯安：《中国医药产业国际化蓝皮书 2020》，https：//www. baogaoting. com/StaticFiles/PDF/2020-08/922fd65a1b9842b9834363e8d40b922a. pdf，2021 年 8 月 28 日访问。

② 参见成琳：《零的突破！我国原研淋巴瘤新药泽布替尼获 FDA 批准》，https：//new. qq. com/omn/20191121/20191121A0L27400. html，2022 年 1 月 18 日访问。

③ 参见《盘点：这 9 款中国公司开发的创新药已在美国申报上市》，https：//www. sohu. com/a/460057142_120545254，2022 年 1 月 18 日访问。

亚、新西兰等国家外，还包括欧洲国家、印度、韩国、泰国等。①
此外，中国药企还通过给予国外药企创新药授权许可的方式不断走
出国门。"2018 年以前，中国创新药每年授权许可的交易量一般不
超过 5 个，中国加入 ICH 后，每年对外授权许可创新药数量一路
攀升，到 2020 年达到了 24 个"。② 这些数据表明，中国医药创新
企业已不断扩大海外布局，与欧美等传统医药强国争夺海外市场。

（五）中国医药创新情况总体评价

作为一个发展中国家，中国医药领域创新起步较晚，国内药企
长期以来以生产仿制药为主，创新能力与美国、欧洲和日本存在较
大差距。

但近十几年来，尤其是在 2008 年启动"重大新药创制"科技重
大专项（"新药专项"）后，中国医药创新产业取得了重大进展。③
从各方面指标来看，虽然中国与美国、欧洲和日本相比仍存差距，
但已成为了第二梯队之首。以 2015—2019 全球首发上市新分子实
体药品数量计算，中国在 12 个主要药品创新国家（英国、德国、
法国、瑞士等欧洲国家分别计算）中以 6.0% 的占比位列全球前三，
仅次于美国和日本；以研发管线产品数量衡量，2020 年中国对全
球药品创新的贡献占比已达到 13.9%，仅次于美国。④ 2018—2022

---

①　参见中国医药保健品进出口商会、科睿唯安：《中国医药产业国际化
蓝皮书 2020》，https：//www. baogaoting. com/StaticFiles/PDF/2020-08/922fd65
a1b9842b9834363e8d40b922a. pdf，2021 年 8 月 28 日访问。

②　参见中国医学科学院药物研究所、中国医药工业信息中心、中国食
品药品检定研究院编著：《中国仿制药蓝皮书 2021 年版》，中国协和医科大学
出版社 2021 年版，第 153 页。

③　参见《"重大新药创制"科技重大专项累计支持百余品种获新药证
书》，http：//www. xinhuanet. com/politics/2018-12/22/c _ 1123889972. htm，
2022 年 1 月 18 日访问。

④　参见中国医药创新促进会、中国外商投资企业协会药品研制和开发
行业委员会：《构建中国医药创新生态系统—系列报告第一篇：2015—2020 年
发展回顾及未来展望》，http：//cnadmin. rdpac. org/upload/upload_file/16146
46546. pdf，2021 年 8 月 28 日访问。

年，中国企业上市的新化学或生物实体药物数量（50个，占全球总量的13.7%）已超过了日本（46个），排在美国和欧洲之后。① 以药物化合物及生物制品PCT专利申请计算，来自中国的申请已超过日本，仅次于美国和欧洲地区，甚至药物化合物专利申请已超过欧洲地区。各类指标相互印证，均表明了中国近年来在医药创新中取得了丰硕的成果，并能够继续保持良好的发展势头。医药创新产业取得的这些成果和势头，既与中国社会经济总体发展趋势相关，也与包括新药专项资助、药品审批程序、知识产权保护制度等在内的各项国家制度和政策密切相关。保护和激励国内创新已成为了中国加强知识产权保护的内生动力，中国知识产权制度的完善需要更多地主动考虑国内创新主体的需求，而不仅仅是为了被动地回应国外的压力。

中国创新主体不仅对国内知识产权保护存在切实需求，而且对国际知识产权保护及协调也同样有较高的需求。近年来，中国医药企业不断加大在海外国家的布局。尽管中国当前药品出口以原料药为主，西药制剂所占比例不高，尤其是在海外上市的创新药数量不多，但在海外开展临床试验的数量、涉及的国家范围均不断扩大；医药领域PCT专利申请除了进入美国、日本和欧洲国家外，也有相当一部分进入印度、韩国和东盟国家等。此外，中国创新企业还通过将创新药给予授权许可的方式不断"走出国门"。对于这些中国医药创新主体有布局的国家和地区，需要有完善的知识产权制度来保护其投资和创新。尤其是，从国际对比来看，虽然中国与美国、欧洲国家相比在创新和全球布局上仍存差距，但无论是与印度这一同为发展中国家的仿制药大国相比，还是与新兴创新国家韩国相比，中国医药领域的创新能力和成果均与其拉开了明显差距。这也表明，中国在医药知识产权制度的国际协调方面，与印度等其他发展中国家的利益诉求也应当有所差异。

---

① 参见 EFPIA，The Pharmaceutical Industry in Figures（2023），https：// www.efpia.eu/media/rm4kzdlx/the-pharmaceutical-industry-in-figures-2023.pdf，visited on 30 January 2024。

二、中国药品试验数据专有制度现状

(一) 承担国际义务情况

1. TRIPS 协定及中国入世承诺

中国承担的药品试验数据保护义务主要来源于 TRIPS 协定。如前文所述，TRIPS 协定第 39 条第 3 款仅规定了"不披露"和防止"不正当商业使用"的药品试验数据保护，而没有规定药品试验数据专有制度。但是，中国在《中国入世承诺》①第 4.7 条作出了超越 TRIPS 协定的药品试验数据专有保护承诺：

"为防止不正当商业使用，中国对为申请使用新化学成分的药品或农业化学品的销售许可而按要求提交的未披露试验数据或其他数据提供有效保护，但披露这些数据是保护公共利益所必需的或已采取保护措施防止该数据受到不正当商业使用的情况除外。这种保护包括，采用并制定法律和法规，以保证自中国政府向数据提供者授予销售许可之日起至少 6 年内，除数据提供者外，未经数据提供者允许，任何人不得以该数据为基础申请产品销售许可。在此期间，对于任何第二个申请销售许可的人，只有当其提交自己的数据时方可被授予销售许可。所有使用新化学成分的药品或农业化学物质均可受到此种数据保护，无论其是否受专利保护。"

从《中国加入工作组报告书》(WT/ACC/CHN/49) 来看，上述承诺是为了落实 TRIPS 协定第 39 条第 3 款防止不正当商业使用的义务，但上述"未经数据提供者允许，任何人不得以该数据为基础申请产品销售许可"的承诺，应当理解为以"不依赖"的方式对新化学成分药品申请上市许可时提交的未披露试验数据或其他数据提供专有保护。事实上，工作组报告书英文采取的是"依赖"(rely on) 这一措辞。而且"不得以……为基础"也是欧美相关 FTA 中药品试

---

① 参见《中国入世承诺》，http：//www.mofcom.gov.cn/aarticle/Nocategory/200612/20061204000376.html，2022 年 1 月 18 日访问。

验数据专有条款中的常见表述之一，例如 TPP 中就采取了类似表述。① 而且，"对于任何第二个申请销售许可的人，只有当其提交自己的数据时方可被授予销售许可"的规定，也表明在承诺的 6 年保护期内，任何人不得通过简略新药申请(ANDA)途径获得仿制药上市许可，也就是对原研药安全性、有效性信息提供了 6 年的专有保护。

2. 中国-瑞士自贸协定

中国-瑞士 FTA 于 2014 年 7 月 1 日生效②，其中在协定第 11.11 条"未披露信息"第 2 款中规定了为期 6 年的药品试验数据专有保护：

"二、对于【首个】③申请人为获得药品和农用化学品上市审批向主管部门提交的未披露试验数据或其他数据，自批准该上市许可之日起至少 6 年内，缔约双方应禁止其他申请人在药品(包括化学实体和生物制品)和农业化学品上市许可申请中依赖或参考上述未披露试验数据或其他数据。"

与中国入世承诺类似，中国-瑞士 FTA 规定了为期 6 年的药品试验数据专有保护，保护模式为不得依赖受保护数据批准其他药品上市。但与中国入世承诺不同的是，中国-瑞士 FTA 更加明确规定了"不依赖"的药品试验数据保护方式。此外，中国-瑞士 FTA 还规定了中国对生物制品提供药品试验数据专有保护的义务。第二款并没有直接规定"新药"作为药品试验数据专有保护的前提，而是采取"首个申请人……向主管部门提交的"这一表述。由此应当可以理解为是"国内新"标准，因为此处的"主管部门"应当指的是缔约国各自的主管部门。但将 11.11 条作为整体来看，由于第 1 款直接引用了 TRIPS 协定第 39 条，而 TRIPS 协定第 39 条第 3 款又将"新

---

① 参见 TPP，Article 18.50。

② 参见商务部新闻办公室：《〈中国-瑞士自由贸易协定〉将于 7 月 1 日生效》，http://fta.mofcom.gov.cn/article/chinaswitz/chinaswitznews/201404/155 76_1.html，2022 年 1 月 18 日访问。

③ 本书引用的为中文文本，与英文文本相比中文文本缺少了"首个"(the first)这一定语。

药"作为数据保护的前提，仍然可能导致第二款适用范围的解释存在一定的不确定性。

3. 中美经贸协议

在 2020 年 1 月 15 日中美双方签署的《中华人民共和国政府和美利坚合众国政府经济贸易协议》中，也对药品试验数据保护有所涉及，但仅原则性规定双方应当对"为满足上市审批条件而提交的未经披露的试验数据或其他数据，提供有效保护和执法"。①

（二）国内法相关规定及实施情况

为履行 TRIPS 协定和中国入世承诺义务，2002 年制定的《药品管理法实施条例》建立了药品试验数据保护制度。2002 年条例规定，国家对获得生产或者销售含有新型化学成分药品许可的生产者或者销售者提交的自行取得且未披露的试验数据和其他数据实施保护，任何人不得对该未披露的试验数据和其他数据进行不正当的商业利用。自药品生产者或者销售者获得生产、销售新型化学成分药品的许可证明文件之日起 6 年内，对其他申请人未经已获得许可的申请人同意，使用前款数据申请生产、销售新型化学成分药品许可的，药品监督管理部门不予许可；但是，其他申请人提交自行取得数据的除外。除下列情形外，药品监督管理部门不得披露本条第一款规定的数据：1. 公共利益需要；2. 已采取措施确保该类数据不会被不正当地进行商业利用。

该条第 1 款和第 3 款的表述基本上是对中国入世承诺的重申，也与 TRIPS 协定第 39 条第 3 款规定基本一致。第 2 款则规定了为期 6 年的药品试验数据保护，虽然没有采取不"依赖"的表述，而是采取了更为模糊的不"利用"，但该款仍然应当理解为规定的是对试验数据的专有保护，而非不正当竞争或商业秘密保护。一是，从制定背景来看，该规定主要是为了落实 TRIPS 协定和中国入世承诺。在入世承诺规定了数据专有保护制度，且规定了 6 年保护期的情况下，与之相对应的国内法规相关规定也应当理解为作出了相

---

① 《中华人民共和国政府和美利坚合众国政府经济贸易协议》第三节。

同的规定。二是，从条款之间的逻辑来看，本条第 1 款规定了不正当竞争或商业秘密保护，作为与之并列的第 2 款规定显然不应是对第 1 款内容的重复。

尽管中国在行政法规中规定了药品试验数据专有制度，但实践中并未得到有效实施。其原因一般认为包括法规规定不够明确，例如"新型化学成分药品"的定义不够清晰，缺乏可操作性的程序安排，制度设计缺乏可供检验的标志等。① 但如果仅是这些原因，则其结果将是原本应当获得保护的原研药试验数据及相关信息不能获得有效保护，有可能引发权利人甚至美国、欧洲国家的强烈反弹，包括就个案向法院提起诉讼，甚至就中国法律和相关实践向 WTO 提起上诉等。但实际情况是，这些情况并没有发生，虽然欧美国家及原研药企业对中国药品试验数据保护多有批评，但并没有提出中国违反国际义务的实质性证据，更未诉诸法律程序。

究其背后原因，仍需要回到中国仿制药审批制度。2002 年国家药品监督管理局发布的《药品注册管理办法》(试行)没有规定仿制药申请，而是规定"已有国家标准药品的申请"，即"生产国家药品监督管理局已经颁布正式标准的药品的注册申请"。② 这一规定在 2005 年《药品注册管理办法》得以延续。③ 而在 2007 年《药品注册管理办法》中，虽然引入了"仿制药申请"概念，但其定义仍然是"生产国家食品药品监督管理局已批准上市的已有国家标准的药品的注册申请"。④ 由此可看出，中国仿制药申请长期以来是"仿标准"而非"仿产品"。在"仿标准"的情况下，实际上并没有直接将申请上市的仿制药与受试验数据专有保护的原研药进行比较，也就不能认为是利用了原研药试验数据或其安全性、有效性信息，即难以认为侵犯药品试验数据专有权利。也就是说，在"仿标准"的情况

---

① 参见陈兵：《药品试验数据保护制度比较研究》，载中国药学会医药知识产权研究专业委员会组织编写：《药品试验数据保护制度比较研究》，中国医药出版社 2013 年版，第 22~23 页。

② 《药品注册管理办法》(试行)(局令第 35 号)(2002 年)第 8 条第 2 款。

③ 参见《药品注册管理办法》(局令第 17 号)(2005 年)第 8 条第 2 款。

④ 《药品注册管理办法》(局令第 28 号)(2007 年)第 12 条第 3 款。

下，缺乏实施药品试验数据专有制度的基础。

2015 年 8 月，国务院发布《关于改革药品医疗器械审评审批制度的意见》(国发〔2015〕44 号)，将仿制药由"仿已有国家标准的药品"调整为"仿与原研药品质量和疗效一致的药品"，要求"仿制药审评审批要以原研药品作为参比制剂，确保新批准的仿制药质量和疗效与原研药品一致"。①此后，当时的国家食品药品监督管理总局开展了仿制药一致性评价工作。2020 年，机构改革后的国家市场监督管理总局发布了新的《药品注册管理办法》(国家市场监督管理总局令第 27 号)，规定"仿制药应当与参比制剂质量和疗效一致"②，进一步明确了仿制药是"仿产品"而非"仿标准"。中国药品上市审批制度改革后，仿制药审批制度与美国、欧盟等国家和地区接轨，需要证明"质量和疗效与参比制剂一致"③，也就是需要依赖参比制剂的安全性和有效性信息。这奠定了中国实施药品试验数据专有制度的基础。

第二节　中国药品试验数据专有保护立法完善

一、立法完善的必要性

中国完善药品试验数据专有制度，既是履行国际义务的要求，也是促进本国医药创新发展、完善药品上市许可程序、提高药品可及性的需要。而且，中国作为在国际知识产权制度协调中举足轻重的国家，完善国内药品试验数据专有制度还有助于引领和促进制度的国际协调与完善。

----

① 《国务院关于改革药品医疗器械审评审批制度的意见》(国发〔2015〕44 号)第 6 项。

② 《药品注册管理办法》(国家市场监督管理总局令第 27 号)第 35 条第 2 款。

③ 国家药监局《化学药品注册分类及申报资料要求》(2020 年第 44 号通告)第 3 大项第(1)、(4)、(5)小项。

（一）促进全球公共产品供给

从全球公共产品供给视角来看，药品研发是一种非连续性最大努力型全球公共产品，往往由一个或少数几个有能力的国家来提供。如前文所述，这种全球公共产品的供给融资模型可以表述为：只有在 B1+B2+……+Bn>C 时，也就是药品研发在 n 个国家所获得的总体收益大于其成本时，新药研发才有可能。[1] 知识产权制度是药品研发全球合作的重要方式。中国人口众多，具有广阔的医药市场，通过建立和有效实施药品试验数据专有制度进一步完善药品知识产权保护制度，有助于促进药品研发这一全球公共产品的供给。

在前述模型中，在 Bx>C 也就是国家 x 单独所获收益大于成本时，该国也有动机单独进行药品研发。中国对于很多种类的药品研发而言可能具备 Bx>C 这一条件。随着近年来医药创新产业的迅速发展，中国也已具备较强的药品研发能力。在这种情况下，中国应当通过国内制度的调整完善，促进国内创新主体加大药品研发投入，在现阶段以国内收益来激励和促进药品创新，并通过逐步走向国际市场，最终以全球收益来激励中国企业提供药品研发这一全球公共产品。

（二）促进国内产业发展和提高药品可及性

从创新激励角度来看，中国无论是从上市创新药数量、在研药品数量还是国内及 PCT 专利申请量来看，都已成为继美国、欧洲和日本之外最活跃的医药创新地区。尽管中国与美日欧相比仍有较大差距，但考虑到国内创新企业当前仍以国内市场为主，如果不对其提供有效的知识产权保护，其将无法从创新中获得足够的收益，更难以参与到全球创新竞争当中。为促进医药产业创新，中国已采取了一系列措施加强药品知识产权保护，尤其是 2020 年修改专利法时引入了药品专利期限补偿制度和药品专利链接制度，药品专利

---

① 参见［美］斯科特·巴雷特：《合作的动力——为何提供全球公共产品》，黄智虎译，上海人民出版社 2012 年版，第 113~114 页。

保护已达到了国际领先水平。完善的药品试验数据专有制度将补上药品知识产权保护制度的重要一环，与包括药品专利期限补偿制度和药品专利链接制度在内的药品专利制度一起，构建形成高水平的药品知识产权保护体系，进一步促进本国医药产业的创新发展。

合理的药品知识产权保护制度还有利于吸引国外研发的新药尽快进入中国上市，并继而促进国内仿制药产业的发展。知识产权保护状况是原研药企业在决定是否在相关国家和地区市场上市其新药的重要考量因素之一。合理的药品试验数据专有保护为原研药品上市后提供的具有很高确定性的市场独占期，有利于激励原研药企业选择在中国市场上市其新药。而原研药的上市又有利于在市场独占期结束后，促进仿制药的上市。

此外，在中国已经建立了药品专利期限补偿制度的情况下，建立药品试验数据专有保护制度对原研药市场独占期的影响相对较小，对大多数原研药而言不会显著推迟仿制药的上市时间，对药品可负担性带来的负面影响也将较小。

(三)履行国际义务

如前文所述，中国在《中国入世承诺》中作出了建立化学创新药试验数据专有制度的承诺，并在中国-瑞士 FTA 中就药品(包括化学药和生物制品)试验数据专有制度作出了规定。在中国仿制药是"仿标准"而非"仿产品"的年代，仿制药上市审批过程中实际上无须依赖或利用原研药企业的安全性、有效性信息，中国仿制药上市审批程序不违反所承担的相关国际义务。然而，中国药品上市审批制度改革后，上市许可申请人需要证明其仿制药质量和疗效与参比制剂一致，也就是需要依赖参比制剂的安全性、有效性信息。此种情况下，为履行国际义务，建立完善的药品试验数据专有制度迫在眉睫。

(四)制度国际发展的适应与引领

从制度的国际发展趋势来看，药品试验数据专有制度已逐渐成为各主要国家普遍接受和实施的一项制度。但当前这一制度主要由美国和欧洲国家推动，制度的国际协调也以美欧制度为"蓝本"，广大发展中国家由于缺乏必要的实践等原因，对这一制度完善的话语权不足。在参与 FTA 等国际条约谈判中，发展中国家也只能是面临"接受"或"不接受"的选择，而难以对具体制度的完善提出建设性意见。

2021 年 9 月 16 日，中国正式申请加入 CPTPP。虽然 CPTPP 暂时"冻结"了药品试验数据专有保护条款，但仍然存在后续恢复 TPP 原文的可能。[①] 此外，尽管 2020 年 1 月签署的中美第一阶段经贸协议没有明确规定药品试验数据专有制度，但双方同意在将来的谈判中就这一议题继续展开磋商。[②] 无论是 CPTPP 将来可能的进一步谈判，还是与美国等其他发达国家和地区的双多边谈判，药品试验数据专有制度都是难以绕开的一个话题。作为新兴的发展中大国，中国既与欧洲、美国等发达国家和地区一样面临如何更好地激励和促进医药创新的问题，又同时和广大发展中国家一样面临如何提高药品可及性尤其是解决公共健康危机情况下药品可及性的问题。中国通过自身实践，完善药品试验数据专有制度，打造中国制度"样板间"，有助于同国际社会一道，更好地完善这一制度，保障全球药品供给从而促进公共健康这一全球公共产品的供给。

二、立法完善的基本原则

(一)履行国际义务和服务国内需求的平衡

完善药品试验数据专有制度，既要考虑中国履行入世承诺、中

---

① 参见 Zeleke T. Boru, The Comprehensive and Progressive Agreement for the Trans-Pacific Partnership: Data Exclusivity and Access to Biologics, https://www. econstor. eu/bitstream/10419/232226/1/south-centre-rp-106. pdf, visited on 18 February 2022。

② 参见 USTR, 2021 Report to Congress on China's WTO Compliance, https://ustr. gov/sites/default/files/files/Press/Reports/2021USTR%20Report CongressChinaWTO. pdf, visited on 20 January 2022。

国-瑞士 FTA 等国际义务的需要，同时也要考虑服务中国国内相关需求。国际义务确定了最低保护标准，而服务国内需求则要求在此最低标准基础之上作出更为适合国情的制度设计。例如，就保护的药品范围而言，《中国入世承诺》仅规定了对"使用新化学成分的药品"提供试验数据专有保护，而且对于"使用新化学成分的药品"没有作出明确定义。如果仅从履行这一国际义务出发设计制度，则仅需对新化学实体药品提供保护即可，而无需对改良型化学药提供药品试验数据专有保护。

但是，考虑到激励中国国内医药产业创新的需求，在确定受保护药品范围时，不宜作出如此严格的限定。中国医药企业近年来获批上市的 1 类新药数量增长迅速，与此同时以新制剂和新适应证为主的改良型新药也已成为国内创新主体关注的"热点"，新药临床试验(IND)和 NDA 申请均增长明显。[①] 且相对创新药而言，改良型新药开发难度和所需成本较低、开发周期较短，与中国当前医药创新产业发展阶段更为契合。借鉴国外经验，对改良型新药提供一定的药品试验数据专有保护，也有利于中国医药创新企业从改良型创新中获得充分的收益，从而进一步激励突破性创新。同样地，中国在生物制品领域虽然与美国和欧洲国家相比仍有不小差距，但从专利申请量、IND 申请量和 NDA 量来看，近年来也呈现明显增长趋势，也有必要对这类创新提供相关保护。

而对于新药定义中的"全球新"和"中国新"问题，同样需要考虑国际义务和国内需求两个方面。从国际义务来说，虽然无论是 TRIPS 协定还是中国入世承诺，均没有规定新药定义，但国内法相关规定仍然需要遵循国民待遇等原则。中瑞自贸协定药品试验数据专有保护条款中"首个申请人……向主管部门提交的未披露试验数据或其他数据"的表述则在很大程度上可以解读为要求缔约双方采取"国内新"标准。此外，CPTPP 第 18.52 条明确规

---

① 参见《2021 年化药 2 类改良型新药迎研发高潮"增速与增数"亮眼》，https：//med. sina. com/article_detail_100_2_111040. html，2022 年 2 月 19 日访问。

定了"国内新"标准。值得注意的是，虽然 CPTPP 冻结了 TPP 中的药品试验数据专有保护条款，但是新药定义条款本身却未冻结。由于中国已申请加入 CPTPP，其中的相关规定也是在国内立法时需要考量的重点。

就服务国内需求而言，药品试验数据专有保护等知识产权制度除了激励本土创新外，还可以用来激励国外原研药尽快进入中国市场上市，保障药品可获得性。虽然"国内新"标准有可能会导致国外原研药企业延迟进入中国市场，但绝对的"全球新"标准也同样不利于实现激励国外原研药尽快到中国上市的目标。

为此，在不违反国际义务的前提下，以设置"等待期"的方式对新药进行定义可能是更为适当的方式。具体而言，只有在国外首次申请上市后一定期限内在中国申请上市的药品，才能够获得药品试验数据专有保护，从而激励国外原研药在境外首次申请上市后尽快进入中国市场。

(二)促进药品研发和保障药品可及性的平衡

促进药品研发和保障药品可及性这两者之间既具有长期目标的一致性，同时在短期内又具有一定的冲突和矛盾。从长期目标来看，药品研发有利于提高药品可及性，只有通过不断地创新，才能攻克困扰人类的各种疾病。但从短期来看，药品试验数据专有保护等知识产权给予创新药一定期间的市场独占期，阻碍了仿制药的上市，导致患者无法在此期间获得可负担的药品，从而影响药品可及性。作为新兴的发展中大国，中国一方面和其他发展中国家一样，面临"看病贵"、医疗保障仍显不足等问题，需要通过仿制药来降低药品价格，提高药品可负担性；但另一方面，中国在医药创新领域又已成为继美日欧之后的重要创新来源地，与美国、欧洲和日本一样需要通过知识产权保护来激励更多的创新。

为此，中国在具体设计药品试验数据专有制度时，既要通过加强保护来激励创新，但又不能如同美国和欧洲国家等那样一味地强调保护，而是要在保护的同时防止制度的滥用，确保制度的平衡性。

（三）借鉴国外制度和引领国际制度协调的平衡

药品试验数据专有制度来源于美国和欧洲，当前在国际上主要以美欧制度为基础，鲜有突破和发展。中国药品试验数据专有制度也同样需要借鉴国外现有制度，从而与国际接轨。但另一方面，中国在建立和完善这一制度时，不能仅是照搬和移植国外制度，而是需要根据自身国情和发展需求，对制度进行创新，以解决本国的具体问题。不仅如此，作为新兴的发展中大国，中国还应当在该制度的国际协调和发展中贡献智慧和力量，通过本国制度的创新与实践，引领制度的发展，在解决中国问题的同时，推动国际社会构建更为平衡、普惠、包容的药品试验数据专有制度，既解决全球药品激励创新的需要，又能避免制度滥用可能对处于药品全球可及性"最薄弱环节"的发展中国家药品可及性带来不利影响，其最终目标是保障公共健康这一全球公共产品的有效供给。

（四）制度独立性和与其他制度相协调的平衡

药品试验数据专有保护是一项独立的知识产权，其不依赖于专利等其他知识产权保护。例如，药品试验数据专有保护不以该药品是否获得专利保护为前提，保护期限也独立计算，与专利保护期限无关。但是，药品试验数据专有制度又与其他知识产权制度尤其是专利制度的运行存在千丝万缕的关系，需要在制度之间形成协调，否则将进一步导致相关各方权利义务的失衡。

就专利制度而言，通过近 40 年的实践和制度完善，中国已建立了完备的药品专利保护制度，达到了国际领先水平。1992 年中国修改专利法，将"药品和用化学方法获得的物质"纳入专利保护范围[1]；2008 年中国修改专利法，引入了波拉例外制度[2]；2020 年中国修改专利法，引入了药品专利期限补偿制度[3]和药品专利链

---

[1]　参见《中华人民共和国专利法》（1992 年修正）第 25 条。

[2]　参见《中华人民共和国专利法》（2008 年修正）第 69 条第 5 项。

[3]　参见《中华人民共和国专利法》（2020 年修正）第 42 条第 3 款。

接制度①。此外，在 1992 年、2000 年和 2008 年三次专利法修改中，均对专利强制许可制度进行了修改完善。

上述药品专利制度均与药品试验数据专有制度的运行相关，需要在具体制度设计时加强协调。具体来说，主要包括以下几个方面：第一，波拉例外制度确保了仿制药企业可以在原研药专利保护期内开展生物等效性等试验，从而有机会在专利保护期限内依赖原研药安全性、有效性信息提出仿制药上市许可申请。但是，仿制药上市许可申请的受理和批准又同时还受限于药品试验数据专有保护。第二，在原研药相关专利保护期限内，仿制药申请人申请上市许可时，需要根据药品专利链接制度提出专利挑战或等待专利期限届满。但是，专利链接制度相关流程启动的前提是药品上市审批机关受理仿制药上市许可申请，如果药品试验数据专有保护采取的是"不受理"模式，则在此期间仿制药上市许可申请不会被受理，也就无法启动药品专利链接制度，从而导致仿制药企业不能及时提出专利挑战。第三，药品专利期限补偿制度的目的是"为补偿新药上市审评审批占用的时间"，因此其适用对象范围是"新药"。药品试验数据专有保护的药品范围也是"新药"。这两个制度的新药范围是否在一定程度上需要保持相对一致，也是在制度设计时需要考虑的问题。第四，在药品同时受到专利和药品试验数据专有保护的情况下，药品专利强制许可制度的实施，有赖于药品试验数据专有强制许可制度的配合，反之亦然。

三、《药品试验数据保护实施办法（暂行）》（征求意见稿）评析

2018 年 4 月 26 日，国家药品监督管理局办公室发布《药品试验数据保护实施办法（暂行）》（征求意见稿）（以下简称征求意见稿），公开征求社会公众意见。虽然该文件目前尚未正式出台发布，但作为中国迄今为止就药品试验数据保护规定得最为详细的文件草案，仍具有很高的研究价值。以下就该公开征求意见稿主要内

---

① 《中华人民共和国专利法》（2020 年修正）第 76 条。

容评析如下。

(一)保护方式

征求意见稿第8条规定"在保护期内,未经数据保护权利人同意,国家药品监督管理部门不得批准其他申请人同品种药品上市申请,但申请人依赖自行取得的试验数据或获得上市许可的申请人同意的除外"。该条事实上确立了"不批准"的专有保护方式。也就是说,在药品试验数据专有保护期间,他人可以依赖受保护的数据或其他信息提出上市许可申请,国家药品监督管理部门也可以依法进行审查,但不得给予上市许可。而且该条规定,只有在申请人"依赖自行取得的试验数据或获得上市许可的申请人同意"的情况下才能在试验数据专有保护期内就同品种药品获得上市许可。这也就意味着,与美国和欧盟实践相一致,征求意见稿规定的药品试验数据专有保护的不是药品试验数据本身,而是通过药品试验数据、上市许可证明等体现的药品有效性相关信息(但征求意见稿规定不保护安全性相关信息)。而且,他人不仅不能依赖中国上市药品的相关信息获得同品种药品上市许可,在药品已在中国获得上市许可的情况下还不能依赖国外上市的相同药品的相关信息获得上市许可,即对国外上市药品也提供相同的保护。

但是,该条规定在保护期内不批准其他申请人同品种药品上市申请,而根据第19条规定,同品种"是指含有相同活性成分和相同适应证的药品"。这一"双相同"的规定,可能会极大地限缩征求意见稿规定的药品试验数据专有保护的适用范围,导致这一制度实施效果大打折扣。具体而言,按照这一规定,如果其他申请人对药品活性成分及适应证等进行了改进或调整,不再是"双相同",则即便依赖了受保护的信息,仍然可能不构成对权利人药品试验数据专有权的侵犯。但其根本原因并不在于对"同品种"药品的定义本身,而在于第八条规定未能从根本上全面确立"不依赖"的保护方式。在全面确立"不依赖"保护方式的情况下,不再需要对是否同品种、活性成分是否相同、适应证是否相同等进行定义和判断,而只需要对在后申请上市药品是否依赖了受保护的药品相关信息进行判断即可。只要在后申请上市药品依赖了受保护的药品相关信息，就应当受到药品试验数据保护的约束和限制。

(二) 保护药品和数据范围

根据征求意见稿第 3 条规定，可以获得药品试验数据专有保护的药品包括创新药、创新治疗用生物制品、罕见病治疗药品、儿童专用药、专利挑战成功的药品。这一范围与《中共中央办公厅 国务院办公厅关于深化审评审批制度改革鼓励药品医疗器械创新的意见》规定一致。① 征求意见稿没有对"创新药"和"创新治疗用生物制品"这两个概念进行进一步解释。综合前述意见将"创新药"与"改良型新药"并列表述②，以及征求意见稿有关保护期限等规定，可以解读出"创新药"和"创新治疗用生物制品"应当是指包含新活性成分的药品，而不包含改良型新药。2020 年国家药监局发布的《化学药品注册分类及申报资料要求》规定，创新药是指"境内外均未上市的创新药"，也就是说采取"全球新"标准。但是，征求意见稿中的"创新药"采取的是"全球新"还是"中国新"标准并不明确，尤其是结合第五条有关保护期限的规定，似乎可以理解为原则上采取"全球新"标准，但又在这一标准基础上作出了例外性规定。

对于生物制品，征求意见稿规定仅对治疗性生物制品提供药品试验数据专有保护，而对于预防性生物制品也就是疫苗不提供保护。这与美国和欧盟法律规定和实践不同。在 TPP 中，也将预防用生物制品明确规定为应当受到药品试验数据专有保护的生物制品范围之内。③ 此外，中国-瑞士 FTA 中规定的也是"生物制品"，而没有区分治疗还是预防用途。

征求意见稿没有规定对改良型新药给予药品试验数据保护。改

---

① 参见《中共中央办公厅 国务院办公厅关于深化审评审批制度改革鼓励药品医疗器械创新的意见》第十八项。

② 参见《中共中央办公厅 国务院办公厅关于深化审评审批制度改革鼓励药品医疗器械创新的意见》第十五项。

③ 参见 TPP，Article 18.51.2。

良型新药是药品创新的重要方式，新适应证、新配方、新给药方法等改良型创新均能为患者带来福祉，且在药品审批过程中同样需要依赖大量试验数据。从国外实践来看，美欧等其他国家和地区给予改良型新药一定期限的试验数据保护。此外，TPP 也规定了改良型新药的试验数据专有保护。

除了创新药外，征求意见稿还对罕见病治疗药品、儿童专用药以及专利挑战成功的药品提供试验数据保护。对罕见病治疗药品、儿童专用药提供与创新药相同的药品试验数据专有保护，从理论上来讲并无不妥，但与欧美等国家实践存在差异。例如，美国和欧盟对罕见病治疗药品所提供的保护实质上是一种绝对的市场独占期保护，他人不仅不能利用受保护药品的数据和其他相关信息获得仿制药上市许可，而且即便提供自行取得的试验数据也同样不能获得上市许可。而对于儿科用药独占，只有续加在其他有效的专利保护或药品试验数据专有保护之后才能生效。[1]

而对于专利挑战成功的药品，其应当获得的是首仿药市场独占期保护，而非药品试验数据专有保护。2021 年国家药监局、国家知识产权局发布的《药品专利纠纷早期解决机制实施办法（试行）》规定，"对首个挑战专利成功并首个获批上市的化学仿制药，给予市场独占期"，"国务院药品监督管理部门在该药品获批之日起 12 个月内不再批准同品种仿制药上市"。[2] 这种给予首个挑战专利成功仿制药的市场独占期，并不是对仿制药上市申请中所提交试验数据或安全性、有效性信息的保护，而是对挑战专利所付出成本的一种行政补偿和激励。仿制药在申请上市许可时仅需要提交生物等效性等试验数据，这种等效性试验数据也不能被其他仿制药企业利用，因此不存在任何药品试验数据保护的必要和可能。

根据征求意见稿第 4 条规定，能够获得保护的数据是与药品有

---

① 参见杨莉：《TRIPS 框架下的中国药品试验数据保护》，知识产权出版社 2021 年版，第 119 页。

② 参见国家药监局、国家知识产权局《药品专利纠纷早期解决机制实施办法（试行）》（2021 年第 89 号公告）第十一条。

效性相关的非临床和临床试验数据，但不包括安全性相关数据。这与美国、欧盟等国家和地区保护"安全性、有效性"相关数据和信息的国际通行做法不一致。有观点认为，这一规定的目的是使药监部门能够披露安全性相关试验数据，从而有助于提高药品的安全性。[①] 但事实上，征求意见稿对药品试验数据规定的是通过专有权方式进行保护，与数据披露并没有直接关系。因此这一规定既不合理也没必要。

(三) 保护期限

征求意见稿第 5 条对创新药和创新治疗用生物制品分别规定了最长 6 年和 12 年的保护期。但只有在"使用在中国开展的临床试验数据，或在中国开展的国际多中心临床试验数据"，在中国首先申请上市或与其他国家/地区同步申请上市的情况下，才能享受这一最长的保护期限。如果"利用在中国开展的国际多中心临床试验数据在中国申请上市时间晚于在其他国家/地区申请上市"，则根据晚申请的具体时长，以年为单位相应地扣减保护期，晚于 6 年申请的则不再给予保护。

对于使用境外数据在中国申请上市的，则根据是否补充中国临床试验数据而给予不同的保护期。未补充中国临床试验数据的，给予前述计算方式 1/4 时间的保护期；补充了中国临床试验数据的，则给予 1/2 时间的保护期。此种情形下的保护期限与药品在境外申请上市多久以后才在中国申请上市无关。

上述规定的目的在于激励国外创新药企业在中国开展临床试验(包括在中国开展国际多中心临床试验)，并在中国首次申请上市或与境外同步上市。但是，对使用境外数据在中国申请上市的，"一刀切"地缩减保护期并不能起到促进国外上市药品尽快到中国申请上市许可的作用。而且，直接缩减专有保护期，尤其是缩减化

---

① 参见孙喜、吴小旭：《关于我国药品试验数据保护制度的完善建议》(下)，http://www.zhonglun.com/Content/2021/05-18/1310180121.html，2021 年 8 月 28 日访问。

学药的保护期，还可能与中国入世承诺不一致，这也是在完善相关制度时需要重点考虑的问题之一。

（四）保护程序

根据征求意见稿规定，药品试验数据依申请获得保护①，国家药品监督管理部门在对数据保护申请进行审评后给出是否给予保护的结论并确定保护期限。② 药品试验数据专有保护自药品上市注册申请批准公示时生效，保护信息在《上市药品目录集》收载并公示。③ 这些程序性规定借鉴了美国和欧盟实践，其目的在于保障药品试验数据专有保护制度的可行性和透明度。④

（五）异议和撤销

为了确保药品试验数据专有保护结论的准确性，征求意见稿还设立了异议制度。申请人对于药品试验数据专有保护决定不服的，可以申请行政复议或者提起行政诉讼⑤，国家药品监督管理部门确认不符合药品试验数据专有保护资格的，应当发布公告予以更正并调整《上市药品目录集》中的相关信息。⑥ 前述规定的"申请人"从前后文理解应当是指仿制药（即征求意见稿中的"同品种药品"）上市许可申请人。但不确定的是，申请人是否只有在仿制药上市许可申请程序中才能提出异议，还是可以在提出仿制药申请之前即可以"利害关系人"的身份提出异议从而提前扫除障碍。此外，征求意见稿通过行政复议和行政诉讼途径来实施异议制度，而非单独设置异议程序，也可能会对异议制度的实施造成限制。

除了异议制度外，征求意见稿还设置了撤销制度。与异议制度

---

① 参见《药品试验数据保护实施办法（暂行）》（征求意见稿）第 9 条。

② 参见《药品试验数据保护实施办法（暂行）》（征求意见稿）第 10 条。

③ 参见《药品试验数据保护实施办法（暂行）》（征求意见稿）第 11 条。

④ 参见杨莉：《TRIPS 框架下的中国药品试验数据保护》，知识产权出版社 2021 年版，第 209 页。

⑤ 参见《药品试验数据保护实施办法（暂行）》（征求意见稿）第 15 条。

⑥ 参见《药品试验数据保护实施办法（暂行）》（征求意见稿）第 16 条。

不同，撤销制度针对的是药品未及时上市销售这一情形，其目的在于促使获批药品尽快上市销售。征求意见稿规定的撤销药品试验数据专有保护的前提是，"取得数据保护的药品自批准上市之日起1年内由于自身原因未在市场销售"，其启动方式是"有关利益相关方向国家药品监督管理部门提出撤销申请"。① 这一制度能够有效地促使获批上市药品上市销售，是一种非常有益的制度尝试。但不足的是，该规定仅考虑了药品获得上市许可后1年内未上市情况，而不能用于规制原研药在上市销售一段时间后又因自身原因而停止销售的情形。另一方面，相关药品未上市销售或停止销售可能存在正当理由，此时不宜撤销药品试验数据专有保护，但征求意见稿也未对此做出规定。

（六）数据披露

征求意见稿还对受保护药品的试验数据披露问题作出了规定。一方面，征求意见稿规定，除有限的例外情形外，国家药品监督管理部门不主动披露受保护的相关试验数据，所述例外情形与 TRIPS 协定第39条第3款规定基本一致。② 另一方面，征求意见稿还规定，"取得数据保护的权利人应在取得权利之日起主动披露其被保护的数据"。③ 药品试验数据披露与药品审批透明度、用药安全、临床知识传播等密切相关，欧盟和美国等国家和地区也都在尝试通过适当方式披露相关数据。④ 征求意见稿的前述规定，可以在不违反 TRIPS 协定的情况下，促使取得药品试验数据专有保护的权利人主动披露相关数据，是一个非常有意义的制度创新。

但无论是国家药品监督管理部门在特定情形下披露数据，还是权利人依据相关要求主动披露相关数据，都需要有配套的制度来确

---

① 《药品试验数据保护实施办法（暂行）》（征求意见稿）第17条第2款。

② 参见《药品试验数据保护实施办法（暂行）》（征求意见稿）第12条。

③ 《药品试验数据保护实施办法（暂行）》（征求意见稿）第17条第1款。

④ 参见褚童：《全球公共卫生危机背景下药品试验数据披露的可能与路径》，载《知识产权》2020年第9期，第91~92页。

保相关数据不会被不正当地用于商业用途。例如，欧盟"欧洲医药管理局关于公开人用药临床数据的政策"（Policy /0070）即对药品试验数据的获取和利用进行了严格的限制。因此，试验数据披露应当是一套完整的制度，虽然药品试验数据专有制度为数据披露制度的建立奠定了基础，但还不足以解决可能面临的被披露数据被他人不正当商业利用从而损害权利人合法权益甚至损害患者和社会公众权益的问题。为此，药品试验数据披露更适于在建立试验数据专有制度后另行专门作出制度构建。

此外，建立数据披露制度的目的和初衷是为了提高透明度，并由此提高用药安全性等，但征求意见稿第四条将"提交药品注册申请前未公开披露"作为给予药品试验数据专有保护的前提，又与数据披露制度的初衷和目的相悖。如前文所论述，药品试验数据专有保护制度实质上保护的是已成为公开信息的药品安全性、有效性信息，该信息背后的试验数据是否已公开无关紧要。而且，包括欧盟等在内的许多国家和地区也都在推动药品试验数据披露，如果中国将数据未公开披露作为获得专有保护的前提，将可能导致原研药企业为满足其他国家和地区试验数据披露要求而丧失在中国获得试验数据专有保护的资格。这同样也不利于国际制度的协调。

四、立法完善建议

以下结合中国现行法律法规、承担的国际义务、国家药监局2018年发布的《药品试验数据保护实施办法（暂行）》（征求意见稿），就中国完善药品试验数据专有制度立法提出具体建议。

（一）明确知识产权属性

从法律性质上来说，药品试验数据专有保护是一类知识产权，但是这并未体现在现行相关法律当中。《中华人民共和国民法典》关于知识产权客体的第123条没有规定药品试验数据相关的知识产权保护。作为兜底，该条仅规定了"法律规定的其他客体"，因此除了《民法典》第123条明确列举的知识产权客体外，只有法律可以规定其他客体。

就药品试验数据专有制度而言，中国仅在《药品管理法实施条例》这一行政法规中作出了规定，而没有规定在《药品管理法》等法律中，使得在中国现行法律体系下，药品试验数据专有保护的知识产权属性没有得到法律认可。这无疑将影响到药品试验数据专有制度的定位，从而影响制度的完善以及与其他法律制度之间的关系等，进而影响药品安全性、有效性信息的保护，以及对权利滥用的规制等。

为此，建议中国在法律中明确药品试验数据专有保护的知识产权属性，并在此基础之上对具体制度进一步完善。具体而言，主要包括以下两个方面：

一是在《药品管理法》中对药品试验数据专有制度作出原则性规定。中国现行《药品管理法实施条例》已规定了药品试验数据保护制度，并将药品试验数据专有保护作为其中的一种保护方式，但作为行政法规规定这一制度，法律位阶相对较低。尤其是，根据《民法典》第 123 条规定，行政法规不能规定新的知识产权客体。而另一方面，由于药品试验数据专有制度的复杂性和专业性，且涉及到与农业化学品试验数据保护等关联性问题，在《民法典》中就其保护客体专门作出规定也并非最佳选择。因此，在作为药品领域专门立法的《药品管理法》中就药品试验数据专有制度作出规定是更为合适的方式。通过这一途径，可以在符合《民法典》规定的情况下明确其知识产权属性，并在此基础上对这一制度作出相对具体的规定。

二是通过行政法规细化药品试验数据专有制度。《药品试验数据保护实施办法（暂行）》（征求意见稿）从法律位阶上来说，至多属于部门规章，甚至可能仅是规范性文件。作为规范药品试验数据专有这一重要制度而言，部门规章或规范性文件的位阶较低。根据《中华人民共和国立法法》规定，"没有法律或者国务院的行政法规、决定、命令的依据，部门规章不得设定减损公民、法人和其他组织权利或者增加其义务的规范"。① 但对于药品试验数据专有制

---

① 《中华人民共和国立法法》第 80 条第 2 款。

度完善而言，无论是权利的给予，还是撤销、限制等，乃至相关程
序性规定等，都是对权利人以及其他利益相关方甚至社会公众权利
义务的重大调整，规章没有足够的立法权限来作出规定。为此，建
议将该计划当中的暂行实施办法上升为行政法规，制定《药品试验
数据保护实施条例(暂行)》，对药品试验数据专有保护作出更为细
化和完整的规定。

(二) 借鉴国际经验构建基础制度

药品试验数据专有制度来源于美国和欧洲国家，经过近 40 年
的实践，已形成了相对完善的基础制度设计，中国的药品试验数据
专有制度也需要以此为基础，吸收和借鉴成功经验从而与国际制度
接轨，并根据本国需求进行必要的完善修改。具体而言，借鉴国际
经验并结合中国实际需求，构建的基础制度可以包括以下几个方
面：

一是，对新化学实体药品、新生物实体药品以及改良型化学药
提供药品试验数据专有保护，保护期限则为：对新化学实体药品、
新生物实体药品分别提供 6 年和 12 年保护，并对改良型化学药提
供 3 年保护。对新化学实体药品而言，6 年的保护期与中国承担的
国际义务以及现行法律规定相一致。同时，借鉴美国制度，对改良
型化学药提供 3 年的保护期，以激励对已有药品的改良型创新，这
也与中国现阶段药品创新发展水平相一致。而对于生物制品，鉴于
生物制品对药品试验数据保护的高度依赖性，且中国的生物制品创
新发展迅速，建议借鉴美国经验，如征求意见稿所规定的那样为新
生物实体药品提供比新化学实体药品更长的保护期。在对新生物实
体药品提供 12 年保护期的情况下，可以不再对改良型生物制品提
供保护。

二是，确立"不依赖"的保护方式，并以"不批准"或"不受理+
不批准"作为药品试验数据专有保护模式。药品试验数据专有保护
的基础在于"不依赖"，国际上实现"不依赖"的保护模式主要包括
"不受理"和"不批准"两种。欧盟采取 8 年"不受理"加 2 年"不批
准"的分阶段保护模式。美国对新化学实体药品采取"不受理"模

式，而对新临床研究试验数据则采取"不批准"保护模式。美国 5 年的"不受理"保护期实际上会产生超过 5 年的药品市场独占期，因为在 FDA 受理仿制药上市许可申请后，仍然需要一定的审查周期才能批准仿制药上市。考虑到仿制药申请与审批周期，以及与药品专利链接制度的衔接问题，为避免不当的制度设计导致原研药市场独占期的不合理延长，建议中国不宜仅采取"不受理"作为药品试验数据专有保护模式。具体采取"不批准"还是"不受理+不批准"模式，取决于保护期长度以及仿制药或改良型新药审批所需时间。例如，在对新生物实体药品提供 12 年保护期的情况下，可以在最先的几年保护期采取"不受理"模式。

三是，以安全性和有效性信息作为保护客体。药品试验数据专有保护的不是药品试验数据本身，而是药品的安全性和有效性信息。药品试验数据仅仅是安全性和有效性信息的载体。除了试验数据外，药品获得上市许可的相关证据甚至获得上市许可这一事实，都能作为药品安全性、有效性信息的载体。对安全性、有效性信息提供保护的方式是，禁止他人未经权利人同意以任何方式依赖受保护信息获得上市许可，即不能依赖受保护药品的生物等效性试验数据等获得仿制药上市许可。

(三) 完善确权和权利救济制度

作为一种知识产权制度，在药品试验数据专有保护制度的设计中，不仅要对权利内容、获权条件等实体内容作出规定，还有必要构建完善的确权以及权利救济相关程序，并将行政和司法程序进行有效衔接。

就确权程序而言，除了规定药品上市许可申请人申请药品试验数据专有保护的相关程序外，还需要规定相应的异议程序。药品上市审批机关依上市许可申请人的申请给予其药品试验数据专有保护的，利害关系人可以向药品上市审批机关提出异议，药品上市审批机关应当对异议理由及证据进行审查，并作出决定。无论是药品试验数据专有保护申请程序，还是异议程序，当事人对药品上市审批机关的决定不服的，均可以在一定期限内向人民法院提起诉讼，寻求司法审查。

就权利救济程序而言，基于药品试验数据专有保护与仿制药上市许可程序紧密结合的特殊性，应当将行政保护规定为法定前置程序，即由药品上市审批机关在仿制药上市许可审批程序中确定申请上市的仿制药是否侵犯药品试验数据专有权，从而决定是否批准仿制药上市。对于药品上市审批机关所作决定，当事人不服的，可以在一定期限内向人民法院提起诉讼。作为药品试验数据专有权利人的原研药企业对药品上市审批机关受理仿制药申请或批准仿制药上市的决定不服的，在向人民法院提起诉讼的同时还可以根据民事诉讼程序请求给予临时禁令，禁止仿制药企业生产和销售仿制药。

(四) 建立"等待期"制度

"等待期"制度主要是为了解决对外国上市药品相关安全性、有效性信息的保护以及"新药"定义问题。药品试验数据专有保护作为知识产权，地域性是其本质特征。因此，原则上中国可以仅需要针对在中国获得上市许可的原研药的安全性、有效性信息提供专有保护，而无需对国外上市的药品提供保护。此外，对于"新药"定义，也有意见主张采取"全球新"标准，仅对首先在中国上市的药品提供保护。但是，前述制度构建方式并不利于促进首先在国外上市的新药尽快到中国上市。为解决这一问题，建议可以通过建立"等待期"制度来协调。具体而言，主要包括以下两个方面：

一是，以"中国新"作为"新药"标准，同时可以规定只有在全球首次获得上市许可后于"等待期"内在中国提出上市许可申请的才能认定为"新药"。但在"等待期"之后再在中国申请上市许可的，则不再给予药品试验数据专有保护。对于新适应证、新剂型等新临床试验数据保护，也适用类似规则。

二是，对国外上市新药提供的药品试验数据专有保护，以该药品全球首次上市后于"等待期"内在中国申请上市许可作为前提。也就是说，新药在全球任何国家或地区获得上市许可后，即能够在中国获得药品试验数据专有保护。但是，如果此后一定时间内，该新药未在中国申请上市许可，则不再获得保护。

由于上述两个方面适用"等待期"制度的主要目的都在于促进已在国外上市的药品尽早进入中国上市，这两个方面的所适用的"等待期"期限应当保持一致，从而更好地协调不同的制度。

（五）完善权利撤销制度

征求意见稿规定了撤销制度，即"取得数据保护的药品自批准上市之日起1年内由于自身原因未在市场销售的"，有关利益相关方可以向国家药品监督管理部门提出撤销申请。① 基于药品的特殊性，影响药品可及性的，不仅包括药品获得上市许可后合理期限内未上市销售，还包括上市销售后又停止销售并在合理期限内未恢复销售的情形。这两种情形的法律性质一样，对药品可及性所造成的不利后果也相同，因此也应当承担同样的法律后果。但征求意见稿仅考虑了前一情形，而未包括后一情形。为此，建议在征求意见稿的基础上，完善药品试验数据专有保护撤销制度，规定在药品获得上市许可后连续一定期限内未上市销售的，利益相关方可以向国家药品监督管理部门提出撤销申请。

考虑到药品上市许可人在获得上市许可后未销售其药品或停止销售其药品的，还可能存在正当理由，为此需要对撤销制度做出除外性规定以确保制度的合理性和灵活性。

（六）构建强制许可制度

中国当前没有建立药品试验数据专有保护的强制许可制度，在征求意见稿中也没有作出相关的规定。强制许可是防止知识产权权利滥用的重要制度。中国作为发展中国家，药品可及性仍然是制度设计时需要重点关注的一个问题。在通过药品试验数据专有保护激励医药领域创新的同时，也有必要设立强制许可来确保这一制度不会被滥用，从制度层面更好地保障药品可及性，尤其是面临公共健康危机情况下的药品可及性性。合理的强制许可制度也是对权利人合法权益的保障措施，也即只有在特定情形、符合特定程序要求的

---

① 《药品试验数据保护实施办法（暂行）》（征求意见稿）第17条第2款。

情况下，才能对药品试验数据专有权进行"征用"。

具体而言，可以借鉴专利强制许可制度，规定公共健康危机下的强制许可、消除垄断行为对市场竞争不良后果的强制许可、新临床试验数据专有保护的交叉强制许可以及药品专利与药品试验数据专有保护的交叉强制许可等类型，并完善有关程序、费用等规定。同时，还需要考虑与药品专利强制许可的衔接问题。有关具体制度设计可参见本书第四章第三节相关内容。

第三节　中国参与国际谈判的立场与对策建议

一、近年来的中国国际谈判立场

近年来国际上针对药品试验数据专有保护的谈判论坛主要是双边、小多边或区域 FTA 谈判。美国、欧盟和 EFTA 等也主要通过 FTA 等双多边条约促使其贸易伙伴建立相关制度。中国在与瑞士、韩国以及 RCEP 成员开展 FTA 谈判时，瑞士、韩国以及日本也提出了药品试验数据专有保护要价，但除中国—瑞士 FTA 外，中国在中韩 FTA、RCEP 谈判中均采取反对态度。尤其在 RCEP 谈判过程中，日本和韩国联合提出药品试验数据专有制度案文，并在谈判过程中对该要价极为坚持。但由于中国与东盟国家、印度的坚决反对，在最终达成的协定文本中没有对该制度作出任何规定。值得注意的是，中韩 FTA、RCEP 这两个协定谈判的时间均在中国—瑞士 FTA 签署之后，但即便是中国已在中国—瑞士 FTA 中规定了药品试验数据专有制度的情况下，仍然在后续中韩 FTA、RCEP 谈判中反对写入相关条款，充分表明了中国对该制度的国际立场。

而在中国签订的其他 FTA 中，由于相关贸易伙伴国均为发展中国家或者是欧美以外的其他发达国家，对药品知识产权保护没有强烈的利益诉求，中国也没有提出相关要价，因此在谈判中并未涉及该问题。

因此总体而言，中国当前对药品试验数据专有制度议题仍然采取反对立场，更未在国际谈判中主动设置相关议题。从国内立法来看，尽管中国国家药监局 2018 年发布的《药品试验数据保护实施办法（暂行）》（征求意见稿）计划对药品试验数据专有制度进行完善和细化，但如前文所述，该征求意见稿中的相关规定与欧洲和美国制度均存在较大差异，与国际制度接轨不够。这似乎也表明中国在制度设计时并未将与国际制度接轨作为重点考量因素。

随着中国经济和科技的发展，以及国际关系的变化，必然要求中国在国际上对药品试验数据专有制度采取不同于以往的立场。

二、"后疫情时代"中国立场建议

新冠疫情以及全球抗疫合作，促使各国思考如何更好地加强公共卫生领域的全球治理，必将对全球公共卫生治理产生深远影响。在此背景之下，在面对包括药品试验数据专有制度在内的药品知识产权制度协调时，中国所采取的国际立场也应当有所变化，主要包括以下几个方面的原因：

一是中国在全球公共卫生治理中将发挥更加重要的作用，需要引领和推动国际制度协调。在这场全球抗疫斗争中，中国发挥了举足轻重的作用，也得到了 WHO 等国际组织和全球大多数国家的肯定和赞许。可以预见的是，"后疫情时代"中国将在全球公共卫生治理中发挥更大的作用，拥有更多的话语权。在此种情况下，面对药品知识产权制度国际协调，中国需要更多地从完善公共卫生全球治理、保障全球卫生公共产品供给角度，协调不同国家和地区的利益，引领和推动确立更有利于全球公共卫生治理的药品知识产权制度，促进全球药品创新并保障不同发展水平国家和地区的药品可及性。这就要求中国更加积极主动地提出制度建议、推动国际协调。

二是疫情推动了国际社会对药品知识产权制度的反思，为制度的国际协调与完善提供了新的契机。面对全球新冠疫苗供应不足，印度和南非驻 WTO 代表于 2020 年 10 月提议，希望 WTO 暂不执行 TRIPS 协定相关条款，允许免费使用部分新冠疫苗相关专利权，并得到了许多发展中成员的支持。中国商务部于 5 月 13 日表示，"支持 WTO 关于新冠疫苗等抗疫物资知识产权豁免提案进入文本磋商阶段"。① 美国贸易代表也于 2021 年 5 月 5 日宣布支持暂时豁免与新冠疫苗相关的知识产权保护。② 在各方的努力下，WTO 最终于 2022 年 6 月 12—15 日举行的第 12 次部长会议会就新冠疫苗知识产权的豁免问题作出了决定。③ 由新冠疫苗等抗疫物资所引发的对药品知识产权制度的反思，以及因此可能建立的相关豁免机制等，都为国际上药品知识产权制度的完善提供了契机。

三是近年来中国医药创新产业取得长足发展，对药品知识产权保护的产业诉求已发生改变。中国在 20 世纪 80 年代建立知识产权制度之时，乃至在本世纪初加入 WTO 之时，社会经济和科技发展水平与欧美等发达国家和地区仍存在较大差距，对知识产权制度基本处于"被动接受"状态。在加入 WTO 之后，对发达国家和地区提出的超 TRIPS 协定保护水平也主要采取反对立场。然而，随着经济和科技的迅速发展，加强知识产权保护已成为了中国的内生需求。经过历次法律制度的修改完善，中国专利、商标、著作权等知识产权保护已经达到了国际领先水平。在国际上，中国也根据产业发展需求，提出完善国际制度的建议。就药品领域创新而言，中国近年来取得了长足进展，已成为继美国、欧洲和日本之外最主要的创新来源地。中国也基于这一现状通过引入药品专利期限补偿和药品专利链接制度，全面加强药品专利保护，并计划建立高水平的药品试验数据专有制度。随着中国医药产业的快速发展，后疫情时代必将有更多的中国创新药物进入到国际市场，如何使这些创新能在国际上得到有效保护，并由此激励更多的国内药品创新，也是中国需要推动的重要议题。

四是人类卫生健康共同体的构建，需要推动药品知识产权制度

---

① 《商务部：支持 WTO 关于新冠疫苗等知识产权豁免提案进入文本磋商阶段》，https：//www.sohu.com/a/466311537_115479，2022 年 1 月 18 日访问。

② 参见彭茜：《美国新冠疫苗知识产权表态引争议》，http：//www.xinhuanet.com/2021-05/07/c_1127418891.htm，2022 年 1 月 18 日访问。

③ 参见 WTO. Ministerial Decision on the Trips Agreement，WT/MIN（22）/30，WT/L/1141，17 June 2022。

的国际协调与完善。药品知识产权保护不仅涉及经济和技术创新问题，还涉及全球公共卫生治理。面对新冠疫情，中国国家主席习近平多次呼吁各国"共同推动构建人类卫生健康共同体"。① 药品知识产权制度的国际协调是构建人类卫生健康共同体的重要组成部分。为此，在药品知识产权保护问题上，中国虽然存在加强保护、促进产业创新的需求，并且在国内立场上已与美国、欧盟、日本、瑞士等国家和地区接近②，但在国际立场上，中国决不能像欧美那样一味地强调保护，而是要兼顾到不同发展水平和发展阶段的国家和地区的利益。在当前发达国家和发展中国家面对药品试验数据专有保护等药品知识产权制度的态度"二元对立"的情况下，中国有必要突破这一对立局面，以构建人类卫生健康共同体为指引，寻找符合各方利益的"第三条道路"。

基于上述几个方面的原因，后疫情时代中国面对药品试验数据专有制度的国际协调，应当采取更为积极主动的态度，积极推动这一制度朝着更有利于全球公共卫生治理、保障全球卫生公共产品供给的方向发展。中国可以在自身实践的基础上，形成完整、平衡的药品试验数据专有保护制度。在面对美国和欧盟等有关建立高水平药品试验数据专有制度的要价时，可以通过主动设置限制与例外制度等议题、提出具体完善方案，推动这一制度朝着更为平衡、灵活的方向发展。而在与其他发展中国家开展相关谈判时，也可以主动设置药品试验数据专有保护议题，提出强化保护和公共健康维护并重的方案，提高这一制度的可接受程度，并不断扩大"朋友圈"，推动制度完善与发展。

---

① 《习近平：携手共建人类卫生健康共同体》，http：//www. xinhuanet. com/mrdx/2021-05/22/c_139962071. htm，2022 年 5 月 28 日访问。

② 参见 Peter K. Yu, *From Struggle to Surge：China's TRIPS Experience and Its Lessons for Access to Medicine*, in Srividhya Ragavan & Amaka Vanni eds., Intellectual Property Law and Access to Medicines：TRIPS Agreement, Health, and Pharmaceuticals（1st ed.），Routledge，2021，pp. 185-186。

三、国际论坛及协调对策建议

当前讨论知识产权保护的国际论坛主要包括 WTO、WIPO 等全球性国际组织，以及区域性、双边或小多边 FTA 等。

美国和欧盟等在推动知识产权相关议题谈判过程中，不断采取论坛转移策略，通过不同的论坛实现其目标。[①] 这也体现在了药品试验数据专有制度国际化推进过程中。在美国通过国内法确立药品试验数据专有制度后，很快就出现在了北美自由贸易协定（NAFTA）中。此后，美国进一步推动在 TRIPS 协定中规定药品试验数据专有制度，但谈判最终结果没有实现美国目标。在后 TRIPS 时代，美国又通过双边和小多边 FTA 的方式对其贸易伙伴逐个击破，在大多数协定中规定了药品试验数据专有保护条款。TPP 则在此前 FTA 规定基础上，进一步强化药品试验数据专有保护。

中国在推动药品试验数据专有制度的国际协调过程中，也可以充分利用不同的国际论坛，在不同论坛实现不同的目标，有步骤、分阶段地推动国际制度协调与完善。从原则上来说，作为全球性国际组织的 WTO、WIPO 更适合于全面讨论药品试验数据专有制度的国际协调。但是，这两个国际组织成员众多，不同成员的利益和关切各有不同，将药品试验数据专有制度作为单独议题进行讨论难以形成共识，更难以形成完整的制度设计。为此，建议在这两个国际组织中，将药品试验数据专有保护相关问题纳入到其他相关议题当中，从不同角度和方面对相关问题进行讨论。例如，在 WTO 中，可以将药品试验数据专有制度（或更宽泛的药品试验数据保护制度）的限制与例外（包括与专利强制许可制度的衔接等）纳入到与公共健康、与疫情相关的知识产权豁免等议题当中。虽然 TRIPS 协定并未包含建立药品试验数据专有制度的义务，但如果能形成一些原则性共识，也可以为 WTO 成员之间后续相关药品试验数据专有保护的限制与例外制度协调提供基础。在 WIPO，则可以将药品试

---

① 参见刘银良：《国际知识产权政治问题研究》，知识产权出版社 2014 年版，第 28~112 页。

验数据专有保护与专利强制许可制度等相关议题一起进行讨论。

除了 WTO 和 WIPO 这两个与知识产权制度国际协调关系最为密切的国际组织外，WHO 作为"国际卫生工作之指导及调整机关"①，也应当成为讨论药品试验数据专有等药品知识产权制度并形成有约束力国际条约的重要论坛。2021 年 3 月 30 日，25 个国家的领导人与 WHO 总干事谭德塞以及欧洲理事会主席米歇尔共同发表署名文章，呼吁制定"大流行病条约"，以便于"以高度协调一致的方式，更好地预测、预防、发现、评估和有效应对大流行病"。② 在同日 WHO 举行的会员国通报会上，中国代表团表示"欢迎加强全球团结、协调应对未来大流行病的努力和举措，包括对缔结《全球大流行病条约》等问题进行研讨"。③ 将药品试验数据专有等药品知识产权保护与该条约制定相结合，促进药品研发和保障药品全球可及性，也是制度国际协调与完善的方向。具体而言，虽然提议当中的《全球大流行病条约》难以对药品试验数据专有保护等知识产权制度作出全面规定，但仍可以明确公共健康、药品研发和药品全球可及性的全球公共产品属性，要求各国加强合作以保障这些全球公共产品的供给；以及重申各国为保护公共健康可以采取针对专利、药品试验数据专有保护等知识产权的强制许可等灵活措施，并确定公共健康危机的情形，形成国际原则共识。

除了 WTO、WIPO 以及 WHO 这三个国际组织外，中国还可以充分利用区域 FTA、双边或小多边 FTA 谈判，以保障公共健康这一全球卫生公共产品供给为目标，从促进药品创新和保障药品全球可及性两个方面出发，在确立药品试验数据专有制度的同时构建完善的限制与例外制度，就药品试验数据专有保护作出更加全面、平

---

① 世界卫生组织执行委员会《世卫组织在全球卫生治理中的作用》（EB132/5 Add. 5），2013 年 1 月 18 日，第 2 段。

② 《全球领导人呼吁制定新的国际条约加强大流行病应对工作》，https：//news. un. org/zh/story/2021/03/1081062，2022 年 1 月 18 日访问。

③ 刘曲：《世卫组织呼吁达成新的国际条约以应对未来大流行病》，http：//www. xinhuanet. com/2021-04/01/c_1127282552. htm，2022 年 1 月 18 日访问。

衡、包容的规定，不断扩大共识，为更大范围内国际共识的达成奠定基础。

本 章 小 结

中国药品试验数据专有制度完善及国际谈判对策应当以中国医药产业发展现状和趋势为基础，以履行中国承担的国际义务为最低要求，并考虑适应国际趋势乃至引领国际制度发展需求。本章从上述几个方面出发，提出了国内制度完善和参加国际谈判的对策建议。

从产业研发投入和产出情况来看，中国近年来医药创新产业取得了长足发展。无论是从药品研发投入总额、上市新药数量、研发管线产品数量来衡量，还是以中国专利申请、PCT 专利申请为指标预测研发趋势，均可发现中国已成为美国、欧洲和日本之外的全球最主要的医药创新来源地。虽然中国与美国、欧洲和日本仍然存在一定差距，但与印度等发展中国家相比已占据了明显的领先地位。强化药品试验数据专有保护，已成为国内创新主体的需求，而不仅仅是为了被动地回应国际压力。而且，中国医药企业也在美国、欧洲以及共建"一带一路"国家等进行药品知识产权布局，中国创新主体对于在国际上强化药品试验数据专有等药品知识产权保护也存在实际需求。当然，与欧美国家相比，中国创新水平仍然存在一定差距，且存在"用药贵"等现实问题，构建更加平衡的药品试验数据专有制度是完善这一制度的应有之义。

中国加入 WTO 时作出了建立药品试验数据专有制度的承诺，并在中国—瑞士 FTA 中规定了这一制度。虽然中国在《药品管理法实施条例》中规定了药品试验数据专有保护制度，但在仿制药"仿标准"而非"仿产品"的年代，这一制度并没有得到良好的运行。随着中国药品上市审批制度改革，药品试验数据专有制度的完善也提上了议事日程。2018 年国家药品监督管理局发布的《药品试验数据保护实施办法(暂行)》(征求意见稿)对中国药品试验数据专有制度提出了详细的方案。但该征求意见稿仍然存在未与国际制度良好接轨、部分制度设计不够合理、限制与例外制度不够完善等问题。为完善中国药品试验数据专有制度，建议以该征求意见稿为基础，一方面借鉴欧美国家成熟经验构建制度基础，另一方面通过构建"等待期"、权利撤销、强制许可等完善限制与例外制度，以及完善试验数据披露、确权与权利救济制度等，从而形成更加平衡、合理的制度。此外，还建议将这一制度规定在《药品管理法》中，以与其知识产权法律属性相符。

在国际谈判中，中国对药品试验数据专有制度往往采取反对态度，在 RCEP 等近年来重要 FTA 谈判中均反对发达国家对这一制度的要价。但随着中国医药创新产业的发展，以及疫情之后中国在全球公共卫生治理当中地位和作用的提升，中国有必要对国际立场进行适当调整。后疫情时代中国面对药品试验数据专有制度的国际协调，建议采取更为积极主动的态度，在 WTO、WIPO、WHO 等国际组织中并充分利用其他双多边场合，积极推动这一制度朝着更为有利于全球公共卫生治理、保障全球卫生公共产品供给的方向发展，构建激励创新和保障药品全球可及性并重的更加平衡、包容、灵活的制度。

结　论

　　药品知识产权保护与公共健康密切相关，无论是理论研究还是各国立法、国际条约谈判中都受到广泛关注。虽然药品涉及到多种知识产权，但专利和药品试验数据专有保护无疑是其中最为重要的两种。本书主要聚焦于药品试验数据专有制度，对相关法律问题开展研究，并提出制度完善建议，主要观点和结论分析梳理如下。

　　药品试验数据专有制度起源于美国和欧洲国家。在国际法上，虽然 TRIPS 协定规定了对未披露试验数据的保护义务，但其并不包含建立专有制度的义务。美国、欧盟和 EFTA 在后 TRIPS 时代通过与其他国家或地区签订 FTA 等国际协定的方式不断扩大这一制度的国际地域范围，并呈现出来源于美欧的制度不断融合发展的趋势。美欧通过这些 FTA，不断扩展保护对象范围、降低保护门槛、确立"国内新"标准、限制"国际依赖"，从而不断强化保护。但无论是美国、欧盟等国内立法，还是其签订的 FTA 中，均没有为这一制度构建完善的限制与例外制度等平衡措施，导致了权利义务的失衡，亟待予以完善。

　　与专利等其他知识产权一样，药品试验数据专有给予受保护的原研药一定期限的市场独占期，从而激励药品研发。与专利制度相比，这一制度确立了原研药能够享有市场独占期的最短期限和最小国际地域范围，即在市场独占期时长和地域范围方面都起到"兜底"作用，从而无论从保护期限还是全球知识产权布局来看都与专利保护形成互补关系。这一方面能够有效促进药品创新投入并激励药品研发产出，从而有利于公共健康问题的解决。但另一方面，这也导致更多国家和地区的药品可负担性和可获得性受到不利影响。而且，药品试验数据专有保护还构成专利实施强制许可的障碍，影响对公共健康危机的有效应对。

　　从全球公共产品供给视角来看，公共健康、药品研发和药品全球可及性都属于全球公共产品。药品研发和药品全球可及性具有目标的一致性，即保障公共健康这一最终全球公共产品的供给。但是，知识产权制度在药品研发和药品全球可及性这两个不同类型的全球公共产品供给之间又存在政策上的冲突。在国际上，药品试验数据专有保护能为药品研发融资地域范围和期限提供"保底方案"，有利于药品研发这一"单一最大努力型"全球公共产品供给。但标准统一、缺乏灵活度的药品试验数据专有保护也与药品全球可及性这一"最薄弱环节型"全球公共产品供给过程中需要对最薄弱环节国家给予"特殊照顾"的需求背道而驰。为保障公共健康这一最终全球公共产品的供给，需要在药品研发和药品全球可及性这两种不同类型全球公共产品供给所需的国际合作之间形成平衡。具体而言，在通过药品试验数据专有制度国际化以进一步激励药品研发的同时，还应当给予建立这一制度的国家充分的灵活度，以便于这些国家处于最薄弱环节时，能够充分利用这些灵活措施来保障药品的可及性。

　　从权利性质上分析，药品试验数据专有保护是超出 TRIPS 协定的一种自成一体的知识产权。药品试验数据专有制度通过赋予专有权的方式保护"权利"，而不是通过制止不正当竞争行为保护"法益"。这种专有权的保护客体是已公开的药品安全性、有效性信息，而不是未披露的药品试验数据，因此也不同于对未披露试验数据的商业秘密保护。对药品安全性、有效性信息的专有，而非对数据本身的专有，是药品试验数据专有保护能够形成药品市场独占期的基础，也是其区别于对试验数据提供的反不正当竞争保护和商业秘密保护的一个重要方面。与专利等其他知识产权制度一样，药品试验数据专有保护的客体具有非物质性、创造性和公开性的特点，其权利具有排他权、私权和财产权属性，以及具有地域性和时间性特点，因此其属于知识产权。药品试验数据专有保护与商业秘密保护、反不正当竞争保护、专利保护、"大数据保护"在保护客体、保护方式等方面存在差异，构成一种自成一体的知识产权。这一制

276

度与商业秘密保护、反不正当竞争保护在保护客体和保护方式等方面的差异，进一步明确药品试验数据专有制度既不是 TRIPS 协定第 39 条第 3 款规定的强制性义务，也不是落实该款义务的方式之一。作为一种知识产权制度，可以根据知识产权基本原则，借鉴专利等知识产权制度对其加以完善。

为平衡药品试验数据专有对药品创新的激励作用和对药品全球可及性的负面影响，基于其知识产权属性，可以通过构建限制与例外制度来对药品试验数据专有制度进行矫正。这也是在美欧推动的强化保护和发展中国家对这一制度的反对之间寻求的"第三条道路"。具体而言，建议从"等待期"、权利撤销和强制许可这三个方面来设置药品试验数据专有保护的限制与例外制度。"等待期"制度的目的在于促进新药在全球任何国家首次上市后一定期间内进入其他国家；权利撤销制度的目的在于促进原研药企业在获得上市许可后进行实际销售以满足市场需求；强制许可制度的目的是在公共健康危机等特殊情形下保障药品的可及性。

中国近年来医药创新产业取得了长足发展，对药品知识产权保护存在内生性需求。但中国医药创新能力和水平与欧美国家仍有一定差距，且仍然面临药品可及性问题。因此中国药品试验数据专有制度应当更加注重平衡，一方面需要通过借鉴美欧等成熟经验，建立有效的专有制度；但另一方面还需要通过设置限制与例外制度来保障药品的可及性。在国际上，中国也有必要改变以往对药品试验数据专有制度的反对立场，从建立更为包容、平衡的制度出发，通过在国际谈判中提出限制与例外制度的反要价、主动设置议题等方式，推动药品试验数据专有制度的完善。

参 考 文 献

一、中文文献

（一）中文著作

[1] 蔡拓、杨雪冬、吴志成主编：《全球治理概论》，北京大学出版社 2016 年版。

[2] 褚童：《TRIPS 协定下药品试验数据保护研究》，知识产权出版社 2015 年版。

[3] 崔国斌：《专利法：原理与案例》（第二版），北京大学出版社 2016 年版。

[4] 范长军：《德国反不正当竞争法研究》，法律出版社 2010 年版。

[5] 冯洁菡：《公共健康与知识产权国际保护问题研究》，中国社会科学出版社 2012 年版。

[6] 国家工商行政管理总局商标局、商标评审委员会编著：《商标法理解与适用》，中国工商出版社 2015 年版。

[7] 黄晖：《知识产权的国际保护例外研究》，法律出版社 2015 年版。

[8] 洪唯真：《TRIPS 协定下两岸药品试验资料保护制度》，元照出版社 2013 年版。

[9] 胡潇潇：《药品专利实验例外制度研究》，知识产权出版社 2016 年版。

[10] 黄河、王润琦等：《治理、发展与安全：公共产品与全球治理》，上海交通大学出版社 2021 年版。

［11］孔祥俊：《反不正当竞争法新原理・总论》，法律出版社 2019
年版。

［12］孔祥俊：《反不正当竞争法新原理・原论》，法律出版社 2019
年版。

［13］刘春田主编：《知识产权法》(第四版)，中国人民大学出版社
2009 年版。

［14］刘诗白：《科技文化、知识产品、自然财富、公共产品理
论》，四川人民出版社 2018 年版。

［15］刘银良：《国际知识产权政治问题研究》，知识产权出版社
2014 年版。

［16］彭诚信：《现代权利理论研究——基于"意志理论"与"利益理
论"的评析》，法律出版社 2017 年版。

［17］王利明、杨立新等：《民法学》(第四版)，法律出版社 2015
年版。

［18］王迁：《著作权法》，中国人民大学出版社 2015 年版。

［19］王先林等：《知识产权滥用及其法律规制》，中国法律出版社
2008 年版。

［20］王涌：《私权的分析与构建：民法的分析法学基础》，北京大
学出版社 2019 年版。

［21］吴汉东等：《知识产权基本问题研究(分论)》(第二版)，中国
人民大学出版社 2009 年版。

［22］吴汉东：《知识产权总论》(第三版)，中国人民大学出版社
2013 年版。

［23］吴汉东主编：《知识产权法学》(第七版)，北京大学出版社
2019 年版。

［24］吴欣望、朱全涛：《专利经济学：基于创新市场理论的阐
释》，知识产权出版社 2015 年版。

［25］薛虹：《十字路口的国际知识产权法》，法律出版社 2012 年
版。

［26］杨静：《自由贸易协定知识产权条款研究》，法律出版社 2013
年版。

[27] 杨莉：《TRIPS 框架下的中国药品试验数据保护》，知识产权出版社 2021 年版。

[28] 尹新天：《中国专利法详解》，知识产权出版社 2011 年版。

[29] 张乃根主编：《与贸易有关的知识产权协定》，北京大学出版社 2018 年版。

[30] 张维迎：《经济学原理》，西北大学出版社 2015 年版。

[31] 郑成思：《知识产权论》（第三版），法律出版社 2007 年版。

[32] 郑成思：《WTO 知识产权协议逐条讲解》，中国方正出版社 2001 年版。

[33] 中国审判理论研究会民商事专业委员会编著：《〈民法总则〉条文理解与司法适用》，法律出版社 2017 年版。

[34] 中国药学会医药知识产权研究专业委员会组织编写：《药品试验数据保护制度比较研究》，中国医药出版社 2013 年版。

[35] 中国医学科学院药物研究所、中国医药工业信息中心、中国食品药品检定研究院编著：《中国仿制药蓝皮书 2021 版》，中国协和医科大学出版社 2021 年版。

[36] 中华人民共和国国家知识产权局：《专利审查指南 2010》，知识产权出版社 2010 年版。

（二）中文译著

[1] ［澳］彼得·达沃豪斯：《知识的全球化管理》，邵科、张南译，知识产权出版社 2013 年版。

[2] ［澳］彼得·德霍斯：《知识财产法哲学》，周林译，商务印书馆 2017 年版。

[3] ［法］菲利普·阿吉翁、［法］赛利娜·安托南、［法］西蒙·比内尔：《创造性破坏的力量》，余江、赵建航译，中信出版社 2021 年版。

[4] ［德］卡尔·拉伦茨：《德国民法通论》（上册），王晓晔、邵建东等译，法律出版社 2013 年版。

[5] ［法］卢梭：《社会契约论》，何兆武译，商务印书馆 2017 年版。

［6］［美］罗伯特·P. 莫杰思：《知识产权正当性解释》，金海军、史兆欢、寇海侠译，商务印书馆 2019 年版。

［7］［英］洛克：《政府论》（下篇），叶启芳、瞿菊农译，商务印书馆 2009 年版。

［8］［美］约翰·罗尔斯：《正义论》，何怀宏、何包钢、廖申白译，中国社会科学出版社 1988 年版。

［9］［美］斯科特·巴雷特：《合作的动力——为何提供全球公共产品》，黄智虎译，上海人民出版社 2012 年版。

［10］［美］英吉·考尔等编：《全球化之道——全球公共产品的提供与管理》，张春波、高静译，人民出版社 2006 年版。

（三）期刊论文

［1］安雪梅：《论私权的微观构造模式及其在知识产权法中的适用》，载《时代法学》2008 年第 4 期，第 43~50 页。

［2］白婷、陈敬、史录文：《TRIPS 协议中药品数据保护制度分析》，载《中国新药杂志》2009 年第 19 期，第 1823~1825 页。

［3］陈福利：《中国药品数据保护的实践之路》，载《WTO 经济导刊》2005 年第 4 期，第 51 页。

［4］陈敬、陈昌雄、史录文：《我国药物创新战略背景下数据保护制度的政策选择》，载《中国新药杂志》2012 年第 20 期，第 2349~2352 页。

［5］陈庆：《TRIPS 协议药品试验数据专有权的国际考证及制度启示》，载《甘肃政法学院学报》2014 年第 6 期，第 96~103 页。

［6］陈婷、林秀芹：《〈多哈宣言〉实施中的法律障碍及发展前景展望——〈多哈宣言〉实施效果评估》，载《国际经济法学刊》2013 年第 2 期，第 188~208 页。

［7］陈瑶：《论美国 TPP 药品知识产权建议条款对公共健康之反作用——与 TRIPS 之比较》，载《国际经济法学刊》2014 年第 1 期，第 219~243 页。

［8］程文婷：《试验数据知识产权保护的国际规则演进》，载《知识产权》2018 年第 8 期，第 82~96 页。

[9] 褚童：《论药品试验数据保护中的数据独占保护制度》，载《金陵法律评论》2013 年第 1 期，第 296～306 页。

[10] 褚童：《药品试验数据保护义务国内实施的制度困境与解决——以药品获取为视角》，载《河北法学》2017 年第 9 期，第 92～104 页。

[11] 褚童：《全球公共卫生危机背景下药品试验数据披露的可能与路径》，载《知识产权》2020 年第 9 期，第 84～96 页。

[12] 崔国斌：《大数据有限排他权的基础理论》，载《法学研究》2019 年第 5 期，第 3～24 页。

[13] 丁锦希、任宏业、姚雪芳：《TPP 生物制品数据保护条款与中国政策定位研究》，载《上海医药》2016 年第 17 期，第 56～60 页。

[14] 丁锦希、刘阳阳、颜建周：《药品数据保护制度对药品可及性负效应研究——基于美国拉莫三嗪案例的实证分析》，载《中国药科大学学报》2015 年第 4 期，第 493～498 页。

[15] 冯洁菡：《TRIPS 协议下对药品试验数据的保护及限制——以国际法和比较法为视角》，载《武大国际法评论》2010 年第 1 期，第 125～144 页。

[16] 高立伟、何苗：《人类命运共同体视阈下全球公共卫生治理谫论》，载《厦门大学学报(哲学社会科学版)》2020 年第 5 期，第 163～172 页。

[17] 蒋能倬：《后 TRIPs 时代我国药品试验数据保护制度的思考》，载《法制与社会》2020 年第 21 期，第 3～6、32 页。

[18] 晋继勇：《全球卫生治理的"金德尔伯格陷阱"与中国的战略应对》，载《国际展望》2020 年第 4 期，第 42～59、150～151 页。

[19] 黄智虎：《公共产品与国际合作——评〈合作的动力——为何提供全球公共产品〉》，载《国际政治科学》2013 年第 3 期，第 107～124、136 页。

[20] 江滢、郑友德．：《知识产权特征新论——兼析知识产权与有形财产权的区别》，载《华中科技大学学报(社会科学版)》

2001 年第 4 期，第 16~20 页。

［21］孔祥俊：《商业数据权：数字时代的新型工业产权——工业产权的归入与权属界定三原则》，载《比较法研究》2022 年第 1 期，第 83~100 页。

［22］李文江、白娅楠：《我国药品试验数据保护的法律路径选择》，载《黄河科技学院学报》2021 年第 1 期，第 89~95 页。

［23］刘春田：《知识财产权解析》，载《中国社会科学》2003 年第 4 期，第 109~121、206 页。

［24］刘金洁、杨悦：《完善中国药品数据保护的研究》，载《中国新药杂志》2012 年第 1 期，第 6~9 页。

［25］刘宇：《药品试验数据保护：从〈TIRPS 协定〉到〈TPP 协议〉》，载《国际经济法学刊》2013 年第 3 期，第 173~194 页。

［26］刘宇：《TPP 医药专利谈判最新发展及争议初探——以知识产权章节为中心》，载《国际经贸探索》2014 年第 12 期，第 81~92 页。

［27］梁志文：《药品数据的公开与专有权保护》，载《法学》2013 年第 9 期，第 102~112 页。

［28］梁志文：《药品数据保护的比较分析与立法选择》，载《政法论丛》2014 年第 5 期，第 80~88 页。

［29］梁志文：《论 TRIPS 协议第 39.3 条之数据保护》，载《法治研究》2014 年第 2 期，第 111~121 页。

［30］梁志文：《管制性排他权：超越专利法的新发展》，载《法商研究》2016 年第 2 期，第 183~192 页。

［31］林秀芹：《商业秘密知识产权化的理论基础》，载《甘肃社会科学》2020 年第 2 期，第 11~20 页。

［32］刘影、眭纪刚：《日本大数据立法增设"限定提供数据"条款及其对我国的启示》，载《知识产权》2019 年第 4 期，第 88~96 页。

［33］毛晓芳、齐翔、周凤祥：《国内外药品出口销售证明发放制度比较研究》，载《中国药事》2018 年第 11 期，第 1549~1557 页。

[34] 钱子瑜：《论数据财产权的构建》，载《法学家》2021 年第 6 期，第 75~91、193 页。

[35] 申卫星：《论数据用益权》，载《中国社会科学》2020 年第 11 期，第 110~131、207 页。

[36] 宋效峰：《全球卫生公共产品供给问题论析——以人类卫生健康共同体构建为视角》，载《黑龙江工业学院学报（综合版）》2020 年第 11 期，第 40~46 页。

[37] 宋阳、左海聪：《药物专利 VS 公共健康：从冲突到共存》，载《知识产权》2013 年第 7 期，第 59~64 页。

[38] 孙莉：《TRIPS 协定下发展中国家药品试验数据独占保护制度的构建》，载《未来与发展》2016 年第 12 期，第 68~73 页。

[39] 王磊、尤启冬：《2020 年首创性小分子药物研究实例浅析》，载《药学学报》2021 年第 2 期，第 341~351 页。

[40] 吴汉东：《法哲学家对知识产权法的哲学解读》，载《法商研究》2003 年第 5 期，第 77~85 页。

[41] 吴汉东：《关于知识产权私权属性的再认识——兼评"知识产权公权化"理论》，载《社会科学》2005 年第 10 期，第 58~64 页。

[42] 吴锁薇、韩晟等：《药品数据保护对我国药品费用及可及性的影响》，载《中国新药杂志》2012 年第 20 期，第 2353~2355 页。

[43] 徐智华、黄丽娜：《我国新药试验数据专有权保护制度优化研究》，载《科技进步与对策》2017 年第 10 期，第 139~142 页。

[44] 许子晓：《药品专利权与公共健康权的冲突和协调》，载《知识产权》2011 年第 3 期，第 92~97 页。

[45] 杨建红、王晓东等：《各国生物制品数据保护制度对比研究及完善我国生物制品数据保护制度的建议》，载《现代药物与临床》2019 年第 4 期，第 921~925 页。

[46] 杨莉、陈玉文等：《药品数据保护在世界各国的发展研究》，载《中国新药杂志》2011 年第 9 期，第 766~770 页。

［47］杨莉、宋华琳、赵婕：《药品试验数据保护与专利保护之平行并存性研究》，载《中国新药杂志》2013 年第 22 期，第 2600~2606、2615 页。

［48］杨莉、田丽娟、林琳：《药物临床试验数据公开制度研究及启示》，载《中国新药杂志》2017 年第 9 期，第 990~998 页。

［49］杨莉、张大为等：《TRIPS 框架下药品试验数据保护的适用范围与我国的立法选择》，载《中国新药杂志》2015 年第 20 期，第 2301~2307、2335 页。

［50］杨立新、曹英博：《论人格权的冲突与协调》，载《河北法学》2011 年第 8 期，第 25~38 页。

［51］姚雪芳、丁锦希：《生物制品数据保护制度剖析与战略选择》，载《知识产权》2017 年第 2 期，第 94~98 页。

［52］余翔、陈欣：《专利药品"反公地悲剧"探析》，载《科技与法律》2006 年第 2 期，第 113~117 页。

［53］张浩然：《竞争视野下中国药品专利链接制度的继受与调适》，载《知识产权》2019 年第 4 期，第 50~70 页。

［54］张磊、夏玮：《TPP 生物药品数据保护条款研究》，载《知识产权》2016 年第 5 期，第 116~120 页。

［55］张丽英、段佳葆：《TRIPS 协定下药品试验数据保护的例外与我国的立法选择》，载《中国食品药品监管》2021 年第 1 期，第 35~43 页。

［56］张郁、王传辉：《医药专利制品剥削性高价行为之反垄断规制研究》，载《经济法论丛》2020 年第 2 期，第 3~33 页。

［57］赵娜、胡晓抒：《欧盟药品上市许可人制度研析及对我国的启示》，载《药学与临床研究》2016 年第 5 期，第 429~432 页。

［58］张丽英：《人类卫生健康共同体视域下健康权法律问题的化解——以疫苗研发为切入点》，载《中国软科学》2021 年第 10 期，第 65~72 页。

［59］郑成思、朱谢群：《信息与知识产权的基本概念》，载《中国社会科学院研究生院学报》2004 年第 5 期，第 41~49、142 页。

[60] 周婧:《药品数据的保护与限制》,载《知识产权》2017 年第 3
     期,第 87~92 页。

[61] 周唯璇:《药品试验数据保护的发展趋势及我国的应对之
     策——从 TRIPS 到 TPP》,载《经济》2016 年第 2 期,第 58~
     60 页。

[62] 朱贞艳、王玮:《全球公共卫生、药品专利与药品可及性:
     以马来西亚对索非布韦专利实施强制许可为例》,载《南大亚
     太评论》2020 年第 1 期,第 182~205 页。

(四) 析出的文献

[1] 阿尔因-忒科让、佩德罗·康塞桑:《超越传染病控制:全球化
    时代的卫生》,载[美]英吉·考尔等编:《全球化之道——全
    球公共产品的提供与管理》,张春波、高静译,人民出版社
    2006 年版,第 403~426 页。

[2] 陈兵:《药品试验数据保护制度比较研究》,载中国药学会医
    药知识产权研究专业委员会组织编写:《药品试验数据保护制
    度比较研究》,中国医药出版社 2013 年版,第 3~36 页。

[3] 托德·桑德勒:《评估公共产品的最佳供应:寻找圣杯》,载
    [美]英吉·考尔等编:《全球化之道——全球公共产品的提供
    与管理》,张春波、高静译,人民出版社 2006 年版,第 115~
    132 页。

[4] 杨悦:《药品试验数据保护政策研究》,载中国药学会医药知
    识产权研究专业委员会组织编写:《药品试验数据保护制度比
    较研究》,中国医药出版社 2013 年版,第 39~61 页。

[5] 英格·考尔、罗纳德·U. 门多萨:《促进公共产品概念的发
    展》,载[美]英吉·考尔等编:《全球化之道——全球公共产
    品的提供与管理》,张春波、高静译,人民出版社 2006 年版,
    第 68~97 页。

[6] 张莉丽:《〈保护工业产权巴黎公约〉——专利国际协调新视角
    下的百年经典》,载国家知识产权局条法司编:《专利法研究
    (2017)》,知识产权出版社 2019 年版,第 103~116 页。

(五)学位论文

[1] 褚童：《TRIPS 协定下药品试验数据保护研究》，复旦大学 2014 年博士学位论文。

[2] 景明浩：《药品获取与公共健康全球保护的多维进路》，吉林大学 2016 年博士学位论文。

[3] 王林：《论药品试验数据的法律保护》，辽宁大学 2020 年硕士学位论文。

[4] 俞汉玲：《药品试验数据的知识产权保护研究》，浙江工商大学 2018 年硕士学位论文。

(六)网络文献

[1] 中国医药管理协会、中国化学制药工业协会、中国医药保健品进出口商会、中国外商投资企业协会药品研制和开发行业协会：《构建可持续发展的中国医药创新生态系统》，http：// cnadmin. rdpac. org/upload/upload _ file/1577871825. pdf，2022 年 4 月 18 日访问。

[2] 中国医药创新促进会、中国外商投资企业协会药品研制和开发行业委员会：《构建中国医药创新生态系统—系列报告第一篇：2015—2020 年发展回顾及未来展望》，http：//cnadmin. rdpac. org/upload/upload_file/1614646546. pdf，2021 年 8 月 28 日访问。

[3] 中国医药保健品进出口商会、科睿唯安：《中国医药产业国际化蓝皮书 2020》，https：//www. baogaoting. com/StaticFiles/PDF/ 2020-08/922fd65a1b9842b9834363e8d40b922a. pdf，2021 年 8 月 28 日访问。

[4] 中国知识产权法学研究会民法典知识产权编课题组：《〈中华人民共和国民法典知识产权编〉学者建议稿》，https：//www. sohu. com/a/192000170_221481，2022 年 1 月 18 日访问。

[5] 孙喜、吴小旭：《关于我国药品试验数据保护制度的完善建议》（下），http：//www. zhonglun. com/Content/2021/05-18/

1310180121. html，2021 年 8 月 28 日访问。

[6] 许波等：《〈中美经贸协议〉后我国药品专利无效数据分析》，https：//mp. weixin. qq. com/s/svX-jQuc7g8j5jn6x2sEGg，2021 年 8 月 28 日访问。

(七)国际组织文件

[1] 世界卫生组织执行委员会《世卫组织在全球卫生治理中的作用》(EB132/5 Add. 5)，2013 年 1 月 18 日。

[2] 联合国人权理事会《在人人有权享有能达到的最高标准身心健康的背景下获取药品和疫苗》(A/HRC/RES/41/10)，2019 年 7 月 11 日。

[3] 联合国人权理事会《在人人有权享有能达到的最高标准身心健康的背景下获取药品》(A/HRC/RES/32/15)，2016 年 7 月 1 日。

[4] WIPO 专利法常设委员会《关于强制许可例外的参考文件草案》(SCP/30/3)，2019 年 5 月 21 日。

二、英文文献

(一)著作

[1] Ana Aizcorbe，*et al.* eds.，*Measuring and Modeling Health Care Costs*，University of Chicago Press，2018.

[2] Anatole Krattiger，*et al.* eds.，*Intellectual Property Management in Health and Agricultural Innovation*：*A Handbook of Best Practices*，MIHR，PIPRA，Oswaldo Cruz Foundation and bioDevelopments-International Institute，2007.

[3] Carlos M. Correa，*Protection of Data Submitted for the Registration of Pharmaceuticals*：*Implementing the Standards of the TRIPS Agreement*，South Centre，2002.

[4] Carlos M. Correa，*Trade Related Aspects of Intellectual Property Rights*：*A Commentary on the TRIPS Agreement*，Oxford University

Press, 2007.

[5] Carlos M. Correa & Reto M. Hilty eds. , *Access to Medicines and Vaccines*: *Implementing Flexibilities Under Intellectual Property Law*, Springer, 2022.

[6] Donald O. Beers & Kurt R. Karst, *Generic and Innovator Drugs*: *A Guide to FDA Approval Requirements*, Wolters Kluwer, 2013.

[7] Ellen ' t Hoen, *Private Patents and Public Health*: *Changing Intellectual Property Rules for Access to Medicines*, Health Action International, 2016.

[8] Inge Kaul, *et al.* eds. , *Global Public Goods*: *International Cooperation in the* 21*st Century*, Oxford University Press, 1999.

[9] Inge Kaul, *et al.* eds. , *Providing Global Public Goods*: *Managing Globalization*, Oxford University Press, 2003.

[10] Inge Kaul & Pedro Conceição eds. , *The New Public Finance*: *Responding to Global Challenges*, Oxford University Press, 2006.

[11] Inge Kaul ed. , *Global Public Goods*, Edward Elgar, 2016.

[12] Jeremy Youde. *Biopolitical Surveillance and Public Health in International Politics*, Palgrave Macmillan, 2010.

[13] Josef Drexl & Nari Lee eds. , *Pharmaceutical Innovation, Competition and Patent Law*, Edward Elgar, 2013.

[14] Nuno Pires de Carvalho, *The TRIPS Regime of Antitrust and Undisclosed Information*, Kluwer Law International, 2008.

[15] Owais H. Shaikh, *Access to Medicine Versus Test Data Exclusivity*: *Safeguarding Flexibilities Under International Law*, Springer, 2016.

[16] Pedro Roffe, *et al.* eds. , *Negotiating Health*: *Intellectual Property and Access to Medicines*, Earthscan, 2006.

[17] Richard D. Smith, *et al.* eds. , *Global Public Goods for Health*: *Health Economic and Public Health Perspectives*, Oxford University Press, 2003.

[18] Richard Newfarmer ed. *Trade*, *Doha*, *and Development*: *A*

Window into the Issues, World Bank, 2006.

[19] Scott Barrett, *Why Cooperate?*: *The Incentive to Supply Global Public Goods*, Oxford University Press, 2007.

[20] Srividhya Ragavan & Amaka Vanni eds., *Intellectual Property Law and Access to Medicines*: *TRIPS Agreement, Health, and Pharmaceuticals* (*1st ed.*), Routledge, 2021.

[21] UNCTAD-ICTSD, *Resource Book on TRIPS and Development*, Cambridge University Press, 2005.

[22] WTO, WIPO & WHO, *Promoting Access to Medical Technologies and Innovation*: *Intersections between Public Health, Intellectual Property and Trade* (*2nd Edition*), World Health Organization, 2020.

(二)期刊论文

[1] Aaron S. Kesselheim & Daniel H. Solomon, *Incentives for Drug Development—The Curious Case of Colchicine*, 362 New England Journal of Medicine 2045 (2010).

[2] Aaron X. Fellmeth, *Secrecy, Monopoly, and Access to Pharmaceuticals in International Trade Law*: *Protection of Marketing Approval Data Under the TRIPS Agreement*, 45 Harvard International Law Journal 443 (2004).

[3] Aisling McMahon, *Global Equitable Access to Vaccines, Medicines and Diagnostics for COVID-19*: *The Role of Patents as Private Governance*, 47 Journal of Medical Ethics 142 (2021).

[4] Alexander Stimac, *The Trans-Pacific Partnership*: *The Death-Knell of Generic Pharmaceuticals*, 49 Vanderbilt Journal of Transnational Law 853 (2016).

[5] Allison Durkin, *et al.*, *Addressing the Risks that Trade Secret Protections Pose for Health and Rights*, 23 Health and Human Rights 129 (2021).

[6] Amit Singh & Paramita DasGupta, *Pharmaceutical Test Data*

Protection and Demands for Data-Exclusivity：Issues and Concerns of Developing Countries and India's Position, 24 Journal of Intellectual Property Rights 69 (2019).

［7］ Andreas Oser, *The COVID-19 Pandemic：Stress Test for Intellectual Property and Pharmaceutical Laws*, 70 GRUR International 846 (2021).

［8］ Animesh Sharma, *Data Exclusivity with Regard to Clinical Data*, 3 The Indian Journal of Law and Technology 82 (2007).

［9］ Antony Taubman, *Unfair Competition and the Financing of Public-knowledge Goods：The Problem of Test Data Protection*, 3 Journal of Intellectual Property Law & Practice 591 (2008).

［10］ Beatriz G de la Torre & Fernando Albericio, *The Pharmaceutical Industry in 2020. An Analysis of FDA Drug Approvals from the Perspective of Molecules*, 26 Molecules 1 (2021).

［11］ Benjamin M. Meier, *Advancing Health Rights in a Globalized World：Responding to Globalization Through a Collective Human Right to Public Health*, 35 The Journal of Law, Medicine & Ethics 545 (2007).

［12］ Benjamin M. Meier & Larisa M. Mori, *The Highest Attainable Standard：Advancing a Collective Human Right to Public Health*, 37 Columbia Human Rights Law Review 101 (2005).

［13］ Bryan Mercurio, *The IP Waiver for COVID-19：Bad Policy, Bad Precedent*, 52 IIC-International Review of Intellectual Property and Competition Law 983 (2021).

［14］ C. Scott Hemphill & Bhaven N. Sampat, *Evergreening, Patent Challenges, and Effective Market Life in Pharmaceuticals*, 31 Journal of Health Economics 327 (2012).

［15］ Carlos M. Correa, *Unfair Competition Under the TRIPS Agreement：Protection of Data Submitted for the Registration of Pharmaceuticals*, 3 Chicago Journal of International Law 69 (2002).

[16] Carlos M. Correa, *Bilateralism in Intellectual Property: Defeating the WTO System for Access to Medicines*, 36 Case Western Reserve Journal of International Law 79 (2004).

[17] Carlos M. Correa, *Implications of Bilateral Free Trade Agreements on Access to Medicines*, 84 Bulletin of the World Health Organization 399 (2006).

[18] Chaim Zins, *Conceptual approaches for defining data, information, and knowledge*, 58 Journal of the American society for information science and technology 479 (2007).

[19] Charles E. Phelps, *Extending Exclusivity for Biopharmaceuticals to Deter Competing Generics: A Review of Strategies, Potential Mitigation, and Similarities to Infringement*, 21 Technology & Innovation 215 (2020).

[20] Dana P. Goldman, *et al.*, *The Benefits from Giving Makers of Conventional 'Small Molecule' Drugs Longer Exclusivity over Clinical Trial Data*, 30 Health Affairs 84 (2011).

[21] Daniel Bodansky, *What's in a Concept? Global Public Goods, International Law, and Legitimacy*, 23 European Journal of International Law 651 (2012).

[22] Daniel J. Gervais, *Exploring the Interfaces Between Big Data and Intellectual Property Law*, 10 Journal of Intellectual Property, Information Technology and Electronic Commerce Law 22 (2019).

[23] David B Evans, *et al.*, *Universal Health Coverage and Universal Access*, 91 Bulletin of the World Health Organization 546 (2013).

[24] David Gartner, *Global Public Goods and Global Health*, 22 Duke Journal of Comparative & International Law 303 (2012).

[25] Dean T. Jamison, *et al.*, *International Collective Action in Health: Objectives, Functions, and Rationale*, 351 The Lancet 514 (1998).

[26] Edwin Mansfield, *Patents and Innovation: An Empirical Study*, 32 Management Science 173 (1986).

[27] Elizabeth Miller, *Antitrust Restrictions on Trade Secret Licensing: A Legal Review and Economic Analysis*, 52 Law and Contemporary Problems 183 (1989).

[28] Ellen J. Flannery & Peter B. Hutt, *Balancing Competition and Patent Protection in the Drug Industry: The Drug Price Competition and Patent Term Restoration Act of* 1984, 40 Food, Drug, Cosmetic Law Journal 269 (1985).

[29] Ellen F. M. 't Hoen, *et al.*, *Data Exclusivity Exceptions and Compulsory Licensing to Promote Generic Medicines in The European Union: A Proposal for Greater Coherence in European Pharmaceutical Legislation*, 10 Journal of Pharmaceutical Policy and Practice 1 (2017).

[30] Ellen R. Shaffer & Joseph E. Brenner, *A Trade Agreement's Impact on Access to Generic Drugs: The Central America Free Trade Agreement Has Kept some Generic Drugs from Guatemala even Though They're Available in the United States*, 28 Health Affairs w957 (2009).

[31] Erika Lietzan, *The Myths of Data Exclusivity*, 20 Lewis & Clark Law Review 91 (2016).

[32] Frank H. Easterbrook, *Intellectual Property is Still Property*, 13 Harvard Journal of Law & Public Policy 108 (1990).

[33] Frederick M. Abbott, *The Doha Declaration on the TRIPS Agreement and Public Health: Lighting a Dark Corner at the WTO*, 5 Journal of International Economic Law 469 (2002).

[34] G. Lee Skillington & Eric M. Solovy, *The Protection of Test and Other Data Required by Article 39. 3 of the TRIPS Agreement*, 24 Northwestern Journal of International Law & Business 1 (2003).

[35] Gail E. Evans, *Strategic Patent Licensing for Public Research Organizations: Deploying Restriction and Reservation Clauses to Promote Medical R&D in Developing Countries*, 34 American Journal of Law & Medicine 175 (2008).

[36] Garrett Hardin, *The Tragedy of the Commons*, 162 Science 1243 (1968).

[37] Gordon Brown & Daniel Susskind, *International Cooperation During the COVID-19 Pandemic*, 36 Oxford Review of Economic Policy S64 (2020).

[38] Gregory Shaffer, *Recognizing Public Goods in WTO Dispute Settlement: Who Participates? Who Decides? The Case of TRIPS and Pharmaceutical Patent Protection*, 7 Journal of International Economic Law 459 (2004).

[39] Henry Grabowski & John Vernon, *Longer Patents for Increased Generic Competition in the US*, 10 Pharmaco Economics 110 (1996).

[40] Henry Grabowski, *et al.*, *Continuing Trends in US Brand-name and Generic Drug Competition*, 24 Journal of Medical Economics 908 (2021).

[41] Herbert Zech, *A Legal Framework for a Data Economy in the European Digital Single Market: Rights to Use Data*, 11 Journal of Intellectual Property Law & Practice 460 (2016).

[42] Hong-Bo Weng, *et al.*, *Innovation in Neglected Tropical Disease Drug Discovery and Development*, 7 Infectious Diseases of Poverty 1 (2018).

[43] Inge Kaul & Michael Faust, *Global Public Goods and Health: Taking the Agenda Forward*, 79 Bulletin of the World Health Organization 869 (2001).

[44] Jack DeRuiter & Pamela L. Holston, *Drug Patent Expirations and the "Patent Cliff"*, 37 U. S. Pharmacist 12 (2012).

[45] James J. Wheaton, *Generic Competition and Pharmaceutical Innovation: The Drug Price Competition and Patent Term Restoration Act of 1984*, 35 Catholic University Law Review 433 (1986).

[46] Jane A. Fisher, *Disclosure of Safety and Effectiveness Data under*

the Drug Price Competition and Patent Term Restoration Act, 41 Food, Drug, Cosmetic Law Journal 268 (1986).

[47] Jerome H. Reichman, *Rethinking the Role of Clinical Trial Data in International Intellectual Property Law: The Case for a Public Goods Approach*, 13 Marquette Intellectual Property Law Review 1 (2009).

[48] Joel Lexchin, *Time to Marketing of Generic Drugs After Patent Expiration in Canada*, 4 JAMA Network Open e211143 (2021).

[49] Joseph A DiMasi, *et al.*, *Innovation in the Pharmaceutical Industry: New Estimates of R&D Costs*, 47 Journal of Health Economics 20 (2016).

[50] Katrina Perehudoff, *et al.*, *Overriding Drug and Medical Technology Patents for Pandemic Recovery: A Legitimate Move for High-income Countries, too*, 6 BMJ Global Health e005518 (2021).

[51] Kelley Chandler, *Patents and the Pharmaceutical Industry: Curbing the Abusive Practices Employed by Blockbuster Drug Companies to Prolong Market Exclusivity*, 29 Cornell Journal of Law and Public Policy 467 (2019).

[52] Kristina M. Lybecker, *Essay: When Patents Aren't Enough: Why Biologics Necessitate Date Exclusivity Protection*, 40 William Mitchell Law Review 1427 (2014).

[53] Kyung-Bok Son, *Market Exclusivity of the Originator Drugs in South Korea: A Retrospective Cohort Study*, 9 Frontiers in Public Health 654952 (2021).

[54] Larry D. Qiu & Huayang Yu, *Does the Protection of Foreign Intellectual Property Rights Stimulate Innovation in the US?*, 18 Review of International Economics 882 (2010).

[55] Lisa Diependaele, *et al.*, *Raising the Barriers to Access to Medicines in the Developing World – The Relentless Push for Data Exclusivity*, 17 Developing World Bioethics 11 (2017).

[56] Lucas R. Arrivillaga, *An International Standard of Protection for Test Data Submitted to Authorities to Obtain Marketing Authorization for Drugs*: TRIPS Article 39. 3, 6 Journal of World Intellectual Property 139 (2003).

[57] Margaret K. Kyle & Anita M. McGahan, *Investments in Pharmaceuticals Before and After TRIPS*, 94 Review of Economics and Statistics 1157 (2012).

[58] Marketa Trimble, *Patent Working Requirements*: *Historical and Comparative Perspectives*, 6 UC Irvine Law Review 483 (2016).

[59] Meir P. Pugatch & Rachel Chu, *The Strength of Pharmaceutical IPRs vis-À-vis Foreign Direct Investment in Clinical Research*: *Preliminary Findings*, 17 Journal of Commercial Biotechnology 308 (2011).

[60] Michael A. Heller, *The Tragedy of the Anti-commons*: *Property in the Transition from Marx to Markets*, 111 Harvard Law Review 621 (1998).

[61] Michael A. Heller & Rebecca S. Eisenberg, *Can Patents Deter Innovation? The Anticommons in Biomedical Research*, 280 Science 698 (1998).

[62] Mike Palmedo, *Do Pharmaceutical Firms Invest More Heavily in Countries with Data Exclusivity*, 21 Currents International Trade Law Journal 38 (2013).

[63] Nerina Boschiero, *COVID*-19 *Vaccines as Global Common Goods*: *An Integrated Approach of Ethical, Economic Policy and Intellectual Property Management*, Global Jurist 1 (2021).

[64] Olasupo A Owoeye, *Data Exclusivity and Public Health Under the TRIPS Agreement*, 23 Journal of Law, Information and Science 106 (2014).

[65] Pamela Andanda, *Managing Intellectual Property Rights over Clinical Trial Data to Promote Access and Benefit Sharing in Public Health*, 44 IIC-International Review of Intellectual Property and

Competition Law 140 (2013).

[66] Paul A. Samuelson, *The Pure Theory of Public Expenditure*, 36 Review of Economics and Statistics 387 (1954).

[67] Pedro Roffe & Christoph Spennemann, *The Impact of FTAs on Public Health Policies and TRIPS Flexibilities*, 1 International Journal of Intellectual Property Management 75 (2006).

[68] Peter K. Yu, *Data Exclusivities and the Limits to TRIPS Harmonization*, 46 Florida State University Law Review 641 (2019).

[69] Peter J. Pitts, *Why Data Exclusivity is the New Patent Protection*, 16 Journal of Commercial Biotechnology 3 (2010).

[70] Rahamatthunnisa M. Nizamuddin, *TRIPS Agreement and Malaysian Intellectual Property Laws: Data Exclusivity v Patent*, 28 IIUM Law Journal 197 (2020).

[71] Rebecca S. Eisenberg, *The Role of the FDA in Innovation Policy*, 13 Michigan Telecommunications and Technology Law Review 345 (2007).

[72] Reed Beall & Randall Kuhn, *Trends in Compulsory Licensing of Pharmaceuticals Since the Doha Declaration: A Database Analysis*, 9 Plos Medicine e1001154 (2012).

[73] Richard D. Smith, *Global Public Goods and Health*, 81 Bulletin of the World Health Organization 475 (2003).

[74] Richard Elliott, *Pledges and Pitfalls: Canada's Legislation on Compulsory Licensing of Pharmaceuticals for Export*, 1 International Journal of Intellectual Property Management 94 (2006).

[75] Robert A. Hess, *Excavating Treasure from the Amber of the Prior Art: Why the Public Benefit Doctrine is Ill-Suited to the Pharmaceutical Sciences*, 66 Food and Drug Law Journal 105 (2011).

[76] Robert Weissman, *Public Health-friendly Options for Protecting*

Pharmaceutical Registration Data, 1 International Journal of Intellectual Property Management 113 (2006).

[77] Robin Feldman, *Regulatory Property: The New IP*, 40 The Columbia Journal of Law & the Arts 53 (2016).

[78] Rohit Malpani, *All Costs, No Benefits: How the US-Jordan Free Trade Agreement Affects Access to Medicines*, 6 Journal of Generic Medicines 206 (2009).

[79] Ronald Labonté, *et al.*, *USMCA (NAFTA 2.0): Tightening the Constraints on the Right to Regulate for Public Health*, 15 Globalization and Health 1 (2019).

[80] Ronald Labonté, *et al.*, *USMCA 2.0: A Few Improvements but Far from a 'Healthy' Trade Treaty*, 16 Globalization and Health 1 (2020).

[81] Sandra Adamini, *et al.*, *Policy Making on Data Exclusivity in the European Union: From Industrial Interests to Legal Realities*, 34 Journal of Health Politics, Policy and Law 979 (2009).

[82] Sean Baird, *Magic and Hope: Relaxing TRIPS-plus Provisions to Promote Access to Affordable Pharmaceuticals*, 33 Boston College Journal of Law and Justice 107 (2013).

[83] Srividhya Ragavan, *The (Re) Newed Barrier to Access to Medication: Data Exclusivity*, 51 Akron Law Review 1163 (2017).

[84] Srividhya Ragavan, *The Significance of the Data Exclusivity and Its Impact on Generic Drugs*, 1 Journal of Intellectual Property Studies 131 (2017).

[85] Srividhya Ragavan, *Data Exclusivity: A Tool to Sustain Market Monopoly*, 8 Jindal Global Law Review 241 (2017).

[86] Suerie Moon, *et al.*, *Global Public Goods for Health: Weaknesses and Opportunities in the Global Health System*, 12 Health Economics, Policy and Law 195 (2017).

[87] Sundeep Sahay, *Free and Open Source Software as Global Public*

Goods?: *What are the Distortions and how do we Address Them?*, 85 The Electronic Journal of Information Systems in Developing Countries e12080 (2019).

[88] Susan Scafidi, *The Good Old Days of TRIPS*: *The US Trade Agenda and the Extension of Pharmaceutical Test Data Protection*, 4 Yale Journal of Health Policy, Law, and Ethics 341 (2004).

[89] Susan K. Sell, *TRIPS was Never Enough*: *Vertical Forum Shifting*, *FTAs*, *ACTA*, *and TPP*, 18 Journal of Intellectual Property Law 447 (2010).

[90] Theodore M. Brown, *et al.*, Cueto M & Fee E, *The World Health Organization and the Transition from "International" to "Global" Public Health*, 96 American Journal of Public Health 62 (2006).

[91] Trudo Lemmens & Candice Telfer, *Access to Information and the Right to Health*: *The Human Rights Case for Clinical Trials Transparency*, 38 American Journal of Law and Medicine 63 (2012).

[92] Valerie Junod, *Drug Marketing Exclusivity Under United States and European Union Law*, 59 Food and Drug Law Journal 479 (2004).

[93] Vinay Prasad & Sham Mailankody, *Research and Development Spending to Bring a Single Cancer Drug to Market and Revenues After Approval*, 177 JAMA Internal Medicine 1569 (2017).

[94] Wael Armouti & Mohammad F. A. Nsour, *Data Exclusivity for Pharmaceuticals*: *Was It the Best Choice for Jordan under the US-Jordan Free Trade Agreement*, 17 Oregon Review of International Law 259 (2015).

[95] Wael Armouti & Mohammad F. A. Nsour, *Test Data Protection*: *Different Approaches and Implementation in Pharmaceuticals*, 20 Marquette Intellectual Property Law Review 267 (2016).

[96] Wolfgang Hein, *Control of Communicable Diseases as a Global*

Public Good, 5 Med One 1 (2020).

[97] Yaniv Heled, *Patents v. Statutory Exclusivities in Biological Pharmaceuticals-Do We Really Need Both*, 18 Michigan Telecommunications and Technology Law Review 419 (2012).

[98] Yuanqiong Hu, *et al.*, *Supplementary Protection Certificates and Their Impact on Access to Medicines in Europe: Case Studies of Sofosbuvir, Trastuzumab and Imatinib*, 13 Journal of Pharmaceutical Policy and Practice 1 (2020).

[99] Zeleke T Boru, *The Test Data Provision of USMCA: A Potential to Promote or Negate the Timely Access to Genetically Engineered Biologics?*, 16 Journal of Generic Medicines 5 (2020).

(三)析出的文献

[1] Anand Grover, *India: Pharmaceutical Patents and Evergreen Battle for Access to Medicines*, in Srividhya Ragavan & Amaka Vanni eds., Intellectual Property Law and Access to Medicines: TRIPS Agreement, Health, and Pharmaceuticals (1st ed.), Routledge, 2021.

[2] Carlos M. Correa, *Protecting Test Data for Pharmaceutical and Agrochemical Products Under Free Trade Agreements*, in Pedro Roffe, *et al.* eds., Negotiating Health: Intellectual Property and Access to Medicines, Earthscan, 2006.

[3] Carlos M. Correa, *Managing the Provision of Knowledge: The Design of Intellectual Property Laws*, in Inge Kaul, *et al.* eds., Providing Global Public Goods: Managing Globalization, Oxford University Press, 2003.

[4] Carsten Fink & Patrick Reichenmiller, *Tightening TRIPS: Intellectual Property Provisions of US Free Trade Agreements*, in Richard Newfarmer ed., Trade, Doha, and Development: A Window into The Issues, World Bank, 2006.

[5] Charles Clift, *Data Protection and Data Exclusivity in*

Pharmaceuticals and Agrochemicals, in Anatole Krattiger, *et al.* eds. , Intellectual Property Management in Health and Agricultural Innovation: A Handbook of Best Practices, MIHR, PIPRA, Oswaldo Cruz Foundation and bioDevelopments-International Institute, 2007.

[6] Christian R. Fackelmann, *Clinical Data, Data Exclusivity and Private Investment Protection in Europe*, in Josef Drexl & Nari Lee eds. , Pharmaceutical Innovation, Competition and Patent Law, Edward Elgar, 2013.

[7] David Woodward & Richard D. Smith, *Global Public Goods and Health: Concepts and Issues*, in Richard D. Smith, *et al.* eds. , Global Public Goods for Health: Health Economic and Public Health Perspectives, Oxford University Press, 2003.

[8] Ellen 't Hoen, *Protection of Clinical Test Data and Public Health: A Proposal to End the Stronghold of Data Exclusivity*, in Carlos M. Correa & Reto M. Hilty eds. , Access to Medicines and Vaccines: Implementing Flexibilities Under Intellectual Property Law, Springer, 2022.

[9] Graham Dutfield, *Not Just Patents and Data Exclusivity: The Role of Trademarks in Integrated IP Strategy – Where Lies the Public Interest?*, in Srividhya Ragavan & Amaka Vanni eds. , Intellectual Property Law and Access to Medicines: TRIPS Agreement, Health, and Pharmaceuticals (1st ed.) , Routledge, 2021.

[10] Inge Kaul, *et al.* , *Understanding Global Public Goods: Where We Are and Where to Next*, in Inge Kaul ed. , Global Public Goods, Edward Elgar, 2016.

[11] Inge Kaul, *et al.* , *Defining Global Public Goods*, in Inge Kaul, *et al.* eds. , Global Public Goods: International Cooperation in the 21st Century, Oxford University Press, 1999.

[12] Inge Kaul, *et al.* , *Why do Global Public Goods Matter Today*, in Inge Kaul, *et al.* eds. , Providing Global Public Goods:

Managing Globalization, Oxford University Press, 2003.

[13] Jayati Ghosh, *Medical Knowledge*, in Richard D. Smith, *et al.* eds. , Global Public Goods for Health: Health Economic and Public Health Perspectives, Oxford University Press, 2003.

[14] Jerome H. Reichman, *The International Legal Status of Undisclosed Clinical Trial Data: From Private to Public Goods?*, in Pedro Roffe, *et al.* eds. , Negotiating Health: Intellectual Property and Access to Medicines, Earthscan, 2006.

[15] Joseph E. Stiglitz, *Knowledge as a Global Public Good*, in Inge Kaul, *et al.* eds. , Global Public Goods: International Cooperation in the 21st Century, Oxford University Press, 1999.

[16] Lincoln C. Chen, *et al.* , *Health as a Global Public Good*, in Inge Kaul, *et al.* eds. , Global Public Goods: International Cooperation in the 21st Century, Oxford University Press, 1999.

[17] Meir P. Pugatch, *Intellectual Property, Data Exclusivity, Innovation and Market Access*, in Pedro Roffe, *et al.* eds. , Negotiating Health: Intellectual Property and Access to Medicines, Earthscan, 2006.

[18] Murray L. Aitken, *et al.* , *The Regulation of Prescription Drug Competition and Market Responses: Patterns in Prices and Sales Following Loss of Exclusivity*, in Ana Aizcorbe, *et al.* eds. , Measuring and Modeling Health Care Costs, University of Chicago Press, 2018.

[19] Nari Lee, *Adding Fuel to Fire: A Complex Case of Unifying Patent Limitations and Exceptions Through the EU Patent Package*, in Rosa Maria Ballardini, *et al.* eds. , Transitions in European Patent Law: Influences of the Unitary Patent Package, Kluwer Law International, 2015.

[20] Peter K. Yu, *From Struggle to Surge: China's TRIPS Experience and Its Lessons for Access to Medicine*, in Srividhya Ragavan & Amaka Vanni eds. , Intellectual Property Law and Access to

Medicines: TRIPS Agreement, Health, and Pharmaceuticals (1st ed.), Routledge, 2021.

[21] Robert Weissman, *Data Protection: Options for Implementation*, in Pedro Roffe, *et al*. eds., Negotiating Health: Intellectual Property and Access to Medicines, Earthscan, 2006.

(四) 网络文献

[1] Ambassador Ronald Kirk, USTR, 2012 Special 301 Report, https: //ustr. gov/sites/default/files/2012% 20Special% 20301% 20Report_1. pdf, visited on 20 January 2022.

[2] Burcu Kilic, Data Exclusivity in the Regional Comprehensive Economic Partnership (RCEP), https: //www. citizen. org/wp-content/uploads/migration/case_documents/rcep-data-exclusivity_0. pdf, visited on 20 January 2022.

[3] Carlos M. Correa, Implications of the Doha Declaration on the TRIPS Agreement and Public Health, https: //apps. who. int/iris/bitstream/handle/10665/67345/WHO_EDM_PAR_2002. 3. pdf, visited on 20 January 2022.

[4] Competition D G, Pharmaceutical Sector Inquiry-Preliminary Report, https: //ec. europa. eu/competition/sectors/pharmaceuticals/inquiry/preliminary_report. pdf, visited on 18 February 2022.

[5] European Commission, Report on the Protection and Enforcement of Intellectual Property Rights in Third Countries (SWD (2021) 97 final), https: //trade. ec. europa. eu/doclib/docs/2021/april/tradoc_159553. pdf, visited on 28 January 2022.

[6] European Commission, Compulsory Licensing and Data Protection: Questions on TRIPs and Data Exclusivity, https: //www. concurrences. com/IMG/pdf/eu_-_compulsory_licensing. pdf? 39810/b1edc6f4e4e32aff8c6f72eb553b3fcac28be6c1, visited on 20 January 2022.

[7] European Commission, Letter from the European Commission to Mr

Greg Perry, EGA-European Generic Medicines Association on the Subject of Tamiflu Application and Data Exclusivity in an Emergency Compulsory License Situation, https://www.keionline.org/wp-content/uploads/ec-de-tamiflu.pdf, visited on 20 January 2022.

[8] FDA Response to Citizen Petition by Messrs. Rein and McGrath (on Behalf of Pfizer), https://paragraphfour.com/uploads/educ/04p0227FDAC.pdf, visited on 20 January 2022.

[9] FTC, Emerging Health Care Issues: Follow-On Biologic Drug Competition: Federal Trade Commission Report, https://www.ftc.gov/sites/default/files/documents/reports/emerging-health-care-issues-follow-biologic-drug-competition-federal-trade-commission-report/p083901biologicsreport.pdf, visited on 18 February 2022.

[10] Fabian Gaessler & Stefan Wagner, Patents, Data Exclusivity, and the Development of New Drugs, https://rationality-and-competition.de/wp-content/uploads/2021/11/176.pdf, visited on 20 January 2022.

[11] IFPMA, Encouragement of New Clinical Drug Development: The Role of Data Exclusivity, https://www.who.int/intellectualproperty/topics/ip/en/DataExclusivity_2000.pdf, visited on 20 January 2022.

[12] International Task Force on Global Public Goods, Meeting Global Challenges: International Cooperation in the National Interest, https://ycsg.yale.edu/sites/default/files/files/meeting_global_challenges_global_public_goods.pdf, visited on 18 February 2022.

[13] James P. Love, Recent Examples of the Use of Compulsory Licenses on Patents, http://www.keionline.org/misc-docs/recent_cls.pdf, visited on 5 January 2022.

[14] James Love, The Use and Abuse of the Phrase "Global Public Good": A Flawed Understanding of the Concept of "Public

Good" Hampers the Fight for Equitable Access to the Upcoming COVID-19 Vaccine, https: //developingeconomics. org/2020/ 07/16/the-use-and-abuse-of-the-phrase-global-public-good, visited on 28 January 2022.

[15] Jenny Wong, Data Protection for Biologics – Should the Data Exclusivity Period Be Increased to 12 Years?, https: //papers. ssrn. com/sol3/papers. cfm? abstract_id = 2831262, visited on 19 January 2022.

[16] Joe Chen, Balancing Intellectual Property Rights and Public Health to Cope with the COVID-19 Pandemic, https: //scholarship. shu. edu/cgi/viewcontent. cgi? article = 2197&context = student _ scholarship, visited on 20 January 2022.

[17] Klochko T. Yu, Supplementary Patent Protection and Data Exclusivity in the Public Health Scope: Legislation of Ukraine and the EU Context, https: //doi. org/10. 30525/978-9934-571- 83-1-8, visited on 19 January 2022.

[18] Letter from USTR General Counsel John K, Veroneau to Representative Sander M. Levin concerning the U. S. -Morocco Free Trade Agreement (July 19, 2004), https: //www. govinfo. gov/content/pkg/CREC-2004-07-22/html/CREC-2004- 07-22-pt1-PgH6569. htm, visited on 20 January 2022.

[19] Michael Palmedo, Evaluating the Impact of Data Exclusivity on the Price per Kilogram of Pharmaceutical Imports, https: // www. bu. edu/gdp/files/2021/04/GEGI _ WP _ 048 _ Palmedo _ FIN. pdf, visited on 20 January 2022.

[20] Michael S. Sinha, et al. , Addressing Exclusivity Issues During the COVID-19 Pandemic and Beyond, https: //ssrn. com/ abstract = 3889894, visited on 20 January 2022.

[21] Nirmalya Syam, EU Proposals Regarding Article 31bis of the TRIPS Agreement in the Context of the COVID-19 Pandemic, https: //www. southcentre. int/wp-content/uploads/2021/08/PB

100 _ EU-Proposals-regarding-Article-31bis-of-the-TRIPS-Agreement-in-the-Context-of-the-COVID-19-Pandemic _ EN. pdf, visited on 18 February 2022.

[22] Pascale Boulet, *et al.* , European Union Review of Pharmaceutical Incentives: Suggestions for Change, https: //medicineslawand policy. org/wp-content/uploads/2019/06/MLP-European-Union-Review-of-Pharma-Incentives-Suggestions-for-Change. pdf, visited on 20 January 2022.

[23] Peter K. Yu, TRIPS in the Field of Test Data Protection, https: //papers. ssrn. com/sol3/Papers. cfm? abstract _ id = 3716105, visited on 20 January 2022.

[24] Reto Hilty, *et al.* , Covid-19 and the Role of Intellectual Property: Position Statement of the Max Planck Institute for Innovation and Competition of 7 May 2021, https: //papers. ssrn. com/sol3/papers. cfm? abstract_id = 3841549, visited on 19 January 2022.

[25] South Centre, Scope of Compulsory License and Government Use of Patented Medicines in the Context of the Covid-19 Pandemic, https: //www. southcentre. int/wp-content/uploads/2021/02/Compulsory-licenses-table-Covid-19-rev2021. pdf, visited on 20 January 2022.

[26] Srividya Ravi, Patent Analysis for Medicines and Biotherapeutics in Trials to Treat COVID-19, https: //www. southcentre. int/wp-content/uploads/2020/10/RP-120 _ reduced. pdf, visited on 18 February 2022.

[27] Tina Cheung, Data Exclusivity for Biologic Drugs: the TPP's Potential Poison Pill?, http: //bciptf. org/wp-content/uploads/2016/02/Spring-2016. -Tina-Cheung. -Short-Article-2. pdf, visited on 5 January 2022.

[28] Tracy R. Lewis, *et al.* , Treating Clinical Trials as a Public Good: The Most Logical Reform, https: //escholarship. org/

content/qt3cn7258n/qt3cn7258n. pdf, visited on 20 January 2022.

[29] USTR, 2021 Report to Congress on China's WTO Compliance, https：//ustr. gov/sites/default/files/files/Press/Reports/2021 USTR%20ReportCongressChinaWTO. pdf, visited on 20 January 2022.

[30] USTR, The United States-Peru Trade Promotion Agreement Implementation Act：Statement of Administrative Action, https：//ustr. gov/archive/assets/Trade _ Agreements/Bilateral/ Peru _ TPA/PTPA _ Implementing _ Legislation _ Supporting _ Documentation/asset_upload_file194_15341. pdf, visited on 20 January 2022.

[31] Wael Armouti, Evolution of Data Exclusivity for Pharmaceuticals in Free Trade Agreements, https：//www. southcentre. int/wp-content/uploads/2020/04/PB-76. pdf, visited on 18 February 2022.

[32] WHO, Remuneration Guidelines for Non-voluntary Use of a Patent on Medical Technologies, https：//apps. who. int/iris/bitstream/ handle/10665/69199/WHO_TCM_2005. 1_eng. pdf, visited on 18 February 2022.

[33] Zeleke T. Boru, The Comprehensive and Progressive Agreement for the Trans-Pacific Partnership：Data Exclusivity and Access to Biologics, https：//www. econstor. eu/bitstream/10419/232226/ 1/south-centre-rp-106. pdf, visited on 18 February 2022.

（五）国际条约

[1] Agreement on the Trade-Related Aspects of Intellectual Property Rights.

[2] International Covenant on Economic, Social and Cultural Rights.

[3] Paris Convention on the Protection of Industrial Property.

美国签订的 FTA

［4］Australia Free Trade Agreement.

［5］Bahrain Free Trade Agreement.

［6］Chile Free Trade Agreement.

［7］Colombia Trade Promotion Agreement.

［8］Dominican Republic-Central American Free Trade Agreement
（CAFTA-DR）.

［9］Israel Free Trade Agreement.

［10］Jordan Free Trade Agreement.

［11］Korea Free Trade Agreement.

［12］Morocco Free Trade Agreement.

［13］North America Free Trade Agreement（NAFTA）.

［14］Oman Free Trade Agreement.

［15］Panama Trade Promotion Agreement.

［16］Peru Free Trade Promotion Agreement.

［17］Singapore Free Trade Agreement.

［18］United States-Mexico-Canada Agreement

［19］Vietnam Bilateral Trade Agreement

欧盟签订的 FTA

［20］Comprehensive Economic and Trade Agreement（CETA）.

［21］Central America Free Trade Agreement.

［22］Georgia Deep and Comprehensive Free Trade Agreement.

［23］Japan Economic Partnership Agreement.

［24］Korea Free Trade Agreement.

［25］Moldova Deep and Comprehensive Free Trade Agreement.

［26］Peru-Colombia Free Trade Agreement.

［27］Singapore Free Trade Agreement.

［28］Ukraine Deep and Comprehensive Free Trade Agreement

［29］Vietnam Free Trade Agreement.

EFTA 签订的 FTA

［30］Albania Free Trade Agreement.

[31] Bosnia and Herzegovina Free Trade Agreement.

[32] Central American States (Costa Rica & Panama) Free Trade Agreement.

[33] Chile Free Trade Agreement.

[34] Colombia Free Trade Agreement.

[35] Ecuador Free Trade Agreement.

[36] Georgia Free Trade Agreement.

[37] Hong Kong, China Free Trade Agreement.

[38] Korea Free Trade Agreement.

[39] Lebanon Free Trade Agreement.

[40] Montenegro Free Trade Agreement.

[41] Peru Free Trade Agreement.

[42] Serbia Free Trade Agreement.

[43] Tunisia Free Trade Agreement.

[44] Turkey Free Trade Agreement.

[45] Ukraine Free Trade Agreement.

区域贸易协定

[46] Comprehensive and Progressive Agreement for Trans-Pacific Partnership.

[47] Trans-Pacific Partnership Agreement.

(六)国际组织文件(含草案、提案)

[1] Seventy-Third World Health Assembly, COVID-19 response (WHA73. 1), 19 May 2020.

[2] WTO,Waiver from Certain Provisions of the TRIPS Agreement for the Prevention, Containment and Treatment of Covid-19: Communication from India and South Africa (IP/C/W/669), 2 October 2020.

[3] WTO,Declaration on the TRIPS agreement and public health (WT/MIN(01)/DEC/2), 20 November 2001.

[4] WTO,TRIPS and Public Health (Submission by the Africa Group,

Barbados, Bolivia, Brazil, Dominican Republic, Ecuador, Honduras, India, Indonesia, Jamaica, Pakistan, Paraguay, Philippines, Peru, Sri Lanka, Thailand and Venezuela) (IP/C/W/296), 19 June 2001.

[5] WTO,The Communication from the EU and Its Member States on the Relationship Between the Provisions of the TRIPS Agreement and Access to Medicines (IP/C/W/280), 12 June 2001.

(七)案例

WTO

[1] Argentina-Patent Protection for Pharmaceuticals and Test Data Protection for Agricultural Chemicals: Request for Consultations by the United States, WTO Doc. WT/DS 171/1, 1999.

[2] Argentina-Certain Measures on the Protection of Patents and Test Data: Request for Consultations by the United States, WTO Doc. WT/DS196/1, 2000.

美国

[3] AstraZeneca Pharmaceuticals LP v. Food & Drug Administration, 872 F. Supp. 2d 60 (D. D. C. 2012).

[4] Actavis Elizabeth v. U. S. Food Drug Admin., 625 F. 3d 760 (D. C. Cir. 2010).

[5] Ruckelshaus v. Monsanto Co., 467 U. S. 986, 104 S. Ct. 2862 (1984).

加拿大

[6] Bayer Inc. v. Canada (Attorney General), 87 C. P. R. (3d) 293.

[7] Bayer Inc. v. The Attorney General of Canada and the Minister of Health, 84 C. P. R. (3d) 129.

印度

[8] Natco Pharma Ltd. v. Bayer Corporation, Compulsory License Application No. 1/2011(Controller of Patents, Mumbai).

附录：主要缩略语和简称一览表

简称或缩略词	全　称
ANDA	简略新药申请
CPTPP	全面与进步跨太平洋伙伴关系协定
EFTA	欧洲自由贸易联盟
EMA	欧洲药品管理局
FDA	美国食品药品监督管理局
FDCA	美国联邦食品、药品和化妆品法案
FDI	外国直接投资
FTA	自由贸易协定
IND	新药临床试验申请
NAFTA	北美自由贸易协定
NCE	新化学实体
NDA	新药申请
RCEP	区域全面经济伙伴关系协定
TPP	跨太平洋伙伴关系协定
TRIPS 协定	与贸易有关的知识产权协定
WHO	世界卫生组织

续表

简称或缩略词	全　　称
WIPO	世界知识产权组织
WTO	世界贸易组织
巴黎公约	保护工业产权巴黎公约
多哈宣言	TRIPS 协定与公共健康宣言

后　记

本书是以我博士学位论文为基础形成的。

2018 年，在工作多年之后，我很幸运地进入武汉大学继续攻读博士学位，成为国际法智库方向的一名博士研究生，并于 2022 年顺利地获得了博士学位。求学不易，在职求学更加艰难，能够在这条艰辛的道路上坚持走下来并有所收获，离不开一路上导师和各位老师的教诲、指导和帮助，离不开领导、同事、朋友和家人们的鼓励和支持，无论学位论文成稿之时，还是本书付诸出版的此时，都唯有"感恩"二字才最能体现我的心情。

感恩我的两位导师，聂建强教授和许前飞教授。两位导师从论文选题、主要观点、文章框架到遣词造句、格式规范，都给予我最为耐心和细致的指导，不仅让我能够顺利完成学业并完成这篇博士论文，更重要的是让我从研究方法、思维、治学态度乃至处事等各方面都极为受益。犹记得因疫情当时被阻隔在海外的聂老师不顾时差，深夜长时间和我讨论论文选题，对我一些观点和思路不厌其烦地进行解释和予以纠正；犹记得聂老师为了指导我的论文差点耽误出差的高铁时间，最后小跑出门赶车的背影；犹记得聂老师在北京上完一天课后还在去往高铁站的出租车上继续指点我论文。难忘开学第一天在师生见面会上许老师对我的谆谆教诲；难忘许老师抱病住院期间仍然为我的开题报告进行详细批阅并从宏观思路和具体表述等全方面提出诸多修改意见；难忘许老师在指导我论文写作和讨论观点时对我所说的"在你的领域，你是专家"的殷切希望……。两位导师对本书的出版也同样给予了大力的支持和帮助。

　　感恩武汉大学宁立志老师为本书的出版提供的支持、指导与帮助。正是宁老师的鼓励和支持，让我在对学位论文进行修改和完善的基础上最终形成了本书。又是在宁老师的鼎力支持下，本书能够纳入他担任总主编的"知竞文库"系列之中，这对我来说是极大的荣幸。在求学路上和工作当中，宁老师同样给了我许多宝贵的指导和帮助，让我受益匪浅。

　　感恩武大国际法治研究院提供的求学机会，感恩各位老师的指导和无私帮助，感恩一同求学的同窗们一路上的相互鼓励与陪伴。在整个博士学习生涯，以及博士开题、中期、预答辩等过程中，受益于肖永平教授、冯洁菡教授、黄惠康教授、何其生教授、漆彤教授、杨泽伟教授、黄志雄教授等众多老师的精心授课与指导。感谢武大法学院周围老师，社科院管育鹰老师、张鹏老师，华中科技大学熊琦老师，清华大学鲁楠老师等老师对学习和工作上的指导和答疑解惑，每次与各位老师就知识产权相关问题的讨论均让我获益匪浅，也激励着我在学术研究领域继续前行。

　　感恩一路给予我鼓励、支持、帮助和指导的领导、同事和师友。在取得分子生物学硕士学位十数年后，出于对这个领域的热爱，仍然选择了生物医药相关知识产权问题作为博士论文选题。这离不开各位领导、同事和师友的帮助、支持与鼓励。感谢原工作单位国家知识产权局条法司和专利局医药生物发明审查部的各位领导与同事。在国知局工作的十余年中，在领导和同事的指导与支持下，我先后对医药领域相关的遗传资源、专利强制许可、药品专利链接、药品专利期限补偿等知识产权制度进行了较为深入的研究，也取得了一些成果。这些年打下的基础支持着我在这个领域进行深入持续的研究。

　　感谢我硕士导师中山大学庄诗美教授在我毕业后一直以来给予我生命科学发展前沿问题的持续指导，以及对我攻读法学博士学位的鼓励。

　　我还要感谢本书责任编辑张欣老师对本书出版所付出的辛勤工作。张老师在审稿过程中严谨和细致，在与我的沟通中不厌其烦，他的专业态度和对工作的认真负责，让我深感敬佩。

　　在撰写学位论文之时，我在阿里巴巴集团从事与药品知识产权没有直接关系的互联网知识产权和竞争法相关研究及实务工作。这使得我能以"第三方"视角去审视和看待药品知识产权这一复杂的问题，并形成学位论文。博士毕业一年之后，机缘巧合之下，我又回到了医药行业继续从事药品知识产权工作。这也正应了学位论文后记中"相信博士学位论文并不会是我在这个领域探索的终点，而更会是一个起点"的自我期待。在医药行业中的工作经历，又让我有机会对相关制度的细节和产业实践有了更加深入的了解，并对部分内容进行了稍许完善。当然，无论是制度建构与实施，还是针对这些问题的学术研究，都不会有完美的终点，而是永远在完善的路上。也期待自己能够在这条路上继续前行。

邱福恩

2024 年 2 月